Conozca el Futuro

Un Descubrimiento

En La Profecía Bíblica

Basado en las Llaves de las Palabras de Jesús Que Se Pasaron Por Alto

(Porqué) Este Libro no es para ser Distribuido

Me di cuenta de la necesidad de añadir este aviso cuando un lector me escribió para darme las gracias por escribir el libro. Él mencionó que lo había recibido de forma gratuita de un amigo que a su vez lo había recibido de otra persona. Estaba claro que ambos inocentemente habían aceptado y leído el libro sin darse cuenta que estaba a la venta en un sitio web. Cuando le informé de esto, él inmediatamente lo ordenó (al igual que su amigo), lo cual me impresionó mucho. Él me sugirió que añadiera este aviso para que otros lectores supieran que el libro está a la venta y al mismo tiempo puedan apoyar mi trabajo.

Y yo agradecería mucho su ayuda. Los ingresos procedentes de este libro me permiten mantener a mi familia mientras sigo investigando y escribiendo sobre este tema.

Conozca el Futuro

Un Descubrimiento En La Profecía Bíblica Basado en las Llaves de las Palabras de Jesús Que Se Pasaron Por Alto

---

El Planeta X en la Profecía Bíblica

Como Una Estrella Devastadora va a Arrasar la Tierra Empezando en el 6 Sello de Apocalipsis - Y Como Sobrevivir a Eso

La Guía De Apocalipsis

La Primera Línea de Tiempo Usando Una Interpretación Estricta y el Ciclo del Año Sabático

El Misterio de Desunión

Porque Dios Quiere que los Fieles Estén Divididos Ahora y Como Elías y los 144,000 Restaurarán la Unidad Posteriormente

---

Tim McHyde

www.EscapeAllTheseThings.com

A menos que se indique lo contrario, las citas Bíblicas en esta publicación pertenecen a la Versión Reina Valera de la Biblia

Diseño de Portada por Thomas Breher

www.ecoverdesign.com

www.EscapeAllTheseThings.com

1º Versión en Español, Enero 2012

Traductor: *Harold Calvo,*

Si le gustó mi libro, así como muchos me lo han expresado, y le gustaría mirar más acerca de esto, de esta manera usted puede ayudarme a extender el mensaje a llevarlo a más personas sin gastar un centavo:

1. Recomiende mi sitio web a sus amigos

2. Ponga un link de mi sitio web en su firma de sus correos electrónicos o en las publicaciones de sus grupos de discusión (blog).

3. Ponga un link en su sitio web de mi sitio web:

<a href= http://www.EscapeAllTheseThings.com >End Times Bible Prophecy Timeline< /a>

4. Envíeme correos electrónicos con preguntas, retroalimentación o sugerencias de artículos

Para Mi Esposa de Proverbios 31

Katrina

Sin su influencia alguien más habría escrito este libro,

mientras que yo todavía estaría distraído por las preocupaciones del mundo.

TABLA DE CONTENIDOS

Abreviaciones Usadas A Lo Largo del Libro

AD = Abominación Desoladora

GT = Gran Tribulación; PX = Planeta X

AT = Antiguo Testamento; NT = Nuevo Testamento

AP = Antiguo Pacto; NP = Nuevo Pacto

Prefacio

Mi Razón De Escribir

Este volumen es el fruto de mis esfuerzos continuos para documentar todas mis adquisiciones para entender la profecía bíblica del fin de los tiempos. Empezó a principios del 2003 como una página web explicando mis descubrimientos de lo bien que los rumores del paso del Planeta X coinciden con la profecía de Ajenjo en Apocalipsis cuando se leen literalmente. A continuación, se amplió a un libro electrónico llamado El Planeta X en Profecía Bíblica a finales del 2004. A mediados de 2006 creció y se hizo un libro de tamaño completo que incluye una completa línea de tiempo de Apocalipsis. Para reflejar el alcance más amplio, decidí cambiar el nombre del libro a *Conozca El Futuro*: *Un Descubrimiento en la Profecía Bíblica Basado en las Llaves de las Palabras de Jesús Que Se Pasaron Por Alto*[1].

Estoy orgulloso de decir que esta investigación ha llegado a ser finalmente el libro que hubiera deseado que estuviera disponible hace años cuando yo aun estaba luchando para decidir entre cara o cruz acerca del libro de Apocalipsis. Siempre deseé que hubiera un libro lleno de respuestas razonables, lógicas, y *verificables* incluso para los pasajes proféticos más difíciles, pero no había ninguno. Los mejores recursos que pude encontrar nunca fueron más que una ayuda parcial ya que la norma de los libros proféticos es decirle a usted cómo un versículo significa algo diferente de su significado simple en su contexto gramatical e histórico. Esto quebranta la Escritura (Juan 10:35) y pierde verificabilidad al mismo tiempo ya que usted tiene que confiar en la opinión del autor. Las pocas pepitas de percepción verdadera verificable que se encuentran en tales materiales llegaron solo cuando los autores siguieron el sentido llano de las palabras inspiradas.

A juzgar por los comentarios de los muchos visitantes a mi sitio a lo largo de los años, se que otros aun tienen las mismas preguntas que yo he respondido con éxito. Debe de ser reconfortante saber que yo he estado donde usted está ahora. Puedo relacionarme con la frustración y la desesperación que uno encuentra cuando trata de entender la profecía Bíblica. Por lo tanto, es un gusto compartir mis puntos de vista alcanzados con esfuerzo y ayudarle a finalizar su propia confusión y frustración más rápido y más fácil de lo que fue para mí.

Advertencia del Cirujano General

Usted puede que haya escuchado que la "verdad es más extraña que la ficción", pero poca gente ha encontrado mucha verdad en este mundo, al menos no la suficiente para realmente apreciar que tan acertado es ese dicho. Y estar familiarizados meramente con ese dicho no lo prepara a usted para cuando chocan las ideas que se presentan con la "verdad presente" (2Pe 1:2) que entendemos en la actualidad. Puede que lo escandalicen o lo ofendan al principio.

Así pues, aunque puede ser que yo este exponiendo explicaciones claras, lógicas y verificables a muchos misterios proféticos, algunas veces aun se requiere de una mente abierta y paciencia por parte del lector para ser capaz de ver lo que estoy diciendo. Por supuesto, esos dos atributos humanos no son fáciles de encontrar en nuestra sociedad mal informada y agitada. Consecuentemente, este libro será un reto para muchos.

Por esta razón, le advierto que no tiro golpes ni escatimo vacas sagradas. Tampoco tengo que hacerlo, ya que mi lealtad es solamente a Dios y a su verdad, y no a una iglesia o denominación que requiere conformidad doctrinal en mis enseñanzas. Además, no le temo a la controversia o a ser provocativo, ni a los ataques personales o rechazos que se pueden presentar a causa de hablar lo contrario a la opinión de la mayoría. Estas calidades me han permitido buscar y hablar la verdad en amor (Ef 4:15) tan lejos como sea posible. Esto es lo que me comprometo a entregarle en mis escritos, y esperemos que usted esté listo.

La desventaja de esto es que algunas veces la gente no será capaz de sobrepasar las declaraciones más radicales en mi libro y dejarán de leer más de él. Esta sección de advertencia solo puede ir tan lejos para ayudar a suavizar esa tendencia humana a encerrarse y volverse incapaz de escuchar lo que necesita. Es lamentable, pero incluso estas situaciones no son "el fin del mundo", solo un callejón sin salida.

Se esto porque he experimentado esos callejones sin salida y he visto cómo van. Dios, como el arquitecto de la naturaleza humana, sabe cómo hacer para que usted los sobrepase. Puedo mirar hacia atrás en mi vida y ver como Él ha traído a menudo la misma verdad en mi camino *dos o tres veces* antes de que yo finalmente la pudiera reconocer como "evidente" [2] y por fin la aceptara. Esto me ha pasado en *muchas* ocasiones, y el recordarlo ciertamente me ayuda a mantener mi propia mente más abierta.

Ningún Profeta o Falsas Pretensiones Aquí

Debido a que demasiados maestros de profecía antes de mí han creado una tendencia negativa en las mentes de los Cristianos en contra de la profecía, siento que es importante decir para que conste en actas lo siguiente acerca de mi persona:

- **No pretendo ser un profeta** ni estar inspirado por el Espíritu Santo. Más bien, estoy enseñando de la Biblia.

- No fijo fechas ni hago predicciones. Más bien, explico las predicciones ya dadas a nosotros por los profetas de Dios.

- No digo que Dios me llamó para interpretar o escribir este libro. Más bien, lo hice por pasión personal y como un pasatiempo al principio.

- No digo que estoy haciendo la obra de Dios, ni llamo a lo que hago un ministerio de Dios.

- No digo que tengo todas las respuestas, sino suficiente sabiduría para proveer muchas respuestas sólidas, descubiertas por mí mismo y por otros.

En lo personal, soy muy receloso de cualquiera que diga o realiza cualquiera de las cosas anteriores. Tales declaraciones no son demostrables ni son de ayuda para nadie, excepto para la persona que las hace. Mi única declaración es que mi enseñanza se sostiene al escrutinio literal de la Escritura, es decir la prueba de Berea (Hechos 17:11). Me he dado cuenta que las palabras simples literales de la Biblia pueden tener sentido para todos nosotros sin una inspiración especial o el Espíritu Santo actuando como un tipo de anillo decodificador secreto. Solamente necesitamos seguir buscando y resistir a la tentación de pensar que significa algo diferente de lo que el significado literal posible permite (tal como la mayoría de los maestros de la Biblia tienden a hacer).

Es muy probable que muchas de las percepciones que comparto se vean más como *ficción* imposible que verdad, en su primera o segunda exposición a ellas. Trate de mantener una mente abierta, y mejor aun, pídale a Dios que le de amor por la verdad (2Te 2:10) de manera que usted pueda buscarla diligentemente. Las oraciones que van de acuerdo a su voluntad siempre serán contestadas si usted no se da por vencido. La oración (junto con la diligencia) ha sido un gran factor en el éxito de mi propia búsqueda personal para entender la Palabra de Dios y sus caminos. Dios pondrá gente o materiales en su camino que tienen las respuestas que usted está buscando. Así que, *ore*. (Mejor aun, ore tres veces al día si aun no lo está haciendo, tal como lo hizo el "muy querido" Daniel.)

¿No Entiende? Permítame Explicarle...

Por último perdóneme por decir lo obvio al recordarle amablemente que hay buenas razones para todas las conclusiones a las que he llegado. No escribí nada que yo creyera que estuviera equivocado o que no creyera sinceramente, después de una minuciosa consideración de muchas alternativas. Sin embargo, sin duda hay de seguro lugares donde no registré todas las razones suficientes o argumentos de una manera en que cada persona con sus diferentes conocimientos propios pueda continuar pensando de mí como una persona sana y sincera.

Si tiene problemas con una sección después de haber leído el libro y haber buscado en mis foros privados, por favor escríbame al respecto, ya sea por correo electrónico o escribiendo en uno de los foros y será un gusto explicárselo mejor. Le agradezco su retroalimentación porque me guía en lo que debo de mejorar y en lo que debo de escribir más adelante. Escríbame a Harold_afs@hotmail.com

Finalmente, gracias por su interés en este tema y por comprar este libro.

Que Dios esté con usted,

Tim McHyde
www.EscapeAllTheseThings.com
Febrero, 2009
Granadilla, Costa Rica *
* Una nota de aclaración debido a que la gente siempre pregunta: No estoy en Costa Rica para escapar de los tiempos finales. Estoy aquí para escapar del clima frío y de las frutas blandas.

Introducción:

Confusión Profética - Causa y Solución

Descubra y evite los errores que mantiene sellada para casi todas las personas, la hoja de ruta de los tiempos finales de la Biblia y las instrucciones de sobrevivencia - ¡y sepa cómo fácilmente discernir interpretaciones verdaderas de las falsas!

¿Pueden los no académicos como usted y como yo entender la Profecía Bíblica que incluso los expertos no parecen ponerse de acuerdo sobre lo que dice? A juzgar por la confusión que existe en la profecía bíblica hoy en día, la mayoría de Cristianos responderían que no, y se darían por vencido. Sin embargo, la premisa (y promesa) de este libro es que *podamos* entenderla - *si* hemos seguido cuidadosamente las instrucciones encontradas en la Biblia, para hacerlo.

Verás, hay dos razones principales por que la enseñanza de la profecía Bíblica es todo un estado de confusión:

1. Los maestros simplemente ignoran los prerrequisitos bíblicos que se necesitan para descifrar el significado de la profecía Bíblica "sellada".

2. Fuertes barreras psicológicas alejan a la mayoría de los maestros a aceptar y a cumplir los prerrequisitos.

Estos prerrequisitos se encuentran en varios versos muy claros en los Libros de Daniel y Apocalipsis, los cuales discutiremos luego. También cubriremos las barreras psicológicas relacionadas a cumplir los prerrequisitos a medida que avanzamos.

Prerrequisitos Bíblicos para Entender la Profecía Bíblica

Estos son los versículos en cuestión que se han pasado por alto:

> **Apocalipsis 1:1** (VRV) – La <u>revelación</u> de Jesucristo, que Dios le dio, para <u>manifestar a sus siervos las cosas que deben suceder pronto</u>…
>
> **Daniel 12:4, 9-10** (VBA) – [4]Pero tú, Daniel, guarda en secreto estas palabras y sella el libro <u>hasta el tiempo del fin. Muchos correrán de aquí para allá, y el conocimiento aumentará</u>"… [9]Y él respondió: Anda, Daniel, porque estas palabras están cerradas y <u>selladas hasta el tiempo del fin</u>. [10]Muchos serán purificados, emblanquecidos y refinados; los impíos procederán impíamente, y <u>ninguno de los impíos comprenderá, pero los entendidos comprenderán</u>.

Note primero que estos versos claramente contradicen la idea de que nadie puede entender la profecía de los tiempos finales antes de que suceda. Las profecías son para ser entendidas y útiles para "conocer el futuro". De otra manera, ¡no serían del toda una "revelación" o no estarían mostrando lo que debe de suceder!

Luego, note que hay tres prerrequisitos que hay que entender en estos versos. Al examinar cuidadosamente estos prerrequisitos, contestaremos a la pregunta de qué es lo que falta de la profecía Bíblica al día de hoy que causa el fracaso generalizado para entender.

1. Conocimiento de los Tiempos Finales

Dios le indicó a Daniel que él no podía entender las profecías porque a él le faltaba conocimiento que solo estaría disponible en el "tiempo del fin" cuando "muchos correrán de aquí para allá, y el conocimiento aumentará". En la Biblia, muchos correrán de aquí para allá es una expresión idiomática para buscar (2Cr 16:9; Jer 5:1; Am 8:12), especialmente algo raro tal como un hombre justo o la Palabra de Dios. Desde la invención de tecnologías tal como el teléfono, la televisión, la computadora, y los satélites, ha habido una explosión del conocimiento.

Ciertamente al menos desde el advenimiento del Internet en 1995, mucha gente ha sido capaz de encontrar y compartir respuestas como nunca antes. Curiosamente, la expresión Hebrea de "correrán de aquí para allá" en Daniel, es la misma frase usada al día de hoy para "navegando la Internet" en el Hebreo moderno.

Sin rodeos, esto significa que la interpretación de todo el que estudió y escribió antes de los tiempos finales es inválida automáticamente.

Señalar esto moleta a algunos porque esto significa que muchos de sus preferidos de profecía tal como Charles Larkin, o Sir Isaac Newton (que estudiaron y escribieron de manera extensiva de las profecías de Daniel) están equivocados automáticamente. Esto no quiere decir que están equivocados al 100% en cada punto y que no encontraron algunas gemas de sabiduría que podamos recoger. Sin embargo, debemos de considerar sus conclusiones generales acerca de la hoja de ruta de los tiempos finales que está incorrecta y/o incompleta debido al sello del tiempo.

Para aquellos que están vivos ahora y *tienen* acceso a información de los tiempos finales, recuerde que ya porque el conocimiento está disponible no significa que todos lo descubren y lo aceptan. Esto se debe a las barreras psicológicas que me referí anteriormente. Un ejemplo perfecto de esto sería la existencia de un planeta grande desconocido o de una estrella acercándose a la tierra para causar un cambio de polos e impactos profundos. Solo un sobrevuelo de un tal "Planeta X" podría explicar adecuadamente la simple lectura literal del 6º sello hasta la 4º trompeta, en el orden de lectura natural. Pero si un estudioso escucha a la mayoría de astrónomos que se burlan de tal escenario de un día del juicio final del "Planeta X" - a pesar de que Apocalipsis mismo predice cataclismos a causa de una "estrella mortal" literal llamada Ajenjo - él estaría rechazando el conocimiento necesario para entender Apocalipsis (cubierto después en la Parte 1).

2. Compromiso de Servir a Dios

Si alguien entiende el conocimiento necesario de los tiempos finales, hay otra razón por la cual incluso un estudioso que se especializa en profecía Bíblica puede que sea incapaz de entenderlo. Daniel dice que el *impío* no comprenderá las profecías. Exploraremos el significado detallado de esto más adelante, pero por ahora es obvio que el impío es lo opuesto a un individuo justo buscando seguir la palabra de Dios y agradarle a Él. Apocalipsis dice que se le fue dado revelar el futuro a los *siervos* de Dios, no meramente a los curiosos o ni siquiera a los estudiosos de la Biblia. No hay estándares bíblicos de virtud para ser un estudioso o un maestro; solo hay que ser uno y tener la aptitud y requisitos educativos.

Debido a que tal virtud no es requerida, es raro que un maestro de la Biblia la alcance. Cualquiera que haya visto cuidadosamente como muchos pastores o rabinos se comportan habitualmente, puede relacionarse con esto. Es obvio para cualquiera que ha estado en una iglesia por mucho tiempo que solo una minoría que se hacen llamar Cristianos al día de hoy se asemejan a algo así como a un "siervo" de Dios. Los verdaderos siervos de Dios son poco comunes en el mundo de hoy tan lleno de distracciones, engaño, y hedonismo. A pocos se les enseña o se espera que vivan a la altura de las normas de carácter, sabiduría, y de reputación que los héroes de la Biblia habitualmente mostraban.

Y aun así, incluso los héroes de la Biblia quedaron cortos y pecaron en ocasiones tal como está registrado. Pero estos fueron lapsos de sus hábitos normales. Su devoción a Dios fue demostrada a través de su oración, ayuno, caridad, integridad, arrepentimiento y amor a sus prójimos. Este es el comportamiento del justo que los Cristianos nominales y sus maestros no demuestran. ¿No es de extrañar entonces que no entiendan los *misterios* de la Biblia?

3. Rara Sabiduría Bíblica

Digamos que usted encuentra a un maestro de la Biblia que cumple con los dos requisitos mencionados anteriormente. ¿Por qué no habrían de entender apropiadamente la profecía Bíblica? Dios le dijo a Daniel que solo los *sabios* entenderían las profecías Bíblicas. Apocalipsis también señala la necesidad de sabiduría para entender sus misterios (Ap 13:18; 17:9). Ahora, hay una diferencia entre ser meramente justo (un individuo que sirve a Dios) y también ser un siervo sabio o alguien que ama la verdad y la sigue diligentemente mientras sigue a Dios.

¿Qué tipo de sabiduría adquirirían ellos que les permite entender la Biblia cuando todos los demás fallan? O puesto de otra manera, ¿que impide que todos excepto los sabios entiendan la profecía Bíblica tal como la Biblia lo dice tan claramente?

La Biblia – Difícil de Comprender A Propósito

Si usted no lo ha notado aun, la Biblia es un libro *muy* difícil de entender. La revelación escrita de Dios para el ser humano no es exactamente un manual del propietario simple y fácil de seguir o un tutorial acerca del plan completo y de la voluntad de Dios para la humanidad. ¿Alguna vez se preguntó por qué esto es así, si Él en realidad está en una "carrera con el diablo para salvar a todos los que sea posible" en esta era?

Como veremos más adelante en el libro, la Biblia misma declara que esta fue escrita de una manera que fuera difícil *a propósito* (Isa 6:9-10) porque Él no está tratando de salvar a todos en su primer asalto. Cuando los discípulos de Jesús le preguntaron porque les hablaba en parábolas a las masas, él explicó que *no le fue dado* a todos conocer la revelación del Reino de Dios (Mr 4:11; Mt 13:11; Lc 8:10, 10:21-24). A pesar de que muchos estaban siguiendo a Jesús, los discípulos estaban verdaderamente comprometidos (al punto del martirio) y les fue dado conocer los misterios y les fue mostrado claramente lo que la Escritura decía. Al resto, como una norma, no les fue mostrado (y puede que hayan estado por ahí solo por curiosidad, para ver milagros y curaciones o recibir panes y peces gratis).

Cegados Por Tradiciones Judías

Los discípulos también demostraron la necesidad de esta sabiduría extra. Ellos tenían una expectativa equivocada de que el Mesías se convertiría en rey y restauraría el reino de Israel (Mt 16:21-23; Mr 9:31-32, Hechos 1:6), sin darse cuenta que esos eventos eran para una futura, *Segunda* Venida. Ellos estaban probablemente muy sorprendidos de escuchar que esta vez él por lo contrario más bien sería crucificado. La negación de Pedro hacia esto da evidencia de la dificultad que los Apóstoles tuvieron para captar y aceptar lo que el Señor les estaba enseñado a ellos (Mt 16:22).

¿De dónde vienen estos errores? La religión del Judaísmo ensenó estas interpretaciones tradicionales y los discípulos no tenían aun el discernimiento para ver donde ellos se desviaron de las Escrituras sin la ayuda de Jesús. Desde hace mucho tiempo las ideas tradicionales y las expectativas o *paradigmas* hacen más difícil de reconocer cualquier verdad que es contraria a ellas. La forma compleja en que la Biblia fue escrita es la responsable de hacer que tantos puntos de vista erróneos parezcan viables y apoyados por la Escritura, cuando en realidad, no lo son.

Cegados por Tradiciones Cristianas

Cuando los Cristianos leen los versos anteriores, ellos evidentemente se asocian con los discípulos que están al tanto y no con las masas confundidas o el estado de confusión de los discípulos sin que Jesús los haya corregido en ciertos puntos. Sin embargo, ¿es esa una asociación segura, especialmente considerando la confusión que miramos en el Cristianismo al día de hoy? Los Cristianos están divididos no solo por la profecía Bíblica sino por la mayoría de las doctrinas Bíblicas. Debido a que los Cristianos luchan para entender incluso la mayor parte del Nuevo Testamento incluyendo las muchas "palabras difíciles de Jesús" (el cual es el nombre de un excelente libro de Ron Blizzard Jr.), pareciera como una suposición muy *insegura*. Consecuentemente, nadie quiere creer que tiene sus propias barreras o puntos ciegos debido a creer en doctrinas tradicionales que no son muy bíblicas. Sin embargo muchos maestros Cristianos son ajenos a lo que la Escritura enseña y han influenciado negativamente a creyentes tal como el Judaísmo lo ha hecho (Mt 23). Estas tradiciones erradas nos dan un set de reglas y de suposiciones equivocadas para Interpretar la Biblia. Si no las reconocemos por lo que son y las revisamos, entonces no seremos capaces de llegar a las conclusiones correctas. Sucede que ahora, como antes, la sabiduría para discernir estos errores viene de las simples pero obviadas o mal entendidas **palabras de Jesús**.

Dos Llaves de Sabiduría Que Abren Apocalipsis

Hay al menos dos llaves principales que se encuentran en las palabras de Jesús que dan sentido a las muchas profecías esparcidas en toda la Biblia. Por otra parte, incluso si usted está familiarizado de manera especializada con todas las profecías como un estudioso, usted no las entenderá sin saber y aplicar estas llaves.

Llave de Sabiduría #1 – Lectura Simple, No Alegórica

La primera llave es la regla de **interpretación literal o de sentido simple**. Jesús implicó esto aquí al requerir que no se puede interpretar la Biblia en una manera que contradiga a ningún versículo simple:

Juan 10:35 (VRV) – Si llamó dioses a aquellos a quienes vino la palabra de Dios (<u>y la Escritura no puede ser quebrantada</u>)

Puede que suene sin sentido, pero históricamente casi ningún maestro de profecía ha permanecido alineado el 100% a esta regla. En vez de tomar la profecía Bíblica a lo que dice literalmente, usualmente toman un acercamiento alegórico para interpretar las palabras simples de la Biblia, algo que Jesús nunca hizo. Entienda que la "interpretación literal" no significa que cuando el texto indica que es una parábola, alegoría, o una figura literaria, deba usted ignorar esos indicadores de una manera *servilmente* literal. Solo significa que usted no *tiene permiso* para tratar cualquier cosa que no sea literal sin indicadores propios presentes, simplemente porque usted no puede calzar su sentido simple con su entendimiento actual. Así que yo uso "interpretación literal" para dar a entender una lectura "primeramente literal" de sentido simple y natural (en contraste al enfoque común que descarta el significado simple cuando es problemático).

Para que este enfoque funcione, se necesita que usted lea las palabras en sentido literal. Pero tiene que entender lo que ese sentido literal era de acuerdo a su contexto gramatical original e histórico. Por esa razón, a este enfoque se le llama muy a menudo el enfoque de interpretación literal, histórico-gramatical. Si le suena familiar, eso es porque el mismo enfoque se utiliza en la comunicación de todos los días. No podríamos seguir señales viales, descifrar un mapa, o usar un menú si siguiéramos cualquier otro enfoque. En otras palabras, la manera en que entendemos la literatura de cualquier autor cuerdo es el mismo enfoque que tenemos que usar en toda la Biblia.

¿Por Qué Nadie Puede Convencer a Nadie Usando Solo Versículos?

¿Ha notado alguna vez que convencer a alguien de que está equivocado en sus conclusiones, no es tan simple como llamar su atención a un versículo contradictorio? **Eso es porque la gente muy a menudo usa diferentes suposiciones y reglas al interpretar**, lo cual resulta en conclusiones diferentes de los mismos versos.

Cuando la gente usa un enfoque de interpretación, ellos son libres de las restricciones del simple significado estricto de los versículos Bíblicos. Usar explicaciones basadas en alegorías, metáforas, tipologías, o numerología tal como códigos Bíblicos u otros modelos figurativos, les permite asignar cualquier significado a un versículo que calce a su entendimiento. Entonces sin importar cual versículo les traigan a su atención que les contradiga claramente su entendimiento, ellos no serán capaces de verlo, ya que para ellos ese versículo siempre significa algo diferente a lo que esa persona piensa, generalmente algo que por lo contrario está de acuerdo con sus propias suposiciones.

La Lectura Literal Debe De Ser Consistente

¿Qué hay de los escritores de profecía como Tim LaHaye que dicen como yo que interpretan la profecía literalmente? Si mira cuidadosamente, notará que ellos siempre desvían sus enseñanzas hacia alegorías. Por ejemplo, el argumento para el momento de la pre-tribulación del rapto, representado en su libro *Los Dejados Atrás*, está basado en tipología (tipos y sombras) y alegorías. De hecho, algunos grandes autores de la pre-tribulación han admitido que no hay un solo versículo que lo respalde *literalmente*. (Si tan solo ellos supieran lo condenatorio que es esta admisión, a la luz de las palabras de Jesús acerca de no quebrantar la Escritura).

Francamente, no los culpo por alegorizar. Es muy difícil esperar que llegue ese "cambio especial de paradigma" acerca de la información de los tiempos finales que finalmente pueda mostrarle como el significado simple de las palabras tiene sentido. Es tentador decir "realmente no significa lo que dice" tal como usted ha visto a otros decirlo, y proveer alguna teoría alternativa que suena plausible si usted no se da cuenta que usted se ha metido en el uso de la alegoría, o tipología o como su uso desautorizado quebranta la Escritura.

No Se Mezcla Con Alegoría, Tipología, Sueños, Visiones, o Unciones

Muchos expertos de la profecía incluso respaldan su sistema de profecía no solo con la Escritura, sino que con sueños, y visiones, o incluso experiencias personales. Algunas veces están convencidos que las coincidencias fueron citas divinas que les guiaron a la información con la que llegaron a sus interpretaciones.

Un buen ejemplo de esto es una anécdota de un ministro que tiene un programa famoso de radio y que cuenta muy a menudo. Él cuenta que en un día muy ocupado él se sintió "ungido" por Dios para llamar a la biblioteca local para averiguar si Chernóbil significaba "ajenjo" en Ucranio tal como había oído pero nunca había puesto cuidado. A pesar de que estaba muy ocupado, él "obedeció" la unción del momento. Debido a que el bibliotecario ya había estado estudiando de casualidad el lenguaje ucranio y pudo confirmar que Chernóbil significaba ajenjo, él lo tomó como un señalamiento divino de Dios para revelarle a él lo que la 3º trompeta realmente era. Sin embargo, Apocalipsis dice explícitamente que Ajenjo es una estrella que se mira brillante en el firmamento y tiene sentido como tal y no tiene sentido en contexto como una fuga de un reactor nuclear. (Más de esto más adelante).

Obviamente, confiar en sueños, visiones y coincidencias para interpretar la Biblia de manera equivocada relega a la Escritura literal al "asiento de atrás". Creo que esta práctica es tan común entre Cristianos ya que todos queremos creer que Dios nos está llevando a la verdad de una manera súper natural tal como fue con los apóstoles. En la cultura Cristiana es aceptable hacer tales declaraciones sin evidencias. A pesar de que hayamos tenido experiencias válidas como ésta, al final, la lectura literal de la Escritura simple es la autoridad final. Si usted evita verificar cada idea contraria a la Escritura simple porque usted espera o confía que Dios está hablándole directamente a usted, entonces vendrá a ser obvio más adelante que usted no hizo la diligencia necesaria de "mirar que nadie os engañe", (Mt 24:4) "examinar todo" (1 Ts 5:21) y "sin creer a todo espíritu" (1 Jn 4:1) tal como se nos advierte severamente por Jesús, y Pablo. Al seguir estas instrucciones es necesario tener el discernimiento suficiente para escapar a engaños presentes y a la "gran desilusión" del Anticristo (2 Ts 2:11).

¿Por qué los "Buenos Cristianos" Muy A Menudo Llegan A Ser Malos Estudiantes De Profecía?

Asumiendo que estos maestros son todos buenos Cristianos bien intencionados, ¿por qué se usarían tales enfoques tan pocos confiables? ¡Es justo porque son buenos cristianos tradicionales que son usados! En el caso específico de la interpretación alegórica, esto es una tradición de la Iglesia primitiva.

El enfoque alegórico surgió de la necesidad de reconciliar enseñanzas bíblicas al gnosticismo Griego cuando la iglesia estuvo bajo la crítica y la persecución de filósofos Griegos. Usted sin duda ha escuchado como se rinde homenaje a los "Padres de la Iglesia" y lo que ellos creyeron en defensa de la doctrina Cristiana ortodoxa del día de hoy. Los padres de la iglesia, Clemente y Origen abogaron a la interpretación alegórica doscientos años después de que Jesús enseñara la interpretación literal y desde entonces la iglesia no ha sido capaz de sacudir completamente su influencia negativa, especialmente en el campo de la escatología (el estudio de los tiempos finales). Y si así es como usted ha llegado a percibir la profecía Bíblica, es difícil que usted la mire de otra manera. Es necesaria la ayuda para reconocer las barreras psicológicas de uno, y se necesita coraje para sobrepasarlas y ser diferente. Sin embargo, aquellos que aplican correctamente esta llave de interpretación literal, generalmente llegan todavía a conclusiones incorrectas porque no saben de eso, o no siguen la siguiente llave para escribir el mapa profético de la Biblia.

Llave de Sabiduría #2: Las "Fiestas Proféticas del Señor"

Una segunda llave de interpretación es reconocer que las fiestas del Señor son profecías inmediatas en el Plan de Dios para el ser humano. Estos eventos inmediatos deben de pasar cada uno justo en el día de la fiesta que lo ilustra. Sin embargo, los días están contados en el calendario lunar-griego revelado a Israel (el cual cubriremos pronto), no el calendario Gregoriano pagano que se usa mundialmente al día de hoy. Note que este no es el mismo "Calendario Judío" el cual se desvía de manera significativa de la Escritura.

Toda la profecía Bíblica, especialmente de Apocalipsis, se centra alrededor del cumplimiento de los días festivos en el calendario bíblico. La brevedad y el simbolismo de Apocalipsis son amplios debido a su uso de referencias taquigráficas de vuelta a estas fiestas del Señor, acerca de la Ley o Torá (nombre original Hebreo para el Pentateuco, o cinco libros de Moisés: Génesis, Éxodo, Levítico, Números, y Deuteronomio). Si usted no sabe el uso taquigráfico porque usted nunca ha estudiado cuidadosamente la Torá, las Fiestas del Señor y el calendario donde ellas se dan, **usted simplemente no entenderá el Libro encriptado de Apocalipsis**.

De estas fiestas, Pablo dijo que son "sombras de lo que ha de venir" (Col 2:16-17). En el "Sermón del Monte", Jesús dijo que toda la Torá que contiene estas Fiestas es profética y debe de cumplirse:

¿Vino Jesús A Eliminar o a Cumplir Toda La Ley?

> **Mateo 5:17-18** VRV – [17] No penséis que he venido para abrogar la ley o los profetas; no he venido para abrogar, sino para cumplir. [18] Porque de cierto os digo que hasta que pasen el cielo y la tierra, ni una jota ni una tilde pasará de la ley, hasta que todo se haya cumplido.

Jesús claramente dice aquí que no solo los escritos de los profetas tales como Isaías deben de cumplirse, sino que también el escrito de Moisés debe de cumplirse también. **Esto significa que la Torá, tal como los profetas, es profética.** Los Cristianos se pierden de esta pista crucial porque se les enseñó que este pasaje significa algo completamente diferente: que cuando Cristo vino la primera vez, él estaba "cumpliendo todo lo de la Torá por nosotros de manera que nadie tiene que hacerlo de nuevo".

Jesús dijo que vino a cumplir, pero el contexto inmediato hace que sea imposible que él cumpliera todo para entonces. La Tora no se cumplirá por completo hasta que el cielo y la Tierra pasen, la cual no es una hipérbole, sino un evento literal futuro. (Isa 65:17, Ap 21:1). Antes de eso, están las Fiestas de Otoño del Señor que tienen que cumplirse, incluyendo la Fiesta de Trompetas. Jesús solo cumplió algunos días de las Fiestas de Primavera del Señor, en el Primer Siglo y ningún día de las Fiestas de Otoño (mire el cuadro más adelante). Todas estas fiestas y su calendario están incluidas más adelante.

Calendario Bíblico y Días de Fiesta

Semanas Bíblicas

Las semanas comienzan a la puesta del sol en la noche del Sábado, a la terminación del 7º día Sabático. El Shabbat es un festival profético de Dios, también. Así como los festivales anuales declaran el plan de Dios, así el ciclo semanal de seis días del hombre se concentra en la obra del hombre seguida por un 7º día Sabático de descanso centrado en Dios y sus caminos. La Escritura declara que un día es como mil años para Dios (Sal 90:4; 2Pe 3:8). En otras palabras, después de 6000 años de que el hombre haya seguido sus propios caminos, habrá 1000 años de que el hombre vivirá el camino de Dios bajo el Reino de Dios, el gobierno de Dios en la tierra.

Meses Bíblicos

La Torá nombra los meses por número, mientras que los nombres estándares Judíos usados al día de hoy evolucionaron durante el exilio Babilónico. Los meses empiezan con la primera astilla de la Luna Nueva *creciente* y duran 29 o 30 días hasta la luna nueva creciente. Este es el significado original del término luna nueva, sin que se confunda con la luna nueva *negra*, o la luna nueva astronómica como se entiende al día de hoy y se calcula con anticipación en nuestros calendarios Gregorianos. Los pueblos antiguos no pudieron generalmente calcular cuando la luna estaría en conjunción con la Tierra y el Sol. Además, este período oscuro de conjunción podía durar hasta 3½ días y es por lo tanto inexacto. Por otro lado, la primera astilla de la luna después de la conjunción es un nuevo indicador de un mes claramente visible [3].

Tabla 1: Calendario Bíblico Agrícola Lunar

Mes/Judío	Gregoriano	Fiesta Bíblica/ Día Santo
1- **Nissan / Aviv**	Marzo / Abril	1. Sacrificio de la **Pascua**: 14º y **Panes sin Levadura**: 15º - 21º 2. **Fiesta de las Primicias**: El Shabbat que cae durante la Fiesta de Panes sin Levadura
2- **Iayr**	Abril / Mayo	
3 - **Sivan**	Mayo / Junio	3. **Pentecostés**: El Domingo 50 días después de los Primeros Frutos (cae 6º - 7º)
4 - **Tammuz**	Junio / Julio	
5- **Av**	Julio / Agosto	
6 - **Elul**	Agosto / Septiembre	
7 - **Tisrei**	Septiembre / Octubre	4. **Trompetas** : 1º 5. **Expiación**: 10º 6. **Tabernáculos**: 15º (7 días) 7. **Último Gran Día**: 22º
8 - **Cheshvan**	Octubre / Noviembre	
9 - **Kislev**	Noviembre / Diciembre	

10 - **Tevet**	Diciembre / Enero	
11 - **Shevat**	Enero / Febrero	
12 - **Adar**	Febrero / Marzo	**Purín** : 14º - 15º (no está en Levítico 23)

Tal como puede mirar en el cuadro anterior, hay exactamente seis meses, o medio año, entre las fiestas de primavera del mes de Aviv y las fiestas del otoño del mes de Tisrei. Es importante señalar esto para más adelante cuando tratemos los 3½ años de la Gran Tribulación (GT), que empiezan y terminan en estos meses respectivamente (1 de Aviv, 1 de Tisrei).

Años Bíblicos

A diferencia de los calendarios paganos basados en el sol, el calendario Hebreo es un calendario agrícola y lunar. Así, el calendario Hebreo no pone atención a solsticios o equinoccios a como estamos acostumbrados con el calendario Gregoriano (que por ejemplo tiene que el verano empieza con el solsticio de verano el 21 de Junio o el día más largo del día).

A diferencia de esto, el calendario Hebreo está basado en la cebada de la tierra de Israel. Cuando la cebada alcanza un cierto nivel de maduración llamado aviv, se hace posible para la misma ser cosechada tan pronto como dos semanas más tarde. La cebada madura es necesaria para la Fiesta de las Primicias que cae durante el primer mes del año o el mes de la cebada aviv. **Este sistema excluye un calendario pre-calculado** porque los cálculos no tienen la manera de predecir cuándo estará lista la cebada necesaria para las fiestas del primer mes. Note que a pesar de que la Escritura menciona el mes de aviv (Ex 13:4; 23:25; 34:18; Dt 16:1), usted no encontrará toda la información que necesita para así aprender cómo funciona el calendario de Dios. Para aprenderlo, usted debe estudiar los oráculos vivientes o la tradición oral de los Judíos a la que Pablo se refirió como una de las ventajas que tenían los Judíos (Hch 7:38; Rom 3:2). Esto es más de la sabiduría necesaria de los tiempos finales que ha salido a la luz (desde que Israel se reformó en 1948.)

Debido a que la cebada depende del sol y de elementos para madurar, el calendario permanece sincronizado con las temporadas o es "intercalado", automáticamente. El primer mes del año no se declara sino hasta que la crecenta de la primera luna nueva se mire después que la cebada madura haya sido descubierta. Esto automáticamente causa que cada dos o tres años en promedio haya un 13º mes, llamado Adar Bet. Esto también puede significar que algunas veces después de un año con 13 meses, el año siguiente pueda tener 11 meses, como algunos creen que fue el caso del año 2000 y 2001, respectivamente.

¿Qué Hay Acerca del Calendario Moderno Judío?

El calendario usado en Israel al día de hoy es el calendario Talmúdico de Hillel II. Así como el calendario Gregoriano, este calendario es pre-calculado, en vez de observado. Este calendario surgió de la diáspora Judía. Ya los Judíos estando juntos, no sabrían nuevamente cuando habría una luna nueva creciente visible sobre Jerusalén o cuando la cebada estuviera madura de manera que ellos pudieran guardar las fiestas en el momento indicado. Se le acreditó a Hillel II del Sanedrín la creación del calendario en 359 DC. El usó los cálculos de los astrónomos Árabes al proyectar su propio calendario lunar de luna creciente.

Hoy, 1300 años más tarde, un problema con el algoritmo es evidente. Este problema causa que la luna nueva se declare antes de que la verdadera creciente aparezca. Dennis Johnson, que escribió una Tesis de Maestría en cronología "que demostró una sincronización de los Registros Egipcios, la Cronología Babilónica, y los ciclos Mayas con eventos importantes tradicionales que se refieren en la Biblia Hebrea", explicó esto al autor en un email: (Note que él se refiere al calendario Judío como el calendario "Hebreo"):

El calendario Hebreo tiene un error de .000006 días por lunación, o un día cada 13,475 años. El problema verdadero se encuentra con el año trópico calculado. El calendario Hebreo usa el año Juliano, o 365.242199 días.

Originalmente, en el calendario de Hillel, el equinoccio de primavera se calculaba que cayera en la fecha del Equinoccio de primavera cuando el calendario Juliano fue instituido. Hoy, el equinoccio se calcula por el calendario Hebreo para que ocurra el 8 de Abril (Gregoriano) el cual representa un error de 14 días.

En caso de que se pregunte porqué el equinoccio de primavera cae el 21 de Marzo al día de hoy, fue ahí cuando en realidad estaba ocurriendo según el calendario Juliano cuando las reglas para la Pascua fueron establecidas en 325 DC.

Por cierto, la razón verdadera por la que el calendario Árabe está tan fuera de sincronización es porque este es puramente lunar y el número de días en el año trópico no es divisible uniformemente por el número de días en una lunación.

Esto hace parecer que el calendario Judío se mire como un calendario de conjunción de luna nueva de conjunción, el cual nunca fue. Como resultado, el mes Judío calculado inicia de uno a tres días adelantado del verdadero mes Hebreo observado. En consecuencia, el 1 de Tisrei/Rosh HaShanah de ellos es probable que nunca caiga en el 1 de Tisrei/Fiesta de Trompetas bíblico basado en el calendario corregido. (Para saber cuándo van a caer los días santos en cualquier año, consulte un calendario Karaita[4], no un calendario Judío/Rabínico.)

Así, el calendario Judío le da un conteo diferente de tiempo de lo que estaba en uso en el Primer Siglo cuando Jesús guardó las fiestas. Podemos concluir que los líderes religiosos guardaron estas fiestas en el momento indicado ya que los Evangelios no registran ninguna diferencia entre cuando Jesús guardó las fiestas con sus discípulos y cuando la sociedad alrededor de él lo hizo (ni él pudo realmente "guardar" las fiestas de todos modos sin que el sacerdocio y el pueblo hicieran su parte en el día exacto). El Talmud también declara que el Sanedrín estaba usando entonces el calendario de luna creciente/cebada madura, el cual el calendario de Hillel imitó originalmente.

Jesús Cumplió La Pascua

¿Qué partes de la Tora cumplió Jesús entonces? Obviamente él cumplió un tremendo número de profecías que señalan la primera venida del Mesías (por ejemplo Isa 53). La mayoría de Cristianos también saben que él murió en el día y la hora del sacrificio de Pascua, siendo nuestro Cordero de Pascua, que fue un tipo profético de él. Lo que no saben es que hay otras cinco fiestas del Señor que no se cumplieron en el Primer Siglo.

Esta ignorancia existe porque los Cristianos se centran en el Nuevo Testamento, ignorando grandemente el AT. Ellos creen que el AT está obsoleto y enseña el "legalismo" del cual está basado el Judaísmo. Esto no es cierto, ya que el Judaísmo es una religión propia hecha por hombres que *quebranta* la Torá tal como Jesús señaló (Jn 7:19). Ellos lo entienden como la fuente de los "Días Santos Judíos" en vez de los "Días Festivos de *Dios*" así como la Biblia realmente lo llama.

Entonces, ¿qué otras profecías de la Torá están ahí que deben de cumplirse además del sacrificio de Pascua? Todos estos eventos, incluyendo la Pascua, vienen de Levítico 23 en la Torá. Hay siete fiestas anuales especiales mencionadas ahí (además del día de Shabbat, otra vez, también profético, ilustrando el Milenio pacífico bajo el gobierno de Dios).

Jesús Cumplió La Fiesta de las Primicias

Como cada Cristiana sabe, en el tercer día después que Jesús murió, el resucitó. Más tarde, esa mañana[5] del domingo, él ascendió brevemente a su padre tal como él le anunció a María, cuando él le dijo a ella que no lo tocara (Jn 20:17). Al hacerlo así, Jesús cumplió otro evento en el calendario de días santos llamado las Fiestas de las Primicias. Este es el día donde la ofrenda de la gavilla de cebada era presentada hacia el cielo por el sumo sacerdote. Esto cae siempre en un domingo, siete semanas antes del Domingo de Pentecostés. Así, Jesús ascendió al cielo en el mismo día que el sumo sacerdote estaba meciendo los primeros frutos de la gavilla a Dios como está escrito en Levítico 23. Para añadir, Jesús no solo fue el Mesías y el cordero de Pascua sino que también fue la "gavilla mecida"[6].

En consecuencia, si alguna persona en aquel entonces entendiera que estas santas convocaciones eran proféticas y que Jesús iba a cumplirlas, entonces ellos hubieran sido capaces de predecir qué día iba a morir Jesús y que día iba a resucitar. La presencia del Segundo Templo y el sacerdocio atendiéndolo basado en el horario de los días santos, hizo que esto fuera posible ese año. De la misma manera, el resto de los días festivos proféticos de Levítico 23 deben de cumplirse en el mismo día de su celebración. El Libro de Apocalipsis habla de estos días por todo lado. **Una vez que usted está al tanto de este segmento de sabiduría, usted también puede saber los días *en el calendario bíblico* que ciertos eventos proféticos sucederán** (aunque no necesariamente el día exacto en el calendario Gregoriano con la mayor antelación, debido a la dependencia de la visibilidad de la luna nueva y la maduración de la cebada).

Más adelante veremos donde se encuentran cumplidos el resto de todos los días festivos (desde Pentecostés hasta El Gran Día Final) en Apocalipsis. También hablaremos posteriormente más acerca de que "**nadie conoce el día ni la hora**", después de que lleguemos a entender los 1290 días y la G.T. (sin la cual esta famosa declaración no puede entenderse correctamente). Por ahora, permítame desviar cualquier preocupación que usted pueda tener acerca de lo que dije anteriormente que pueda contradecir lo que dijo Jesús. No lo contradice, ya que conocer el evento futuro en que cae el día de la fiesta no le da a usted la fecha específica, sino hasta que la luna nueva creciente sea vista al principio del mes en que la fiesta cae.

¿Cómo Identificar Una Buena Interpretación de la Profecía Bíblica?

Vamos a recapitular lo que hemos cubierto para probar la veracidad de las interpretaciones de la profecía Bíblica. Sabemos por la Escritura que debemos buscar las siguientes señales de una explicación correcta:

1. Simple, literal, interpretación no alegórica (sin sueños, palabras, etc.)

2. Integra las Fiestas del Señor que son proféticas.

3. Procedente de siervos Dios, justos y comprometidos. Por supuesto, este tercer requisito es difícil de calibrar, debido especialmente a que la mayoría de nosotros nunca tiene la oportunidad de conocer a un maestro o ser testigo de su conducta.

Pero hay otra regla de oro o dos que podemos deducir para descartar el 99% de las malas interpretaciones de la profecía Bíblica promulgada al día de hoy.

4. Basado en el libro de Apocalipsis y su estructura (Ap 1:1)

5. Incluye instrucciones de Apocalipsis de obedecer, seguir o guardar durante los eventos venideros (Ap 1:3)

El razonamiento detrás de estas reglas adicionales 4 y 5 a continuación.

4. La Primacía del Libro de Apocalipsis

El Libro de Apocalipsis es distinto en muchas maneras, pero lo que realmente hace que sea diferente del resto de los libros proféticos es su organización cronológica *predominante*. En los libros proféticos del AT e incluso en el Sermón del Monte de Jesús (Mt 24), el contexto y el marco de tiempo del que se habla puede que cambie abruptamente de un verso a otro. Con pocas excepciones (tal como Daniel 11) simplemente no es seguro asumir que cualquier verso dado está describiendo el mismo o el siguiente evento cronológico como el verso anterior a este. Esto hace imposible clasificar y organizar los muchos eventos proféticos descritos a través de la Biblia en una línea de tiempo útil, completa, y secuencial. (Que por cierto, es aun otra manera por la cual Dios selló el significado de las profecías según lo prometido en Dan 12.)

El Libro de Apocalipsis soluciona este dilema al proporcionar el esquema cronológico faltante. Está organizado alrededor de un marco de trabajo de 21 eventos en serie compuesto de siete sellos, siete trompetas, y siete copas que abarcan los 2000 años entre el Primer Siglo y el Segundo Venidero. A pesar de algunas similitudes que confunden (a propósito), podemos estar seguros de que los 21 eventos no son paralelos. Los ángeles de las siete trompetas no aparecen hasta que la 7° trompeta suene (Ap. 8:1-2; 11:15-19; 15:1-5). Esta cronología crucial se hace esencial para empezar cualquier explicación de profecía desde un entendimiento del Libro de Apocalipsis.

También hay otra razón. Usar un enfoque de interpretación literal consistente no asegura éxito por sí mismo. Todavía está el problema que muchos versos no están claros o son ambiguos (nuevamente, porque la Biblia fue escrita para ser difícil y para estar sellada.) Sin un marco de trabajo establecido y confiable basado en los versos proféticos más claros más importantes, usted está leyendo efectivamente los versos menos claros provenientes de su "Revelación" o contexto revelado. Si lo hace, no sabrá de fijo cual de las posibles lecturas literales de las palabras que se quiso decir, es la correcta. Esto ayuda a explicar porque incluso esos maestros que tratan de seguir un enfoque literal, aun pueden llegar a conclusiones equivocadas.

¿El Anticristo Optometrista de Siria?

Por ejemplo, un maestro que escuché que dice que tiene miles de horas de estudio de la historia del Medio Oriente, dice que la Biblia enseña que el Anticristo vendrá de Siria. Él ensenaba que el Anticristo está vivo al día de hoy en el personaje del Presidente de Siria, Bashar al-Assad. Lo curioso es que incluso en dos diferentes entrevistas de él por radio, nunca se tocó como Bashar cumple con los requisitos de identificación de Apocalipsis 13, ¡que es el pasaje más importante en la Biblia acerca del Anticristo! A diferencia de eso, él se concentró en otros capítulos proféticos de Isaías (10,14,30,31) y Daniel (11). Aunque es interesante, y llamativa, su teoría casi solo existe en una aspiradora de Apocalipsis.

En el lado positivo, yo aun fui capaz de recoger una buena explicación de un "versículo difícil" al escucharlo a él (yo recomiendo que el estudiante serio de la Biblia escuche a cada maestro que se le cruza por su camino.) Sin embargo, llegué a la conclusión de que él no había estudiado lo suficiente de Apocalipsis para formular una línea de tiempo para alcanzar su teoría de la identidad del Anticristo.

El entender la profecía correctamente es un proceso iterativo que toma años. Sin referirse por completo a Apocalipsis, una escatología debería ser juzgada como incompleta y por lo tanto muy poco probable que sea precisa[7]. Muchas interpretaciones incorrectas se verán buenas si usted está descuidando incluso unos pocos versos que pesan sobre el tema correspondiente.

5. Incluye los Requisitos de Sobrevivencia de Apocalipsis

Si alguien basa su enseñanza en Apocalipsis e incluso provee una línea de tiempo completa que enlaza otras profecías a esta, aun hay una prueba más de la Escritura que usted puede usar para discernir la validez de esta. Está derivada de la bendición condicional única prometida en Apocalipsis:

> **Apocalipsis 1:3** (VRV) – Bienaventurado el que <u>lee</u>, y los que <u>oyen</u> las palabras de esta profecía, y <u>guardan (o siguen, o obedecen) las cosas en ella escritas</u>; ¡porque el tiempo está cerca!

Apocalipsis es el único libro de la Biblia que promete una bendición al lector y *hacedor* de sus palabras. Sin embargo, ¿le ha explicado alguien la naturaleza de esta bendición? O **¿qué es lo que debemos de guardar o seguir del libro de Apocalipsis para recibir la bendición?**

Vamos a entenderlo ahora. Por experiencia cuando usted entiende ese gran nivel de revelación del contenido de Daniel y Apocalipsis, eso dramáticamente mejora su entendimiento del resto de la Biblia, algo donde todos necesitamos ayuda. Sin embargo, está claro que Dios no nos dio tantos detalles acerca de los peligros del futuro solamente para satisfacer nuestra curiosidad o para "asustarnos directamente", por así decirlo. Tal como siempre ha sido el caso, cuando se recibe profecía, viene con *responsabilidad* de tomar acción.

Puede que no lo haya notado, pero hay acciones mandadas en Apocalipsis que tienen que ver con escapar de diferentes amenazas tal como Ajenjo o la marca del Anticristo. Así que una bendición principal de obedecer el Libro de Apocalipsis es que usted se mantendrá en pie a lo largo de todo. La instrucción de Jesús de orar por las fuerzas para escapar de estos eventos (Lc 21:36) tiene todo el sentido, exactamente porque requieren una acción radical de nuestra parte. Usted no necesitará fuerza para llevar a cabo actos difíciles si solamente supiera acerca de estos eventos y el "aceptar a Jesús en su corazón" fuera suficiente. En la Biblia, las bendiciones no solo vienen de simplemente creer lo que Dios dice, sino de obedecerlo a Él (Santiago 2:14).

Acciones Requeridas de Apocalipsis

Aquí hay algunos de los versos en Apocalipsis que nos muestran eventos futuros que requieren acción de parte nuestra (todos de los cuales están explicados más adelante en el libro). Algunas instrucciones son explícitas mientras que otras son implícitas.

> **Apocalipsis 18:4** (VRV) – ...<u>Salid de ella, pueblo mío</u>, para que no seáis partícipes de sus pecados, ni recibáis parte de sus plagas.

Justo después de que ella recibe su juicio de fuego, se nos manda claramente a emigrar de la nación con el nombre en código "Misterio de Babilonia".

> **Apocalipsis 12:14** (VRV) – Y se le dieron a la mujer las dos alas de la gran águila, para que <u>volase de delante de la serpiente</u> al desierto, a su lugar, donde es sustentada por un tiempo, y tiempos, y la mitad de un tiempo.

Después de escapar de Babilonia y de otras partes del mundo (ya que eventualmente el Anticristo gobernará el mundo entero), los justos están obligados a ir a un único lugar específico preparado para su protección de él.

> **Apocalipsis 14:9-10, 12** (VRV) – [9] Y el tercer ángel los siguió, diciendo a gran voz: <u>Si alguno adora a la bestia y a su imagen</u>, y recibe la marca en su frente o en su mano, [10] él también beberá del vino de la ira de Dios, que ha sido vaciado puro en el cáliz de su ira; y será atormentado con fuego y azufre delante de los santos ángeles y del Cordero;… Aquí está la paciencia de los santos, los que <u>guardan los mandamientos de Dios</u> y la fe de Jesús."

Sin ninguna duda, Dios está en contra del acto idólatra de ponerse la Marca de la Bestia. Aquellos que cedan serán incapaces de escapar de su ira (a pesar que su engaño no garantiza la condenación[8]). Recibir tan fuerte advertencia en contra de quedarse y ponerse la marca, ciertamente hace más entendible la condición de moverse (Ap 12:14).

Revelación Sin Responsabilidad

Dados todos estos mandamientos que aplican a los siervos de Dios a quienes les fue mostrado todo esto, ¿no es extraño que las interpretaciones de la mayoría de los maestros de profecía se atribuyan a alguien más tal como a los "creyentes Judíos" o a la gente que se "quedo atrás", sin dejar nada a los verdaderos siervos de Dios para que obedezcan y sean bendecidos durante los eventos que son previstos?

Un perfecto ejemplo de esto es la enseñanza del rapto pre-tribulación. Le hace a usted creer que todos los cristianos fieles estarán en el cielo incluso antes que el primer sello de Apocalipsis suceda, haciendo que sus instrucciones y predicciones sean completamente inaplicables para nosotros. (Con razón recibo tantos correos electrónicos de Cristianos diciéndome que no me distraiga con la profecía y que simplemente predique el Evangelio, sin darse cuenta que efectivamente me están pidiendo que censure o al menos ignore cerca de un tercio de la Biblia.) Si le parece inconsistente que Dios les daría a sus siervos de los últimos tiempos una visión del futuro con instrucciones que ellos debían de "guardar", solo para sacarlos de la tierra antes de que todo esto pase, entonces le motivo a seguir sus instintos y a continuar buscando una interpretación que no tenga esa inconsistencia.

Conclusión

El acertijo del estado de confusión de las enseñanzas de la profecía Bíblica está resuelto. Los intérpretes Cristianos han mirado por encima muchos versos, de los cuales algunos son citas de Jesús (de los cuales, deberían estar considerando cada palabra cuidadosamente, si son sus seguidores). Sus palabras contienen las directrices e instrucciones que deben de seguirse para entender las profecías selladas. Finalmente, Apocalipsis pone las profecías en orden y le da acciones para sobrevivir a lo largo de "todas" ellas hasta que Jesús venga. Simplemente ser un cristiano no es suficiente para entender o sobrevivir a las profecías, e irónicamente trae consigo muchos paradigmas que quebrantan la Escritura, que actúan como barreras para completar un entendimiento correcto.

Cuando se trata de cualquier tema, el punto de vista que es más creído o más popular no necesariamente es el correcto como alguien asumiría. La verdad no se decide por mayoría o por consenso. Dada toda la confusión cristiana acerca de la profecía Bíblica, no debería de ser sorpresa que este principio, también posea verdad aquí. Deje que la lectura literal, no alegorizada de la Escritura sea su guía a la verdad, en vez de lo que es popular, o de lo que siempre ha creído o ha sido enseñado, y usted será uno de los pocos "sabios" a los que Dios le prometió que entenderían y escaparían a lo que viene en los tiempos finales.

El resto del libro aplica las llaves que usted acaba de aprender para proveer una hoja de ruta completa de los tiempos finales, basado en el Libro de Apocalipsis. La línea de tiempo incluye posibles años de cumplimiento e instrucciones en lo que Dios espera que usted haga, como uno de sus siervos fieles actuales o futuros.

Parte 1:

El Planeta X en la Profecía Bíblica

Lo Que Inició Todo

Cuando un amigo empezó a contarme por primera vez acerca del Planeta X en Marzo de 2002, se me hizo muy difícil de creerlo. Él describió un 10º planeta mucho más grande que la Tierra que venía hacia nosotros en una trayectoria tan cercana que causaría catástrofes globales. Estas incluían terremotos severos, un cambio polar (lo que fuera que eso significa), vientos a más de 200 mph, amplias erupciones volcánicas, maremotos y ondas de la corteza dando como resultado la muerte de un gran porcentaje de la humanidad. A pesar de lo impresionante que suena eso, la posibilidad de un evento como ese no se me hacía muy difícil de imaginar. Ya había escuchado que el diluvio mundial de Noé fue probablemente precipitado por otro cuerpo que pasó cerca de la Tierra y causó que las lluvias y los manantiales de las profundidades se abrieran[9]. También vi que la profecía Bíblica de los tiempos finales hablaba de la Tierra "temblando como un ebrio" (Isa 24:20) junto con sus impactos (por ejemplo Ap. 8:8). También recuerdo el cometa Schumacher-Levy chocando contra Júpiter en Julio de 1994 y las ondas de choque que rasgaron a través de la superficie de Júpiter. Estaba claro para mí que las catástrofes cósmicas si pasan de vez en cuando en nuestro sistema solar y podrían suceder de nuevo. Tan desagradable que fuera el pensamiento de contemplarlo, no tenía problema de aceptar ese escenario. Por el contrario, yo estaba escéptico a causa de otra cosa. ¡El margen de tiempo que me habían dada para el día del juicio final de la llegada de este planeta era el año siguiente!

"¿Cómo podría ser esto cierto?," pensé. Si esta cosa es tan grande y esta tan cerca, ¿Cómo es que no puede ser visible ya por los observatorios? Y antes de que sea visible, los científicos ya deberían de mirarlo afectando las órbitas de los planetas exteriores, entonces ¿por qué ellos no están hablando acerca de esto? ¿Por qué solamente se está hablando de esto en el internet y no por los científicos verdaderos en los principales medios de comunicación? E incluso si hay algo de conspiración entre los observatorios y científicos para ocultar esta información al público, ¿cómo podrían lograrlo con todos los astrónomos aficionados que hay? ¿Qué tiene que decir la NASA al respecto? ¿De dónde vino este marco de tiempo?

La mayoría de gente a este punto, generalmente decide que hay demasiados problemas con este escenario, y no le dan importancia a lo que suena como místico. Sin embargo, yo estaba muy curioso para ver si había algunas respuestas satisfactorias a mis preguntas. Así que fui al Internet a buscarlas.

Para mi decepción, en vez de encontrar a un científico calificado hablando racionalmente acerca de esta materia tan científica, encontré solamente fuentes no-científicas (tales como "ZetaTalkers", Nueva Era, canalizadores, etc.) No obstante, decidí mantenerme imparcial al asunto, recordando que no es probable que alguien pueda probar concluyentemente que no exista otro cuerpo del tamaño de un planeta que esté orbitando nuestro Sol. (Siendo que es tan difícil probar pretensiones existenciales negativas.) Sin embargo, la razón principal del porqué yo no desconté del todo las predicciones fue por lo que había aprendido de mis estudios de los tiempos finales de la profecía Bíblica del cual la historia de los trastornos cósmicos del Planeta X, ya parecía que calzaban bien.

Aun así, seguí buscando a un científico calificado que ofreciera pruebas científicas verdaderas del Planeta X (PX). Yo había encontrado en el pasado que si una interpretación de una profecía Bíblica no cumplida es correcta, usted encontraría confirmación en fuentes científicas o de otro tipo. No solo eso, pero los científicos que yo buscaba tendrían que ofrecer una explicación razonable de cómo vendría pronto y sería visto o no haría noticia.

Yo sería recompensado pronto por mi paciencia al encontrar un único científico calificado que afirmó la existencia del Planeta X y explicó el proceso en el cual este podría causar las anormalidades que se están dando recientemente en el clima solar y de la Tierra. Él también se refirió al silencio de la NASA con respecto al asunto y compartió su conocimiento de sus programas internos de investigación que rastrean la misma cosa que ellos niegan.

Con las explicaciones, yo necesitaba contestar mis dudas en el campo de la física, yo estaba listo para entrar en un estudio más profundo de la profecía Bíblica en el asunto. Lo que descubrí fue que, además de una descripción muy específica de lo que debería de ser exactamente el pasaje del Planeta X, la Escritura también brinda instrucciones específicas de sobrevivencia… que por supuesto responde a la siguiente pregunta que todos tienen después de convencerse que el PX es una amenaza - ¿qué hacer al respecto?

Este libro fue escrito para compartir lo que aprendí acerca de estos asuntos en la esperanza de ayudar a otros a "escapar de todas estas cosas" así como Jesús instruyó en Lucas 21:36.

Que Dios le de sabiduría (Jas 1:5), entendimiento (Mt 24:15) y arrepentimiento (Hch 11:18).

Tim McHyde

www.EscapeAllTheseThings.com

Enero, 2005

Santa Ana, Costa Rica

Capítulo 1

Escéptico o Asustado

La Participación de los Medios de Comunicación

Para estar seguro con lo que los medios de comunicación dicen acerca del Planeta X, es un reto para algunos permanecer imparcial en el asunto. Si usted no se molesta por investigar el tema por su parte, esto es lo que usted probablemente escuchará y creerá acerca del Planeta X:

Planeta X: El supuesto 10º Planeta hace una aparición en nuestra sección de Mistificación de abajo, pero pertenece aquí en la sección de Misterio, también, porque de hecho puede que haya otro objeto del tamaño de un planeta más allá en marcha o previsto, que a su vez...

...

Planeta X o un cometa destruirá la Tierra: las bromas y la fatalidad se miran mutuamente atractivos. Esta broma surge de vez en cuando, y no ha sucedido aun, pero no permita que el hecho se interponga en el camino de una buena historia. Recientemente, la NASA fue implicada por haber ocultado pruebas de un cometa que se dirige hacia nosotros. Si usted está leyendo esto, por favor note que esta página fue publicada después del marco de tiempo del fin del mundo.

Tal como lo dice el artículo, el problema con la teoría del PX es que simplemente no está confirmada por la comunidad establecida de la ciencia. Esto es cierto y es el mayor problema que tuve yo mismo al hacer demasiado trabajo con el PX. Incluso al momento de escribir esto, aun no había un científico de renombre que hubiera hecho una observación de esto o al menos uno que haya presentado una evidencia importante para ponerla a disposición pública. El artículo luego cita una predicción fallida del día del juicio final del cometa para dar a entender que la NASA no está diciendo todo lo que ellos saben y que el PX también es un broma que tiene que ser pasada por alto hasta que la NASA nos diga algo diferente.

Pero Espere – Deténgase y Piense

A pesar de todo, ¿se acabo aquí el asunto? ¿Podemos asumir a partir de esto que el PX es algo a lo que no necesitamos ponerle atención? ¿Podemos simplemente decidir no pensar por otro momento acerca de esto de manera que nos podamos sentir bien nuevamente acerca de todos nuestros planes de los que el PX iba a interferir?

Pero espere…antes de que usted se desconecte de este asunto, ¿notó usted siquiera el razonamiento defectuoso usado en el artículo para dar a entender que el PX es un engaño? Pensemos con respecto a la lógica que se presentó. Si fuera cierto que un desastre a nivel de la tierra "no ha sucedido aun" (que ha pasado de acuerdo a Génesis 6), ¿se deduce que *nunca* sucederá? Si se rumora que un cometa reciente iba a causar "el fin del mundo" y pasó sin causar daño, ¿significa eso que automáticamente nos salvamos del PX?

Lo que usted puede que no sepa es que la cobertura del artículo de sonido corto del tamaño de un byte acerca del tema deja por fuera cualquier mención de la evidencia que *si* tenemos del PX. Lo que usted ya debería de saber si usted es un lector de la Biblia, es que el final del mundo (a como lo conocemos, como "el final de los tiempos" en Mt 24) se aproxima de acuerdo a muchas profecías Bíblicas. De hecho, sucede que hay muchas profecías (tal como en Ap. 6-8) que hablan del final de los tiempos que suenan muy similares a lo que los científicos dicen que va a suceder si un objeto grande pasara cerca en la senda inmediata de la órbita de la Tierra.

¿Asustado? Hay un Escape

Por supuesto, esas son noticias espeluznantes que nadie quiere oír. He aprendido a través de los años que cuando le hablo a la gente acerca de las profecías bíblicas de los tiempos finales esto causa el efecto contrario en la mayoría de los casos más de lo que usted pensaría. En vez de motivarlos a darse cuenta de qué cambios pueden hacer ellos ahora en sus vidas para ayudarles a enfrentar el reto, esto tiende a paralizarlos con enojo, depresión o temor. Puede que no les guste la idea de tener que cambiar sus vidas por algo o asumen que no hay solución a este gran problema que les acabo de echar encima.

Quiero referirme a ese problema aquí. En las profecías que hablan acerca de cuantos problemas traerá el Planeta X, también nos dice específicamente que **habrá sobrevivientes**, la mayoría por "tiempo y oportunidad" y algunos por la mano de Dios. Y Dios ha incluido de forma misericordiosa suficientes pistas, para saber qué hacer para estar seguro que usted esté entre ellos. Por más terrible que vaya a ser este desastre, este no será el final de toda la vida. La Biblia nos dice que después de sobrevivir el conflicto más grande que la Tierra haya visto entre el "Hombre versus La Naturaleza" desde el diluvio, tendremos luego que lidiar con la amenaza más grande que haya habido del Hombre o la sociedad. Estoy hablando acerca de la GT bajo la dictadura global de la "Bestia". De acuerdo a la línea del tiempo de Apocalipsis, se levantará como un resultado directo del caos global que quedó a raíz de todo esto. Sin embargo, el plan de protección para ambos escenarios es el mismo, como lo veremos.

Dios tiene un plan para proteger a sus siervos, tal como usted lo esperaría de las muchas historias de liberación encontradas en la Biblia. Con todo, usted se puede sorprender de cuantos cristianos no les interesa esto. Por años he conocido Cristianos que creen en algo como destino o predestinación, diciendo muy a menudo que cualquier cosa que "Dios quiera" para ellos es lo que estarán dispuestos a sufrir. Algunos incluso creen que el castigo mártir es algo a lo que se aspira. Para estos casos, sería de gran ayuda leer en la Biblia todos los lugares donde Dios nos dice que "escojamos". Si no creemos que poseemos la habilidad y la responsabilidad de escoger como se desenvuelve nuestra vida, entonces probablemente no tenemos la motivación necesaria para invertir el tiempo y el esfuerzo que se tomará para discernir si el Planeta X es una amenaza verdadera y tomar luego los pasos necesarios para enfrentarlo exitosamente. Solo aquellos que buscan diligentemente encontrarán la verdad, y la diligencia viene acerca de las cosas que nos importan.

Para estar seguros, todos nosotros necesitamos empezar a hacer cambios anticipados en nuestras vidas. La naturaleza humana resiste a esto, prefiere estar en la zona de confort, apostando a la posibilidad de que estas predicciones del día del juicio estarán equivocadas como todas las otras predicciones del pasado. Pero así no es como los sobrevivientes piensan. Ellos prestan atención a las advertencias y toman acción.

Por lo tanto, esta información es para aquellos que temen a Dios y quieren sobrevivir con su ayuda. Fue clara la intención de Jesús de Nazaret, el Mesías, de que sobrevivamos o él no nos hubiera instruido de hacerlo así en el Sermón del Monte. Él dijo de los tiempos finales:

Lucas 21:35-36 – [35] Porque como un lazo vendrá sobre todos los que habitan sobre la faz de toda la tierra. [36] Velad, pues, en todo tiempo orando que seáis tenidos por dignos de escapar de todas estas cosas que vendrán, y de estar en pie delante del Hijo del Hombre.

Pero note que se indica acción de parte de nosotros. Se empieza investigando que es lo que hay *que* buscar y por qué cosa es que se debe orar. Una vez halladas las respuestas a eso, se requiere entonces de unos cambios de vida, grandes o pequeños, dependiendo como su vida está ordenada en este momento.

Y he aquí una aclaración importante: <u>tratar de salvarse a usted mismo por amor a usted mismo no es lo que Jesús se estaba refiriendo</u>. Él estaba hablando a aquellos que aman a Dios, el Creador y Gobernador del Cielo y la Tierra como está revelado en la Biblia, y quien mostró esto al confiar en él y al obedecer sus instrucciones (Ap 14:12). La muerte prematura no es usualmente conveniente para aquellos que ya han sacrificado todo lo que está en medio de su relación con Dios y que han vivido según sus caminos consistentemente. Tales siervos son más útiles en vida que muertos, como instrumentos dispuestos, capacitados en las manos de Dios. Pero aquellos que aun aman y confían en ellos mismos más que en Dios, no serán contados como "dignos de escapar." Dios no le va a ayudar a escapar, si fuera mejor para su propio desarrollo ser atrapado en lo que viene. Sea el camino fácil o difícil, todos deben de aprender el resultado final de confiar en sus propias fuerzas y entendimiento. El tiempo de arrepentirse de sus propios caminos y volverse a Dios de todo nuestro corazón es *antes* de encontrarnos en la necesidad de ser salvos (Isa 55:6).

Ya que el Cristianismo y el Judaísmo no han enseñado correctamente el arrepentimiento, el arrepentimiento desde una perspectiva escritural será un tema tratado a lo largo de este trabajo. Sin saber cómo arrepentirse de manera *diaria*, el resto de información en esta obra no será suficiente para ayudar al lector a escapar de la trampa que viene sobre toda la tierra.

No Trato de Convencerlo de Una Conspiración del Planeta X

Creo que este libro presenta una causa razonable de la existencia de la amenaza del PX, pese a la falta de evidencia probatoria tradicional tal como imágenes del Telescopio Hubble. Sin embargo, mi meta no es probar la existencia del PX al lector. Mi meta es ayudarle a considerar la posibilidad de tal amenaza como en mi caso, y al hacerlo así, abrir su mente a la posibilidad de que Ajenjo, la estrella de Apocalipsis sea literal. Esto puede que cambie completamente la manera en que usted entiende la profecía Bíblica tal como me sucedió a mí.

Capítulo 2

Respaldo Científico

Unos meses después de que yo escuchara acerca del Planeta X por parte de mi amigo, recibí un correo electrónico de parte de un cliente mío de programación de computación. Hace 4 años, yo le había hecho un proyecto y aun necesitaba ayuda de vez en cuando, la cual yo tenía que proveérsela de gratis. Desafortunadamente, yo había acordado precipitadamente proveerle soporte gratuito ilimitado en la aplicación que le hice (olvidando que el software siempre permanece en uso mucho más tiempo de lo que sus programadores se imaginan). Sin embargo, un trato es un trato y no quería ser conocido como alguien que rompe su compromiso cuando ya no se está de acuerdo con lo prometido. Así que, miré el problema, encontré la solución y le envié un correo electrónico de vuelta con las instrucciones para arreglarlo.

Finalmente, Un Científico Advirtiendo Acerca del Planeta X

Noté, en su correo electrónico que él tenía un nuevo sitio web para su compañía. Entonces lo revisé, y algo interesante llamó mi atención. Tenía una referencia en su página web de una entrevista con un científico llamado James M. McCanney en el asunto del PX. Nunca había escuchado de él, pero al escuchar me di cuenta de que era un científico verdadero, en algún momento en Cornell, ¡que dijo que el PX era real y que la NASA había estado al tanto de esto por 30 años! Al respetar un compromiso, fui bendecido con una respuesta, no es una coincidencia inusual del todo para aquellos que sirven a Dios.

Estudié el sitio web de McCanney y cada entrevista de él en el programa de radio que pude encontrar. Estaba contento de descubrir que él proveyó respuestas para todas las preguntas y dudas que yo tenía del PX, que cubriremos en este capítulo. Tranquilamente, él dice que no tiene fotos o suficiente evidencia para probar que existe. Digo esto porque he escuchado individuos que dicen que ellos podrían "probar" que el PX existió cuando realmente no podrían. Para ser honesto, solo agencias espaciales como NASA tiene los recursos y la reputación para "probar" *científicamente* que el PX existe. Dicho esto, si se toma el tiempo para mirar, encontrará una cantidad suficiente de evidencia filtrada desde la NASA y otras fuentes, resumida aquí. Más adelante, vamos a demostrar a través de la Escritura, las instrucciones para lidiar con esa amenaza, las cuales no están cubiertas en otros libros.

¿Por qué la NASA está Callada Con Respecto al Planeta X?

En años recientes la NASA ha venido diciéndonos acerca de muchos planetas pequeños tales como Eris, Sedna, o Xena. Esos péquenos objetos inofensivos orbitando cerca de Plutón calzan con solamente una definición del término "Planeta X". La definición de la que estamos preocupados es de un gran cuerpo no descubierto el cual puede plantear una amenaza para la Tierra. Con respecto a *ese* PX, la NASA está callada. Debido a que los canales oficiales no lo han confirmado, usted probablemente concluiría que el PX es solamente una engaño. Sin embargo, el hecho permanece que la NASA fue la primera en anunciar el descubrimiento de un planeta grande, en los ochentas, como se reportó en la edición del 19 de Julio de 1982 del New York Times:

Algo allá afuera más allá de los alcances más lejanos del sistema solar conocido está arrastrando a Urano y Neptuno. Una fuerza gravitacional continúa perturbando los dos planetas gigantes, causando irregularidades en sus orbitas. La fuerza sugiere una presencia muy lejana y no vista, un objeto grande, el Planeta X buscado por mucho tiempo. Los astrónomos están tan seguros de la existencia de este planeta que ya lo han nombrado el "Planeta X - el 10º Planeta."

Aparentemente, el anuncio al descubrimiento fue un descuido ya que en el lapso de una semana ellos lo retractaron y ha sido silenciado públicamente desde entonces. Sin embargo, hay pruebas suficientes de que ellos habían tenido un proyecto interno rastreando al PX, tal como este documento interno de la NASA registra años más tarde:

Servicio de Resumen de Astronomía ADS de la NASA

Título: Búsqueda del Planeta X
Autores: Harrington, Robert S.
Afiliación: Observatorio Naval, Washington, DC.
Diario de Navegación: En la NASA, Washington, Reportes de Astronomía Planetaria, 1991 p. 53 (Véase N92-12792 03 0389)
Fecha de Publicación: 10/1991
Categoría: Astronomía
Origen: STI
Palabras Claves de NASA/STI: PERTUBACIÓN, ESTUDIOS DEL CIELO (ASTRONOMÍA), ORBITAS SOLARES, OBSERVACIONES ESPACIALES (DESDE LA TIERRA), NEPTUNO (PLANETA), URANO (PLANETA)
Código Bibliográfico: 1991 plas.rept...53H

Resumen

La observación de la región del cielo en la cual se cree que el Planeta X debería de estar ahora, fue determinada basada en las perturbaciones observadas en los movimientos de Urano y Neptuno, y no había razón para actualizar esa determinación. Un área limitada de esa región fue fotografiada y eso será continuo. Una cierta área está fotografiada con el astrógrafo gemelo de 20 cm en Nueva Zelanda en dos noches consecutivas, cerca del tiempo en que esa área está en oposición, y estas placas están destelladas en Washington para identificar todo lo que se haya movido. La región prevista está en el sur, la cual requiere observaciones desde una estación del sur, y está en oposición en el período de Abril a Junio, lo cual significa que las observaciones no han empezado aún en el año. El destello terminará tan pronto como las placas se reciban en Washington. [11]

Si el PX realmente se está acercando y la NASA lo ha estado vigilando por años, por instinto quisiéramos saber porque ellos no están hablando de eso. James McCanney ha tratado estrechamente con la NASA durante su carrera, habiendo tenido acceso a su información mientras estuvo en Cornell, y puede explicar el porqué de esto. Él dice que esto es porque la NASA se encuentra bajo las órdenes del congreso de no decirle a nadie si ellos descubren un escenario del día del juicio final que se aproxime. Este es el mismo edicto que les prohíbe a los funcionarios públicos decirle al público acerca de un desastre inminente y así causar pánico. Tiene que salir a través de algún canal oficial si es que sale del todo. Si esto es cierto, entonces a la luz del conocimiento demostrado de la NASA acerca del PX, es más preocupante que ellos hayan permanecido en *silencio* acerca de esto en vez de que continuaran informado al público, desde su descubrimiento inicial, como lo hacen con cometas o nuevos planetas como Sedna y Xena. ¿Saben ellos que su travesía no será inofensiva como el Cometa Hale Bopp en 1997 (que sigue una órbita similar y se enseñó por McCanney que fue parte del séquito del PX en una oportunidad)?

¿Descabellado? Suspenda Su Incredibilidad Por Ahora

Muchos desestimarían con facilidad la anterior explicación de encubrimiento como una simple teoría de conspiración. Para el consumidor promedio de los principales medios de comunicación, esas ideas son tan difíciles de aceptar, como mi premisa de que el PX es real. Sin embargo, motivo al lector, especialmente si él cree en la Biblia, que permanezca conmigo al menos a lo largo del final del siguiente capítulo y vea como el libro de Apocalipsis demanda algo exactamente como el "mito" del PX para cumplir sus detalles. Una vez que usted mismo vea eso en su Biblia por primera vez, usted puede decidir si el PX del que la NASA habló una vez (y ahora no lo hace) será el cumplimiento, o si será algo completamente diferente y hasta ahora desconocido por alguien.

Nuevamente, **el punto de este libro no es convencerlo de que la NASA y el gobierno están mintiendo acerca del Planeta X**. El punto es enseñarle perspectivas nuevas e importantes dentro de la profecía que revela una amenaza a nuestra sobrevivencia que nadie está hablando al respecto, a pesar de que usted quisiera saber con anticipación acerca de ellas si tuviera la oportunidad.

La Explicación Bíblica Acerca del Encubrimiento

Así que ¿cómo puede ser posible que nuestros gobiernos retengan información tan importante en secreto? ¿Cómo puede ser que haya tal maldad en control que conspire contra nosotros al grado que se indica en este libro? Y ¿cómo una conspiración mundial puede llevarse a cabo a través de los siglos de manera que no desaparezca poco después de que los hombres que la inventaron y sus sucesores inmediatos fallecieran?

Una vez más, la Biblia tiene respuestas. La Biblia describe una conspiración mundial que ha continuado desde la "caída" de Adán. Nos dice que aproximadamente durante toda la historia de los 6000 años de la Tierra, Satanás, el ángel caído, se le ha permitido correr por todas partes interfiriendo con el mundo e incluso se le llamó "el dios de este mundo" (2 Cor 4:4). Dios aun interviene y mantiene su plan maestro en el tiempo previsto, pero Satanás tiene su propio plan – el cual también le sirve al propósito de Dios o no sería permitido, por supuesto. Se nos dice que Satanás tiene su propia "simiente" o descendencia (Gen 3:15; Mat 13:38), sus propios reinos a través de los milenios (Dan 2; 7; Apoc 17:10) y sus propios gobernantes que coloca sobre ellos (Luc 4:5-6). A lo largo de todo esto, "él engaña a todo el mundo" (Apoc 12:9) incluyendo creyentes. De hecho, Apocalipsis 12, 13, 17 evidentemente representan juntos los gobiernos de este mundo como Satánicos (no es de extrañarse que los gobiernos al día de hoy sean tan ineptos).

¿Qué está tramando Satanás al usar su poder, influencia y engaño? Apocalipsis dice que al puro final de esta era habrá un periodo de 3½ años de la ira de Satanás llamado "la Gran Tribulación" (Dan 12:1, 11; Mat 24:21) durante el cual la voluntad de Satanás se cumple sobre toda la Tierra por su señalado gobernante llamado "La Bestia" (Dan 11:40-44; Apoc 13:7-8). Bajo esta dictadura, él obligará a todos a tomar la marca y a adorarle a él para tener comida y entablar negocio (Apoc 13).

Por supuesto, las naciones no renunciarían voluntariamente a su soberanía al día de hoy si se les pidiera. Pero si una calamidad mundial incluyendo un colapso económico, una guerra mundial, y una hambruna severa sucedieran, ellas con gusto la entregarían a cualquiera que pudiera unificar al mundo para restaurar la paz, la prosperidad y más importante: el suministro de alimentos. (Y no haría daño si esa persona afirmara y fuera capaz de convencer a la gente de que él es Dios).

El pasaje del Planeta X establecerá con exactitud ese escenario. Y ahí radica el motivo del encubrimiento. Si la gente supiera acerca del PX con anticipación, se prepararían en muchas maneras para suavizar en gran medida el golpe sin necesitar y sin dar poder a la Bestia. Solamente al mantener a la gente en la oscuridad, Satanás puede alcanzar el efecto máximo necesario del pasaje del PX para dar paso a su dictadura mundial. Esta es la razón por la que usted no escuchará acerca del PX en las noticias hasta que sea muy tarde para hacer algo al respecto. Satanás no quiere que usted sepa y Dios lo está permitiendo de manera que este mundo que no tiene amor por la verdad pueda recibir su fuerte engaño merecido. (2 Tes 2:11-12).

¿Por qué No Lo Vemos?

Si aceptamos que la NASA sabe acerca del PX pero no nos dirá por la razón que sea, entonces ¿qué hay de los astrónomos aficionados que no están limitados a decirlo? ¿Por qué no están reportando el PX? El problema, según McCanney, es que la falta de claridad y la posición del PX hacen difícil que se vea. Su ubicación actual lo hace visible solo en la primavera, en lugar de todo el año. Sin embargo, incluso así, usted tiene que estar en el lugar correcto de la Tierra debido a la sesgada órbita elíptica. McCanney declara que se acerca a nuestro sistema solar por debajo del eclíptico (plano de las órbitas de los planetas) que significa que la mejor vista es del Hemisferio Sur que es mayormente agua y hay menor densidad de población. McCanney comenta sobre esto en su escrito acerca del abstracto de la NASA (citado anteriormente) de su sitio web:

En 1991 Robert S. Harrington, jefe del Observatorio Naval, en Washington, D.C. escribió un resume interno que culminó una década de astronomía teórica y observacional con un equipo de expertos. Él estuvo a cargo de la investigación dirigida por la NASA de un planeta grande al borde de nuestro sistema solar que había estado perturbando las órbitas de los planetas exteriores. Muchos intentos anteriores habían sido realizados, llevando todos a resultados incorrectos… pero esta vez Harrington estaba seguro de que había encontrado la ubicación del gran planeta extrasolar. Lo que es interesante es 1) La NASA por décadas había patrocinado una búsqueda de este objeto con los miembros del equipo del mayor nivel disponible, 2) se sabía plenamente de que algo grande estaba entrando en nuestro sistema solar y 3) como usted verá… parece que cualquiera que estuviera asociado con los resultados ha sido silenciado ya sea por la muerte o por temor. Un velo de secreto y de engañó rodea toda esta historia.

Parte del descubrimiento del Planeta X estaba basado en el hecho de que los grandes planetas exteriores Urano y Neptuno estaban siendo atraídos hacia ABAJO en sus órbitas. No hay otro efecto que pudiera causar tal cambio en las órbitas de esos planetas excepto la existencia de un gran objeto celeste no descubierto anteriormente que tuvo que existir hacia abajo y en la dirección de las propuestas de resolución inexplicables de estos gigantes planetas exteriores. Harrintong sabía que tenía que ser GRANDE y tenía que ser por debajo del plano de los planetas (la eclíptica). Él también sabía que debido a que no estaba ahí antes, era entonces un cuerpo nuevo entrando en el sistema solar.

Harrington escribió un breve resumen contando acerca de su viaje final programado para Nueva Zelanda en el mes de mayo de la primavera para llevar a cabo una sesión fotográfica de un pestañeo con un astrógrafo de 20 cm (una cámara de alta precisión de aproximadamente 8 pulgadas de apertura). Esto parecía ser lo que debería ser una observación rutinaria y Harrington estaba tan seguro de la ubicación de este objeto en el cielo, que él planeó dos noches consecutivas para las dos fotos necesarias. Estas serían regresadas a Washington para determinar la ubicación y el tamaño del objeto nuevo.

Una cámara de 8 pulgadas en 1991 al 93 (la fecha que creemos que Harrington hizo su última expedición... la información de la NASA es escasa) no era muy grande así que no estamos hablando de un equipo de nivel profesional... eso es, que se esperaba que este objeto fuera muy grande y Harrington sabía que sería visible solamente durante el mes de mayo desde una ubicación remota en la Tierra muy hacia al sur. Él escogió Nueva Zelanda sobre las ásperas regiones inexploradas de la Patagonia en América del Sur.

Por lo tanto, una razón importante por la que el PX no es obvio aun para el mundo es porque se mira mejor cerca del polo sur – donde hay menos gente y menos observatorios para encontrarlo. Del mismo modo, cuando el planeta pequeño 2003 UB313 Eris fue descubierto, Mike Brown explicó que la razón por la que no fue descubierto antes fue porque órbita a 45 grados fuera de la eclíptica la cual es un área menos buscada por astrónomos. Algunos astrónomos sugieren que el PX tiene una órbita de 120 grados o una órbita retrógrada [12].

McCanney reporta otro problema. A veces hay mucha niebla en la atmósfera que para ver una imagen difusa, un objeto tenue como el PX sea difícil de mirar, a menos que esté viendo directamente a él desde un ángulo de 90 grados (esto es posible solamente desde el mismo polo sur). Todo esto, en conjunto con el encubrimiento establecido por la ciencia, le da al PX las condiciones necesarias para cegar a la mayoría de los habitantes de la Tierra.

Un científico de la NASA previene acerca de la posibilidad de ser cegado. David Morrison, Director del Espacio y de la Astrobiología en el Centro de Investigación Ames de la Nasa, habló ante el Congreso acerca de la amenaza de impactos cósmicos. Él escribió:

Es posible que un cometa "entre a hurtadillas" a la Tierra, escapando de ser detectado a tan solo unas cuantas semanas de hacer impacto. Se necesita una encuesta permanente para detectar cometas de largo periodo, e incluso con tal encuesta, no podemos estar seguros del éxito. [13]

Otro Punto Ciego Cósmico

Hay otra razón por la que el PX no sería visto con facilidad. Los objetos que se nos acercan desde nuestro lado del sol están obscurecidos por el resplandor del sol y son casi imposibles de ver. Aquí hay dos ejemplos de asteroides que recientemente "cegaron" la Tierra de la dirección del Sol. Primero, del 8 de marzo de 2004:

Un asteroide lo suficientemente grande para aplastar una ciudad zumbó la Tierra a principios de este mes y no fue visto hasta después de que voló inofensivamente.

La roca espacial se acercó a la Tierra en el resplandor del sol, un punto ciego que lo hizo imposible de ver durante el día o la noche desde cualquier punto de vista terrestre. El evento ilustra el potencial de un golpe sorpresa por un asteroide, dijeron los astrónomos.

En una entrevista telefónica, Williams explicó que no había manera para ver el asteroide hasta que se moviera del resplandor del sol hacia el lado opuesto de la Tierra en relación al Sol – el lado oscuro de la tierra. [14]

Esta es otra del 19 de Diciembre de 2004:

Los astrónomos descubrieron un asteroide esta semana después de que había pasado volado la tierra en un curso que lo llevó tan cerca del planeta que estuvo por debajo de las órbitas de algunos satélites.

La roca se acercó a la Tierra desde cerca del sol, así que habría sido casi imposible de detectar antes de cerrar el paso. Se elevó sobre Estados Unidos – por debajo del planeta, dijo el investigador de la Universidad del Estado de Washington a la Conexión del Asteroide/Cometa.

Los astrónomos están al tanto de este importante punto ciego de los asteroideos que se acercan a la Tierra mientras están en el resplandor del sol. Solo un telescopio espacial podría detectar tales objetos antes de que lleguen [15].

¿Que evidencia hay?

Con el encubrimiento de la NASA y la dificultad de los aficionados para observar, la evidencia científica es escasa. McCanney no dice tener fotos del PX (tales como las dudosas encontradas en la internet) ni tampoco ofrece información orbital o un estimado de cuando vendrá (tal como el 2012 que es famoso pero muy dudoso si todo el mundo habla de ello). Él principalmente señala a las perturbaciones en las órbitas del planeta como prueba del PX. Como se mencionó anteriormente, los científicos notaron que las órbitas de Neptuno y Urano no eran como se esperaban a mediados de 1800. Estas desviaciones no podían ser explicadas por errores de cálculo en las masas de los planetas, mientras que la dirección de las desviaciones era hacia abajo de acuerdo a McCanney.

¿Qué Sucederá Cuando Pase?

La probabilidad incluso de un objeto del tamaño de un gran asteroide golpeando la tierra es muy remota. Desafortunadamente, un impacto del PX no es necesario para causar catástrofes. Debido a la gravedad y al campo magnético del PX, este será capaz de perturbar las cosas en la Tierra desde una distancia, tal como se alega que ya lo está haciendo al sistema solar. Esto es lo que McCanney dice (de www.detailshere.com/mccanneyinfo.htm):

Los efectos sobre la Tierra son muy claros, de mi trabajo teórico y de lo que los antiguos describen. Hay episodios de formación de montañas. Podría haber un cambio de polo causado por una marea gravitacional que se mueve a través de la superficie del manto de la Tierra. Habría inundaciones, tanto desde las ondas de la marea de los océanos, de tremendas tormentas atmosféricas y también de una gran afluencia de la contaminación por el petróleo y el enorme flujo de agua –hidrocarburos y agua— desde el espacio interior planetario en la Tierra. Y todas estas cosas han sido vistas en el pasado.

La Biblia habla acerca, de por ejemplo, cuando todos los parásitos, bichos, insectos y serpientes salieron del suelo e invadieron la Tierra [Ex 7-8 –Ed]. Esto fue un resultado directo de los campos magnéticos penetrando el manto de la Tierra causando que estas criaturas dejaran el suelo y salieran a la superficie del suelo. Las condiciones atmosféricas incluyen el incremento en el número de volcanes disparándose.

Quiero mencionar que estos objetos planetarios no tienen que venir necesariamente tan cerca hacia la Tierra para causar tales cambios dramáticos en la Tierra. Descargas eléctricas pueden ocurrir entre los planetas incluso a una distancia entre sí. De hecho, esto, ha sido medido con satélites de la NASA donde, en la década de 1990, vimos descargas eléctricas increíbles fluyendo entre Júpiter y la Tierra, eliminando una cantidad de nuestros satélites de comunicación. Los científicos al momento estuvieron perplejos de que el espacio exterior pudiera hacer esto. Aun no entienden la misma naturaleza eléctrica de nuestro sistema solar. Mi libro explica, de hecho, como esto funciona en un sentido teórico, y también explica en un sentido práctico los efectos que tendría en el planeta Tierra.

Espero que el lector pueda ver de lo poco que hemos cubierto de los reportes seculares de la amenaza *potencial* del Planeta X hacia su vida, que demanda una mayor investigación.

Cuando escuchamos acerca de peligros como este, tenemos que ser cuidadosos de ver nuestra reacción como hemos comentado anteriormente. Algunos comprensiblemente eligen ignorar cosas tan horribles. Algunas veces reaccionamos a las malas noticias no en incredulidad de su realidad, sino en incredulidad de que podamos hacer algo al respecto que una vez más resulta en complacencia o parálisis. Si usted ha leído hasta aquí, usted es uno de los pocos afortunados de haber oído la verdad acerca del PX con suficiente antelación para hacer algo para prepararse para ello. No desperdicie ese conocimiento. Siga leyendo y entérese donde las Escritura habla acerca del PX y que hacer al respecto.

Capítulo 3

El Planeta X en el Libro de Apocalipsis

Como se mencionó anteriormente, fue solo por mi conocimiento de las Escrituras que escogí no ignorar los rumores aparentemente absurdos y sin confirmar del Planeta X, cuando los escuché por primera vez en el 2002. En ese momento yo ya llevaba dos años en un período de interés renovado en profecía inspirado por mi exposición a una nueva generación de maestros de profecía que surgieron al final de los años 1990, de los movimientos Mesiánicos y de las Raíces Hebreas. Emocionado por sus ideas frescas, me encontré a sí mismo investigando, estudiando, discutiendo, y pensando acerca de la profecía Bíblica de forma diaria. Esto fue posible ya que yo trabajaba en el software Bíblico programando a través de la Internet para un cliente remoto. Esto me guió a un número de conclusiones y puntos de vista nuevos.

Una de las cosas que surgió de esta investigación anterior fue la conclusión que las cuatro trompetas de Apocalipsis 8 describen una tormenta incendiaria de meteoritos, un asteroide impactando el océano, y nuestra atmósfera contaminada de la actividad volcánica con suficiente polvo para bloquear una tercera parte de la luz del sol, la luna, y las estrellas. Mientras yo no estaba seguro de lo que "Ajenjo" podría ser, estaba convencido que pronto descubriríamos cuando todas estas cosas vendrían a pasar justo antes de la Fiesta de Pentecostés (al principio del verano) del año antes que la GT empezara. Dado este tiempo, vi que esto sería el evento detonador para el surgimiento del gobierno mundial de la Bestia (que se habla en Apocalipsis y Daniel). En otras palabras, antes de que yo siquiera escuchara acerca del PX, yo ya estaba convencido que un grupo de uno o más cuerpos celestes que se dirigían hacia nosotros, serían responsables de lo que Apocalipsis 8 literalmente describió. Por lo que a mí respecta, si la ciencia no confirmara la venida del PX, **los libros de Apocalipsis y Daniel ya lo hicieron**.

Vamos a ver donde el PX calza en el libro de Apocalipsis, el libro de profecía en la Biblia más importante - y el único que generalmente fija las cosas en un orden cronológico claro. A diferencia de cubrir los argumentos tradicionales acerca de que si Apocalipsis es literal o solamente figurativo y que si los sellos, trompetas y copas suceden secuencialmente o suceden paralelamente, simplemente iremos directo a leerlo sin afectación. Esto se debe a que el PX calza tan perfectamente a lo que Apocalipsis dice literalmente, que puede silenciar estos debates para siempre. La única razón por la que estos debates han causado estragos por siglos es porque nadie pudo concebir hasta los tiempos finales como los detalles de Apocalipsis 6, 7 y 8 pudieron cumplirse tal como están escritos. (De hecho, fue hasta hace pocas décadas que científicos aceptaron que grandes impactos de asteroides podrían pasar en la Tierra).

Cuando la información no calza con nuestro paradigma, hay una tendencia a distorsionarla, y en este caso este "paradigma de la ceguera" fuerza a la gente a reorganizar el orden natural de eventos y/o cambia el significado literal, natural para que tenga sentido. Sin embargo, no hay razón para jugar de esa manera con los versículos, una vez que la información insuficiente acerca de la existencia y la amenaza del PX se entiende.

Siete Sellos, Trompetas y Copas – ¿Cuál Sigue?

El libro de Apocalipsis contiene una serie de 21 acontecimientos secuenciales representada por siete sellos, siete trompetas y siete copas, que son descritos al principio de Apocalipsis 6. (Note que algunos llaman todos "juicios" pero solo siete copas son indicadas como tal.) A pesar de que la interpretación cristiana más popular dice que todos estos eventos son futuros y la mayoría suceden durante la GT de "siete años", veremos que el mejor ajuste dentro del significado literal simple es que los primeros cinco sellos ya han sido abiertos. Esto nos deja hoy a la espera de las señales visibles del 6º sello, *antes* de la GT de 3½ años.

¿Como sabemos que los primeros cinco sellos han pasado? Mientas que el 6º sello detalla un cataclismo mundial literal, sin precedentes, inequívoco, repentino que solamente puede ser considerado como *incumplido*, los sellos anteriores tienen una naturaleza más sutil y diferente y fácilmente reúnen acontecimientos históricos. Pero tenga en cuenta, que se requiere entender los otros 16 eventos que siguen antes de finalizar esto. **Así que no se alarme si usted encuentra que las pruebas que siguen están inconclusas al principio.** Usted puede regresar a ellas después de mirar la gran prueba de la 5º trompeta que es la GT que por supuesto excluye el 1º sello para esto (tal como la mayoría de nosotros hemos sido enseñados).

Los Primeros Cuatro Sellos – "Los Cuatro Jinetes del Apocalipsis"

Apocalipsis 6:1-8 (VRV) – [1] Vi cuando el Cordero abrió uno de los sellos, y oí a uno de los cuatro seres vivientes decir como con voz de trueno: Ven y mira. [2] Y miré, y he aquí <u>un caballo blanco</u>; y el que lo montaba tenía un arco; y le fue dada una corona, y salió venciendo, y para vencer. [3] Cuando abrió el <u>segundo</u> sello, oí al segundo ser viviente, que decía: Ven y mira. [4] Y salió otro caballo, <u>bermejo</u>; y al que lo montaba le fue dado poder de quitar de la tierra la paz, y que se matasen unos a otros; y se le dio una gran espada. [5] Cuando abrió el <u>tercer</u> sello, oí al tercer ser viviente, que decía: Ven y mira. Y miré, y he aquí un <u>caballo negro</u>; y el que lo montaba tenía una balanza en la mano. [6] Y oí una voz de en medio de los cuatro seres vivientes, que decía: Dos libras de trigo por un denario, y seis libras de cebada por un denario; pero no dañes el aceite ni el vino. [7] Cuando abrió el <u>cuarto sello</u>, oí la voz del cuarto ser viviente, que decía: Ven y mira. [8] Miré, y he aquí un <u>caballo amarillo</u>, y el que lo montaba tenía por nombre Muerte, y el Hades le seguía; y le fue dada potestad sobre la cuarta parte de la tierra, para matar con espada, con hambre, con mortandad, y con las fieras de la tierra.

La pregunta es si estos cuatro jinetes son completamente simbólicos o metafóricos o son ellos de alguna manera, de algún modo, *literales* (tal como sostengo que es casi siempre el caso). Al comparar otras partes de la Biblia a esta profecía, veremos porque no hay necesidad de alegorizarlos.

La Profecía Paralela de Zacarías de los Cuatro Carruajes de Caballo

En Zacarías se presentan cuatro carruajes con caballos de coloración similar a Apocalipsis. Coincidentemente aparecen en el mismo número de capítulo y de versos que la descripción de los jinetes de Apocalipsis:

Zacarías 6:1-8 (VRV) – [1] …miré, y he aquí cuatro carros que salían de entre dos montes; y aquellos montes eran de bronce. [2] En el primer carro había <u>caballos alazanes,</u> en el segundo carro <u>caballos negros,</u> [3] en el <u>tercer carro caballos blancos,</u> y en el <u>cuarto carro caballos overos rucios rodados.</u> [4] Respondí entonces y dije al ángel que hablaba conmigo: Señor mío, ¿qué es esto? [5] Y el ángel me respondió y me dijo: <u>Estos son los cuatro vientos de los cielos,</u> que salen <u>después de presentarse delante del Señor de toda la tierra.</u> [6] El carro con los caballos negros salía hacia la tierra del norte, y los blancos salieron tras ellos, y los overos salieron hacia la tierra del sur. [7] Y los alazanes salieron y se afanaron por ir a recorrer la tierra. Y dijo: Id, recorred la tierra. Y recorrieron la tierra. [8] Luego me llamó, y me habló diciendo: Mira, los que salieron hacia la tierra del norte hicieron reposar mi Espíritu en la tierra del norte.

Hay algunas diferencias entre este pasaje y el de Apocalipsis. Los caballos están en diferente orden, que es típico de las profecías del Antiguo Testamento (AT) cuando se comparan con las paralelas en el libro de Apocalipsis. Otra cosa interesante es como el color de tres de los cuatro caballos concuerda exactamente pero el cuarto caballo de cada grupo no pareciera concordar. En la versión King James, hay una mejor concordancia ("overos" versus "pálido") pero las versiones más modernas de la Biblia contienden por ver cómo hacen con el cuarto caballo en cada libro, a juzgar por las variaciones silvestres en cómo ellos la traducen. El conflicto pareciera que viene al calzar el color de la etiqueta dado a una etiqueta razonable de equino [16]. El caballo pálido de Apocalipsis es en realidad en griego un *chloros* (de donde obtenemos la palabra clorofila) o caballo verde, pero debido a que no existe literalmente un caballo verde en la ciencia equina y su montador se llama Muerte, los traductores de la VKJ escogieron pálido. La mayoría de traductores modernos hacen lo mismo con "pálido" o se comprometen con "verde pálido". El caballo overo de Zacarías se le llama rucio, rodado, o manchado en otras traducciones.

Diferencias ligeras como estas entre pasajes obviamente paralelos del AT y del Nuevo Testamento (NT) no tienen que preocuparlo mucho. Simplemente entienda que la Biblia que tenemos no ha sido preservada perfectamente. (Ha sido, por supuesto, preservada lo suficiente para mantener intactas las verdades importantes.) Para empeorar las cosas, hay evidencia de que el libro de Apocalipsis no fue ni siquiera escrito originalmente en griego, sino en hebreo o arameo [17]. Si ese es el caso, es fácil imaginar que una mala elección del traductor griego nos diera un cuarto caballo verde en Apocalipsis que es difícil de coincidir con el caballo overo original del hebreo de Zacarías.

Alternativamente, diferencias como esta no deben de ser vistas del todo como una contradicción. Estas a menudo pueden ser información solapada o complementaria. En este caso, los caballos pueden tener manchas en su mayoría de color verde. Cadáveres, incluyendo aquellos de los caballos muertos, pueden tornarse en un tinte verde, explicando, la asociación entre el verde y la muerte – si el verde es lo que realmente se escribió en el Apocalipsis original.

Caballos Montados Por Espíritus Malignos Influenciando La Tierra – Precedentes Bíblicos

No obstante, es seguro decir que el pasaje extremadamente similar de Zacarías es un paralelo de los cuatro jinetes de Apocalipsis y puede ayudar a iluminarlo. Si es así, ¿qué nos dice? Se nos dice claramente que los cuatro carruajes cargan "espíritus" que son enviados desde el cielo después de haberse presentado a Dios ahí (v.5). Luego ellos salen a "rodear la tierra y a andar por ella" tal como la VRV lo pone, para sosegar al espíritu de Dios. No hay duda de que estos no son ángeles de Dios, sino espíritus malos, si usted mira al resultado de lo que ellos hacen y compara lo que el libro de Job dice:

> **Job 1:6-7** – [6] … vinieron a <u>presentarse delante del Señor</u> los hijos de Dios, entre los cuales vino también Satanás. [7] Y dijo el Señor a Satanás: ¿De dónde vienes? Respondiendo Satanás al Señor, dijo: <u>De rodear la tierra y de andar por ella.</u>

Si hay alguna duda más de que los caballos y los carros de Apocalipsis y Zacarías son literales en vez de metafóricos, dos precedentes sirven para aliviar eso. En el tiempo de Elías y Eliseo encontramos que normalmente los espíritus invisibles en caballos y carros hacen una aparición dramática repentina.

> **2 Reyes 2:11 (VRV)** – Y aconteció que yendo ellos y hablando, he aquí un <u>carro de fuego</u> con <u>caballos de fuego</u> apartó a los dos; y Elías subió al cielo en un torbellino.
>
> **2 Reyes 6:17 (VRV)** – Y oró Eliseo, y dijo: Te ruego, oh Señor, que abras sus ojos para que vea. Entonces el Señor abrió los ojos del criado, y miró; y he aquí que el monte estaba lleno de <u>gente de a caballo, y de carros de fuego</u> alrededor de Eliseo.

Hay otra escena que se encuentra en la Biblia donde Dios tiene una audiencia con su corte real en el cielo incluyendo los espíritus malignos. Ellos vienen con un plan malvado, el cual él les permite llevar a cabo porque cumple su propósito, al igual que los cuatro jinetes lo hacen:

> **1 Reyes 22:18-23 (VRV)** – [18] Y el rey de Israel dijo a Josafat: ¿No te lo había yo dicho? Ninguna cosa buena profetizará él acerca de mí, sino solamente el mal. [19] Entonces él dijo: Oye, pues, palabra del Señor: Yo vi al Señor sentado en su trono, y todo el ejército de los cielos estaba junto a él, a su derecha y a su izquierda. [20] Y el Señor dijo: ¿Quién inducirá a Acab, para que suba y caiga en Ramot de Galaad? Y uno decía de una manera, y otro decía de otra. [21] Y salió un espíritu y se puso delante del Señor, y dijo: Yo le induciré. Y el Señor le dijo: ¿De qué manera? [22] El dijo: Yo saldré, y seré espíritu de mentira en boca de todos sus profetas. Y él dijo: Le inducirás, y aun lo conseguirás; ve, pues, y hazlo así. [23] Y ahora, he aquí el Señor ha puesto espíritu de mentira en la boca de todos tus profetas, y el Señor ha decretado el mal acerca de ti.

¿Porque Dios Permite que los Espíritus Malignos Hagan Esto?

Es algo impactante cuando usted junta todos estos pasajes relacionados para descubrir como Dios está directamente relacionado con los espíritus malvados y las cosas que ellos quieren hacer, incluso dirigiéndolos a ellos. Lo que es peor, claramente dice que lo que él está haciendo es la voluntad de Dios, o al menos cumpliendo su voluntad. Esto es difícil de aceptar porque generalmente asumimos que Satanás y los demonios andan por ahí haciendo cosas en contra de la voluntad de Dios, compitiendo de alguna manera por nuestras almas e interrumpiendo el plan de Dios para salvarnos hasta cierto punto.

Sin embargo, deberíamos de preguntarnos ¿cuál es el plan de Dios exactamente? Asombrosamente, la Biblia dice que no es para salvar a nadie ahora. Dios sabe que él primero necesita proveernos a todos de libre albedrío sin restricciones del cual podemos aprender y desarrollar mejor nuestro carácter. Más tarde podemos usar esa completa experiencia humana para hacer una elección sabia para hacer su voluntad y recibir la vida eterna. Él no nos atraganta su religión ni mantiene un monopolio en las escogencias del mercado. Por lo tanto, permitirle a Satanás y a los demonios andar sueltos engañando de esta manera, nos hace un servicio en esa misión. Ellos proveen *aparentemente* dioses viables alternativos (ej: Alá), filosofías alternativas (ej: Evolución), y poderes súper naturales alternativos inexplicables científicamente (ej: brujería, psíquicos, Ovnis, etc.) que todos hemos considerado o abrazado. Por último, todos nos daremos cuenta de que ellos no funcionan ni traen felicidad, preparándonos completamente para probar la voluntad de Dios cuando nos sea revelada al final. (Parte 3: El Misterio de Desunión explica más acerca de esto y la Gran Comisión verdadera relacionada a nosotros, los no apóstoles.)

Los Primeros Cinco Sellos Identificados

Con la ayuda de Zacarías y otro paralelo encontrado en el Sermón de los Olivos, podemos dar sentido a la actividad de los cuatro espíritus de la siguiente manera:

1° Sello – El Caballo Blanco (versículos 1-2)

Este espíritu aparece como una falsificación defectuosa del caballo blanco de Jesús de Apocalipsis 19, que va adelante "conquistando" con gran éxito, aunque no militarmente como usted pensaría primeramente (hasta que usted lee y compara con el 2° sello). Estas acciones de los espíritus pareciera que nos han traído el engaño de la Iglesia Católica Romana (ICR) y de sus hijas de una falsificación de las verdaderas enseñanzas de Jesús al inicio del 4° siglo DC. La confirmación de esto se encuentra en el Sermón del Mt. de los Olivos donde Jesús nos da una lista paralela de lo revelado. Lo primero que él menciona es que muchos vendrán en su nombre diciendo que él es el Mesías y que ellos engañarán a *muchos* (Mat 24:4-5). ¿Qué otro grupo viene en el nombre de Jesús y le dice a la gente que Jesús es Cristo pero no les dice toda la historia, sino que engaña a sus seguidores? Recuerde que una tercera parte del mundo es Cristiano, siguiendo las doctrinas anti bíblicas de la ICR hasta cierto punto. Por ejemplo, incluso los protestantes descansan el domingo siguiendo la tradición decretada por el Papa en vez de hacerlo el sábado siguiendo los precedentes de la Biblia [18].

2° Sello – El Caballo Rojo (versículos 3-4)

El espíritu inspiró una ideología que logró remover la paz de la Tierra de manera que la gente se mata entre sí, y está asociado con una gran espada y el color rojo. Esto ante todo calza con el Islam, la religión de la gran espada iniciada por Mohama con su fruto de conflicto y guerra desde su inicio al final del 7º siglo hasta este día. Por cierto, se rumora que el Islam está detrás de la otra ideología del comunismo que ha sido clave en remover la paz de la Tierra (y está asociado con el color rojo, como en la China Roja). Imagine cuanto más pacífico sería el mundo sin el Islam y el Comunismo. Esto, también, tiene su paralelo en el Sermón del Mt. los Olivos, donde Jesús dice que las guerras y los rumores de guerras no son una señal de los tiempos finales porque pasarán mucho antes de eso, tal como lo muestra la historia de la guerra (Mat 24:6).

3º Sello – El Caballo Negro (versículo 5-6)

Este espíritu no crea la *hambruna*, como lo da a entender en un principio. Al ver el siguiente sello donde la hambruna está claramente relacionada como un resultado, confirma que cuando se refiere a hambruna se refiere a ella. "Dos libras de trigo por un denario" representa la comida de un día por el salario de un día entero. La cebada alimentaría a tres personas pero es nutricionalmente inferior y era destinada para los animales. El precio del aceite y del vino no se ve afectado, que a su vez excluye la hambruna. Como alimentos de lujo de la época, esto beneficiaría a los ricos.

Así que este sello con su balanza utilizada en el comercio, parece estar describiendo el desarrollo de sistemas económicos controlados por los ricos, también conocidos como los que "cambian dinero" que causan que la población general tenga que trabajar más de lo que debiera por sus necesidades. La mayoría de la gente no piensa acerca de nuestro sistema económico con bancos de reserva fraccional internacional, moneda fiduciaria sin valor tal como el papel moneda, el ciclo de negocios de la inflación, la recesión/depresión, auges y quiebras. Pero no tiene que ser de esta manera y no será así cuando el sistema sea reemplazado durante el Milenio. Tal como el prof. Carroll Quigley, autor de *Tragedy and Hope: A History of the World in Our Time*, lo describe:

Los poderes del capitalismo financiero tuvieron un plan de largo alcance, con el fin de crear un sistema mundial de control financiero en manos privadas capaces de dominar el sistema político de cada país y la economía del mundo como un todo… Su secreto es que han anexado de los gobiernos, las monarquías, y las repúblicas, el poder de crear el dinero del mundo…

Este es el lado oscuro del capitalismo que se desarrolló después del 16º siglo y está asociado con el color negro ("el negro" significa ánimo de lucro.) Es difícil decir cuando este sello empezó exactamente, pero cronológicamente debe de calzar después del Islam y antes del siguiente sello.

4° Sello – El Caballo Amarillo (versículo 7-8)

Este es otro sello incomprendido. No está describiendo la masacre de un cuarto de la población de la tierra de una sola vez. Más bien, este espíritu tiene la autoridad para llevar el incremento marcado en la muerte prematura, anormal en todas sus formas, incluyendo las guerras, hambrunas, plagas, enfermedad, y animales salvajes – impactando hasta un 25% de la población. Esto se refiere al castigo de hasta la tecnología primitiva inventada por el hombre que hizo posible la matanza y la destrucción de la Tierra a gran escala. Incluye la ruptura del balance de la naturaleza, hambrunas, plagas y una habilidad mayor de ir a la guerra con mayores victimas, como se ha visto en las guerras mundiales y las purgas. El desarrollo y la proliferación de armas nucleares y otras armas de destrucción masiva es solo la última manifestación de la cabalgata de este espíritu. Algunos registros reportan que los inventores de cohetes y los microchips fueron inspirados por espíritus malignos.

También es difícil determinar cuándo exactamente fue liberado este espíritu, pero tiene sentido que la habilidad para matar más eficazmente vino después de que las casas de cambio fueran capaces de enriquecerse a sí mismo a costas de la gente. Se dice que los Rothschild es una de las familias banqueras internacionales principales que se ha enriquecido a partir de las guerras tal como la pérdida de Napoleón en Waterloo.

5° Sello – Almas Mártires Implorando Bajo el Altar en el Cielo (versículo 9 – 11)

No, esto no está describiendo una *persecución* de los santos. Este sello se malentiende muy a menudo por ser el principio de gran martirio de los santos durante la GT. Sin embargo, una exanimación cuidadosa del mismo, revela algo muy diferente. Los espíritus de los mártires ya están ahí en el cielo en el quinto sello *descansando* (porque se les dice al final que descansen por un *poco más de tiempo*). Por lo tanto, lo que el 5° sello realmente describe es como ellos en realidad se despiertan en un momento desconocido y hablan para pedir su venganza.

La lectura literal de este pasaje presenta un problema para el credo cristiano de que la gente va al cielo para "estar con el Señor" *conscientemente* después de que ellos mueren. La descripción de estar barridos bajo el altar donde usted duerme (inconscientemente) hasta el final de la era contradice esto. Sin embargo, la manera en que ellos duermen hasta después de que más de sus hermanos son martirizados, calza bien en cómo la resurrección de los muertos (y el rapto) sucede justo después de que el período de la GT del martirio termina. También calza en cómo muchos versículos simples en la Biblia indican que cuando incluso los justos mueren, "descansamos", "sin saber nada", "sin tener galardón" hasta que nos "levantamos para nuestro galardón"; sin recibir vida eterna hasta "la era venidera" (Dan 12:13; Ecl 9:5; Jn 3:13; Mc 10:30; Lc 18:30)[20]. Esto es en lugar de ascender tocando el arpa conscientemente en el cielo inmediatamente después de morir. El otro problema con este pasaje que la lectura simple nos dice es que las almas que están descansando bajo el altar, despiertan por un momento de consciencia para hacer una pregunta, y luego son puestas de vuelta a dormir. ¿Realmente Dios hace esto? Es tentativo decir que no significa lo que simplemente dice y por lo tanto debe ser alguna alegoría o metáfora.

Almas en Reposo "Perturbadas" Dos Veces en la Biblia

Sin embargo, hay otro precedente de este tipo de cosa encontrado en 1 Samuel 28 en el incidente donde el Rey Saúl le pide a una médium que le llame al espíritu del profeta Samuel. La narrativa dice que Samuel mismo es traído (a diferencia de un espíritu demoníaco como generalmente sucede). Este evento extraordinario obviamente conmociona a la médium (¡ella grita!) y hace que Samuel demande saber porque Saúl lo ha "perturbado" al "traerlo de vuelta". Es una escena surrealista. A pesar de todo, cuando se pone junto con el 5º sello, empieza a tener sentido. Significa que en raras ocasiones y para propósitos especiales, Dios *ha* restaurado la consciencia *temporalmente* a nuestras almas después de que morimos, y eso es lo que el 5º sello describe mientras ocurre en el cielo. No se especifica cuando sucede esto.

¿Es el Sueño del Alma una Herejía?

Algunos cristianos tienen dificultades con aceptar la idea del "sueño del alma" (tal como se etiqueta a la interpretación anterior). Una diferencia aquí es que no hay negación de que vamos al cielo cuando morimos, tal como lo niega el sueño del alma. Su alma ciertamente regresa a Dios en la muerte (Ecl 12:7). La pregunta es si usted está completamente *vivo* y *consciente*. Hay un pasaje que debe ser cuidadosamente considerado antes de decidir.

Apocalipsis 20:4-5 (VRV) – [4] Y vi tronos, y se sentaron sobre ellos los que recibieron facultad de juzgar; y vi las almas de los decapitados por causa del testimonio de Jesús y por la palabra de Dios, los que no habían adorado a la bestia ni a su imagen, y que no recibieron la marca en sus frentes ni en sus manos; y vivieron y reinaron con Cristo mil años. [5] Pero los otros muertos no volvieron a vivir hasta que se cumplieron mil años. Esta es la primera resurrección.

Note que incluso las almas muertas de los santos justos martirizados se les dijo que solo "regresen a la vida" al momento de su reinado Milenario con Cristo. Ellos reciben cuerpos espirituales glorificados que les permiten vivir por 1,000 años y más allá. Si ellos *ya* fueran espíritus conscientes y vivos desde el momento de su llegada en el cielo después de la muerte, entonces ¿por qué tienen que regresar a la vida tal como dice? Obviamente aunque ellos son justos, ellos permanecen un período sin estar vivos o conscientes, tal como las almas muertas de los injustos que "regresan a la vida" claramente lo hacen *después* del Milenio. Esto significa que sin importar que usted sea justo o injusto, su consciencia espera (en el cielo) como un espíritu inerte hasta que se le asigna la resurrección.

Sé que esta enseñanza es una desviación radical de una doctrina cristiana muy confortante de estar vivo conscientemente con Jesús después de la muerte. No deseo defraudar a las esperanzas de nadie por los seres queridos fallecidos, pero era necesario corregir esto para mostrar como todos los sellos tienen sentido literal claro, incluso el difícil 5º sello. **Si no lo puede aceptar, no**

deje que le distraiga de terminar de leer este libro. La línea de tiempo incluida más adelante no depende de entender el 5º sello de manera literal.

Repaso del 1º al 5º Sello

Hemos visto que los primeros cuatro sellos muestran espíritus malignos inspirando sistemas malignos sobre la tierra que empeoran gradualmente y continúan visiblemente al día de hoy. En el caso del 5º sello, este describe algo que ocurre enteramente en el cielo, sin efecto en los asuntos de la tierra. Siendo ese el caso, debemos de considerarlo en el pasado, y sin esperar ninguna señal del 5º sello abriéndose aquí en la tierra antes de que el 6º sello venga.

El 6º Sello Hasta la 4ª Trompeta

Eso nos lleva al versículo 12 y al 6º sello, que es el primer sello que no calza posiblemente con ningún evento histórico. Veremos luego como el 6º sello calza con lo que se espera que suceda mientras el Planeta X hace su acercamiento más cercano a la Tierra, y como el 7º sello, y las trompetas 1º, 2º, 3º, 4º, calzan con lo que se espera que pase después de que el PX haya pasado y hayamos encontrado sus escombros.

El 6º Sello - Señales del Cielo, Cambios de la Tierra, Pánico en lo que el PX se Acerca

Apocalipsis 6:12-17 (VRV) – [12] Miré cuando abrió el sexto sello, y he aquí hubo un gran terremoto; y el sol se puso negro como tela de cilicio, y la luna se volvió toda como sangre; [13] y las estrellas del cielo cayeron sobre la tierra, como la higuera deja caer sus higos cuando es sacudida por un fuerte viento. [14] Y el cielo se desvaneció como un pergamino que se enrolla; y todo monte y toda isla se removió de su lugar. [15] Y los reyes de la tierra, y los grandes, los ricos, los capitanes, los poderosos, y todo siervo y todo libre, se escondieron en las cuevas y entre las peñas de los montes; [16] y decían a los montes y a las peñas: Caed sobre nosotros, y escondednos del rostro de aquel que está sentado sobre el trono, y de la ira del Cordero; [17] porque el gran día de su ira ha llegado; ¿y quién podrá sostenerse en pie?

¡Sería una subestimación llamar esto una escena aterradora! Esto debería hacer que nos preguntáramos si vamos a experimentar este evento personalmente – y si lo vamos a sobrevivir. Para tener mejores posibilidades de sobrevivir a cualquier cosa, esto ayuda a entender exactamente lo que implica. Así que hagamos un inventario de todo lo que hemos descrito aquí:

Un Gran Terremoto

Hasta hace poco tiempo, esta descripción de un terremoto global que hace temblar todas las islas y las montañas, debió haber sonado fantástico. Recuerdo dudar de su literalidad yo mismo – hasta que ocurrió el terremoto del Océano Indico en 2004. Ese terremoto de 9.3 de magnitud causó que Sumatra se moviera más de 100 pies fuera de lugar. Solamente imagínese un terremoto de 9.0+ en todo lado, antes de que impacte la Tierra. Razonablemente, no hay mucha investigación en objetos cercanos a la tierra (OCT) que causen terremotos, pero los astrónomos admiten la posibilidad. Puede que no sea coincidencia que el terremoto más grande en Estados

Unidos, el Nuevo Madrid de 1812 (aprox. de 8.0 de magnitud) ocurriera después de que el Gran Cometa de 1811 terminara su alcance más cercano.

¿Un Eclipse Solar Total y Un Eclipse Lunar Total?

El sol negro como un saco de pelo de cabra describe bien un eclipse solar. Cuando el sol se eclipsa, los rayos de la corona se miran parecidos a pelo ralo de cabra que salen del medio del color negro azabache. A la inversa, si el sol está bloqueado por algo en la atmósfera, en vez de la luna, pareciera estar solamente oscurecido (tal como lo veremos en la 4º trompeta) sin aparecer negro como saco. Para que el sol mismo aparezca negro, tiene que tener luz escapando alrededor, haciendo un contraste con la mitad del color negro azabache del sol, exactamente como lo vemos en los eclipses totales de sol.

Un eclipse lunar calzaría con que la luna se torne como sangre roja y como algunos manuscritos dicen luna llena, que es cuando los eclipses lunares ocurren. Si el saco del sol es en efecto un eclipse solar entonces esto haría una brecha de dos semanas entre estos dos eclipses. Simplemente no vaya a consultar una tabla de eclipses para predecir cuándo sucederá esto. Esas tablas no consideran la estrella de Ajenjo, vista más adelante como la responsable de todo esto. Los eclipses solares o lunares no suceden todos los meses porque la órbita de la luna esté desviada cinco grados de la órbita terrestre. Por lo tanto, la mayoría del tiempo la luna está por encima o por debajo de la sombra de la Tierra y ningún eclipse sucede a pesar de que sea luna llena. Si la tierra o la luna son perturbadas por un visitante a nuestro sistema solar, un eclipse inesperado podría ocurrir.

También está la posibilidad de que Apocalipsis (y el paralelo en Joel 2:30) esté describiendo algo más significativo. Podría estar describiendo un eclipse lunar y solar *simultáneo*. Esto por supuesto requiere que otro cuerpo pase entre la Tierra y el Sol al momento de la luna llena, pero se necesitan detalles posteriores a un (OCT) que los explique también.

Lluvia de Meteoritos

La mejor explicación de las "estrellas cayendo a la Tierra" *no* son verdaderamente impactos de las estrellas sino una lluvia de meteoros, también llamada comúnmente "estrellas fugaces". Note que dice que será como higos cayendo de un árbol en un viento fuerte o como que "el cielo se estuviera disolviendo/pudriendo/desmoronando" que también sería la impresión dada por una lluvia de meteoritos. El PX se reporta por aquellos que lo han observado, arrastrando muchos escombros y basura con él. Si esa estela de desechos se quedara en nuestro camino a causa de que el PX interceptara nuestra órbita justo por delante de nosotros, esto causaría una lluvia de meteoritos como se describe. Esto, por cierto, también es como suceden las lluvias normales de meteoros anuales como la Líridas o Acuáridas. La Tierra pasa a través de la estela de desechos dejados por un cometa normal.

La Basura Atmosférica y el Preludio del Cambio Polar

Algunos de los cuatro eventos anteriores puede que describan cosas con las que todos estamos familiarizados y por lo tanto no son únicos por sí mismos (pero importantes si suceden en sucesión rápida juntos como en este caso). Pero, cuando tenemos a "los cielos partiéndose como un pergamino" y "todas las montañas e islas siendo movidas de su lugar" en relación a cada una, esto es algo nuevo para el hombre moderno. No estamos hablando de un movimiento continental aquí, en la medida que crecen las uñas. Es una catástrofe global repentina. Esto concuerda con la expectativa de que la gravedad y el campo magnético del PX serán tan fuertes como para causar que la corteza y el manto de la Tierra se salgan de la sincronización y muestren arrugas u olas de la corteza/manto. Los 'cielos partiéndose como un pergamino' es más difícil de explicar. Comparar otra descripción de este evento en Isaías ayuda:

> **Isaías 34:4** – Y todo el ejército de los cielos se disolverá, y se enrollarán los cielos como un libro; y caerá todo su ejército, como se cae la hoja de la parra, y como se cae la de la higuera.

Esto es exactamente lo que los versos 13 y 14 dicen, pero con más detalle y fuera de orden (la mayoría de profecías fuera de Apocalipsis no dan eventos en orden cronológico). El detalle adicional es que los cielos se están enrollando como un rollo tan bien como cayéndose o disolviéndose/desmoronándose como una explicación de cómo ellos desaparecen. Así que, lo que tenemos aquí son estrellas cayendo y también desapareciendo por completo como si el cielo fuera un rollo que se está enrollando. ¿Pero qué es lo que está enrollando las cosas? El mismo material que parece como estrellas fugaces más pequeñas que llenarían la atmósfera y le impedirían mirar del todo las estrellas distantes. Si viniera todo de una vez, se miraría como si alguien hubiera enrollado el firmamento. Quizás por esto es que Juan no dice simplemente, "aparecieron nubes." Esto es diferente de nubes de vapor de agua normales. Algo se mueve completamente y de una sola vez en todo el mundo. La gente que estaba cerca del Mt. St. Helen para la erupción de 1980 dijo que pensaron en este pasaje mientras que el penacho de gas se enrollaba y bloqueaba repentinamente el firmamento.

Pánico Mundial y Corra para Protegerse

El 6º sello termina describiendo la respuesta de la humanidad a todas estas maravillas aterradoras. La gente de todos los estratos de la sociedad corre para protegerse pensando (erradamente) "¡Es el día del Juicio!". Al juzgar por sus acciones, pareciera que al final del 6º sello, la gente está finalmente al tanto de las cuatro trompetas que se aproximan pronto y por esto es que se dirigen a las montañas y debajo de la tierra sin importar el gran terremoto que acababan de sobrevivir. Es mejor arriesgarse a ser enterrado vivo posiblemente dentro de una cueva a cambio de enfrentar una muerta certera a causa de la caída de rocas u otros proyectiles como vientos de tornado.

Por cierto, la respuesta humana al 6° sello debería disipar cualquier duda que intente ser literal de los eventos descritos en los versos anteriores. Este tipo de pánico mundial en la tierra después de los anteriores sustos globales confirma que no tenemos una alegoría aquí.

¿Cuándo es el "Principio de Dolores/Dolores de Parto"?

Quedamos anteriormente rastreando el paralelo del Sermón del Mt. de los Olivos de Apocalipsis 6 en Mat 24:6 (equiparado con el 2° sello). El verso 7 menciona hambrunas y terremotos los cuales equiparamos fácilmente al 6° sello – 4° trompeta. Sin embargo, el verso 8 dice que *todo esto* será principio de dolores" dejando una duda de que si los dolores incluyen también los primeros cinco sellos. Afortunadamente, el Sermón del Mt. de los Olivos no es exclusivamente de Mateo, sino que también está registrado en Marcos y Lucas. En casos como este, es muy importante revisar todos los pasajes paralelos antes de hacer conclusiones. Si los mira (Mc 13:3-13; Lc 21:7-19), note que Marcos y Lucas delinean el período de guerras y rumores de guerras cuando "aun no es el fin/no será inmediato" (Mc 13:7 = Lc 21:9) desde el principio de dolores/periodo de dolores de parto en el siguiente verso. Si eso no fuera suficiente para convencernos de que los dolores empiezan en el 6° sello, Lucas agrega que la guerra mundial, las hambrunas y terremotos en todas partes incluyen "terribles eventos y grandes señales del cielo" (Lc 21:11). Esto afianza que el principio de dolores/dolores de parto se refiere a la venida de Ajenjo en el 6° sello y no incluye nuestro tiempo antes de que estas señales del cielo empiecen. En otras palabras, en vez de que haya habido 2000 años de dolores de parto, estos duran desde que llega Ajenjo hasta el Fin de la Era. (Note que mientras que nuestras propias vidas puede que ya estén llenas de dolor, ¡eso es algo diferente!)

Vientos Globales Destructivos Restringidos Hasta que los 144,000 sean Sellados

Apocalipsis 7:1-8 (NVI) – [1] Después de esto vi a cuatro ángeles en pie sobre los cuatro ángulos de la tierra, que detenían los cuatro vientos de la tierra, para que no soplase viento alguno sobre la tierra, ni sobre el mar, ni sobre ningún árbol. [2] Vi también a otro ángel que subía de donde sale el sol, y tenía el sello del Dios vivo; y clamó a gran voz a los cuatro ángeles, a quienes se les había dado el poder de hacer daño a la tierra y al mar, [3] diciendo: No hagáis daño a la tierra, ni al mar, ni a los árboles, hasta que hayamos sellado en sus frentes a los siervos de nuestro Dios. [4] Y oí el número de los sellados: ciento cuarenta y cuatro mil sellados de todas las tribus de los hijos de Israel. [5] De la tribu de Judá, doce mil sellados. De la tribu de Rubén, doce mil sellados. De la tribu de Gad, doce mil sellados. [6] De la tribu de Aser, doce mil sellados. De la tribu de Neftalí, doce mil sellados. De la tribu de Manasés, doce mil sellados. [7] De la tribu de Simeón, doce mil sellados. De la tribu de Leví, doce mil sellados. De la tribu de Isacar, doce mil sellados. [8] De la tribu de Zabulón, doce mil sellados. De la tribu de José, doce mil sellados. De la tribu de Benjamín, doce mil sellados.

Apocalipsis 7 es un "capítulo insertado" que interrumpe la narrativa para dar información acerca de otras cosas que no siguen todas secuencialmente al 6º sello. Esto incluye algunos eventos que ocurren alrededor del mismo tiempo del 6º sello (vs 1-8) y otros eventos que suceden más tarde (vs 9-17). La parte en la que estamos interesados describe vientos de toda la tierra que están a punto de dañar la tierra, el mar y los árboles, que los ángeles deben de detener. Pero, ¿cómo pueden vientos capaces de causar tal destrucción producirse en todas las partes de la tierra inmediatamente? Como ya escuchamos de McCanney, cuando el PX pase, puede trastornar la rotación de la tierra debido a su magnetismo y gravedad. Pero la atmósfera de la tierra no se estará moviendo por supuesto en sincronía inmediatamente, causando tremendos vientos devastadores sobre toda la superficie de la tierra en el proceso (lo cual no pasa inmediatamente debido a los ángeles).

Aquí la respuesta es *aparentemente* la pregunta retórica planteada al final del Capítulo 6 de, "¿y quién podrá sostenerse en pie?" Los vientos están siendo detenidos sobrenaturalmente solo hasta después que Dios selle sus siervos con su nombre en sus frentes. La implicación es que esto los protegerá de los efectos de las primeras cuatro trompetas en la tierra, el mar y los árboles. Esto está confirmado en la 5º trompeta donde los 144,000 son intocables por el ejército de Satanás de ángeles caídos ascendiendo del pozo sin fondo.

7º Sello – Ángel Lanza Sentencia de Golpear la Tierra el Día de *Pentecostés*

Apocalipsis 8:1-6 – [1] Cuando abrió el séptimo sello, se hizo silencio en el cielo como por media hora. [2] Y vi a los siete ángeles que estaban en pie ante Dios; y se les dieron siete trompetas. [3] Otro ángel vino entonces y se paró ante el altar, con un incensario de oro; y se le dio mucho incienso para añadirlo a las oraciones de todos los santos, sobre el altar de oro que estaba delante del trono. [4] Y de la mano del ángel subió a la presencia de Dios el humo del incienso con las oraciones de los santos. [5] Y el ángel tomó el incensario, y lo llenó del fuego del altar, y lo arrojó a la tierra; y hubo truenos, y voces, y relámpagos, y un terremoto. [6] Y los siete ángeles que tenían las siete trompetas se dispusieron a tocarlas.

Después de la explicación de Ap. 7, retomamos la narrativa cronológica nuevamente con el 7º sello en Apoc 8. Este sello trae una pequeña pausa en la acción mientras las oraciones de los santos son escuchadas. Después, un ángel en el cielo lanza fuego del altar a la tierra para causar ahí truenos y terremotos. Esto es interesante, teniendo en cuenta que la 1º trompeta y la 2º que siguen después son los objetos que golpean la tierra. Pareciera que, si no fuera por la acción de este ángel, el PX pasaría sin que nos golpeara nada y con mucho menos problema. Esto señala que Dios quiere que esto pase, e incluso encaminándolo a traer ciertos efectos (que son necesarios para que la GT sea posible, como lo veremos).

Aunque este sello pueda verse completamente alegórico, hay razón para creer que se cumplirá literalmente. En el 2002, tres asteroides pasaron por la tierra, cada uno pasó más cerca progresivamente que el otro para golpear la tierra. El 7 de enero, un asteroide no nos alcanzó por menos de 8 horas. El siguiente, el 8 de marzo, falló por 4.5 horas. ¡Luego el 14 de Junio un asteroide no alcanzó la tierra por cerca de una hora! Toda la serie podría ser disparos de advertencias a través del arco de parte de Dios para aquellos que están poniendo atención ("con ojos para ver y oídos para oír"). Pero, es incluso más interesante que los primeros dos asteroides que venían hacia la tierra eran de constelaciones que representan *altares* – Libra y Ara – los altares de sacrificio e ira respectivamente. A partir de esto podemos ver que el 7º sello puede cumplirse literalmente haciendo que los meteoros y los asteroides que componen la 1º trompeta y la 2º vengan a nosotros de parte de una de estas dos posibles constelaciones de altares. (Descubrimientos como estos son los que me han convencido más y más que todo lo mencionado en Apocalipsis tiene un cumplimiento literal, en vez de solo un significado figurativo.)

Después de escribir el párrafo anterior, descubrí luego que Zecharia Sitchin en *Génesis Revisitado*, Libro Siete de la Series de las Crónicas de la Tierra, escribió que el PX viene de Libra:

…Al concluir que la inclinación del Planeta X puede ser tan alta como de 30 grados, los astrónomos modernos corroboran la información astronómica de sumeria.

También lo hace la determinación más reciente que el planeta está orbitando hacia nosotros desde el sureste, la dirección de la constelación Centauros. Actualmente vemos ahí la constelación del zodíaco **Libra**; pero en los tiempos babilónicos/bíblicos ese era el lugar de Sagitario.

Así que una vez más, la información que sale acerca del PX calza con Apocalipsis, como se lee literalmente.

Esta pausa antes de que el ángel lance el fuego a la tierra parece calzar con el tiempo que acabamos de leer cuando los vientos son detenidos hasta después de que los 144,000 son sellados. De hecho, hay una conexión real. La mención aquí de "truenos, rumores, relámpagos y terremotos" es muy recordativa al día que se entrega la Torá en el Monte Sinaí. De acuerdo a la tradición Judía, la Torá fue dada en el día de Pentecostés. Veremos luego evidencia de que la sellada de los 144,000 sucede en el día de Pentecostés también, justo por delante del desencadenamiento de los vientos de la tierra y las cuatro trompetas de Apocalipsis 8.

Recapitulemos antes de continuar. El 6º sello describe lo que aparentemente sucede mientras el PX (o algún otro cuerpo afectado por el PX) se acerca a su distancia más cercana a nosotros y encontramos objetos más pequeños que quedaron en nuestro camino. La pausa del 7º sello es un intervalo momentáneo, probablemente cuando los 144,000 son sellados antes de que los vientos de la tierra se rasguen y cualquier impacto grande suceda. Luego, veremos que las primeras cuatro trompetas describen lo que sucede cuando la tierra luego pasa completamente a través del peor campo de escombros del PX y es impactada por meteoritos y un asteroide del tamaño de una montaña.

1º Trompeta – Granizo de los Meteoritos del Campo de Escombros del PX

Apocalipsis 8:7 (VRV) – El primer ángel tocó la trompeta, y hubo <u>granizo y fuego mezclados con sangre</u>, que fueron lanzados sobre la tierra; y la tercera parte de los árboles se quemó, y se quemó toda la hierba verde.

Aunque el granizo significa generalmente gotas congeladas de agua que llegan a la tierra, esta elección de palabra pareciera que viene de una limitación del lenguaje original en que Apocalipsis fue escrito. No hay palabra para "meteorito" en el vocabulario bíblico (y "azufre" se refiere a una roca de azufre quemándose, que todavía se puede encontrar si se visita en el sitio de Gomorra cerca del Mar Muerto). Parece que cuando el "granizo" está asociado con "fuego", debe de estar hablando de granizo rocoso, o meteoritos, y no granizo de hielo. No tiene sentido que la hierba y los árboles se quemen alrededor de toda la tierra con granizo de hielo, pero tiene mucho sentido con una ráfaga de meteoritos ardientes. Se espera que las rocas y el hielo estén asociados con el PX. Cuando un cuerpo grande atraviesa nuestro sistema solar, puede arrastrar estos materiales por detrás del cinturón de asteroides. La tierra encontraría esos objetos al pasar a través del recorrido del PX.

2º Trompeta – Un Pedazo del PX del Tamaño de una Montaña Golpea el Océano

Apocalipsis 8:8-9 (NVI) – [8] Tocó el segundo ángel su trompeta, y <u>fue arrojado al mar algo que parecía una enorme montaña envuelta en llamas</u>. La tercera parte del mar se convirtió en sangre,[9] y murió la tercera parte de las criaturas que viven en el mar; también fue destruida la tercera parte de los barcos.

Una montaña envuelta en llamas que golpea el océano es una descripción que calza con un asteroide del tamaño de muchos kilómetros encendido mientras entra en la atmósfera de la tierra, y luego impacta el lugar más probable a golpear: el océano. Los asteroides son descritos por los astronautas como "montañas en el espacio".

El resultado del impacto descrito en el verso 8 calza con modelos científicos creados en muchas universidades en años recientes. Según estudios llevados a cabo en la Universidad de California, un asteroide de este tamaño sería tan caliente en el momento de golpear el océano, que haría que una gran parte del agua del océano se torne anóxica (deficiente de oxígeno) simplemente al hervir el oxígeno de una gran área del mar. La temperatura del mar se elevaría dramáticamente y el agua caliente mataría a billones de creaturas marinas en un radio muy grande. El agua caliente, anóxica a causa del impacto, también prevería un ambiente perfecto para el crecimiento de algas rojas o lo que se conoce como la marea roja. Aquí la sangre puede que esté describiendo la apariencia de algas rojas, la cual se desarrolla en agua deficiente de oxígeno.

Sin embargo, convertir las aguas en sangre es una forma de hablar hebraica que se encuentra en la Torá. Juan, el escritor de Apocalipsis fue por supuesto un judío y estaba bien familiarizado con la Torá. Si usted estudia Éxodo 7:17, Salmo 78:44 y Salmo 105:29 usted puede ver que en hebreo "convertir el agua en sangre" es una expresión idiomática para convertir las aguas en aguas mortales de manera que no son potables e inhospitables para toda la vida marina, en vez de decir que las aguas se convierten literalmente en rojo sangre.

La destrucción de un tercio de las naves se explica con los tsunamis gigantes que se obtendrían. Se moverían por cientos de millas en cada dirección hasta que golpean los puertos marítimos de costas distantes.

3º Trompeta – Aguas Contaminadas A Causa de los Escombros de Ajenjo

---

Apocalipsis 8:10-11 (NVI) – [10] El tercer ángel tocó la trompeta, y cayó del cielo una gran estrella, ardiendo como una antorcha, y cayó sobre la tercera parte de los ríos, y sobre las fuentes de las aguas. [11] Y el nombre de la estrella es Ajenjo. Y la tercera parte de las aguas se convirtió en ajenjo; y muchos hombres murieron a causa de esas aguas...

Sin el conocimiento del PX, esta trompeta es muy difícil de entender. Vimos en la trompeta anterior una descripción muy clara de un asteroide que entra en la atmósfera de la tierra y que cae en el mar. Aquí tenemos algo que al principio suena como otro impacto, esta vez no en el océano sino que en la tierra. Aun así no se describe de la manera más clara que se pudiera. Extrañamente, se dice que la gran estrella tiene que caer de los cielos sobre "los ríos y los manantiales de agua." Eso no puede estar describiendo a un segundo asteroide que golpea a la tierra porque es imposible que un solo objeto impacte una tercera parte de todos los ríos y las aguas subterráneas. Por lo tanto, debe de estar describiendo algún otro tipo de interacción entre esta estrella y la tierra.

Hay una clave importante en el hecho de que esta vez se le da un nombre al objeto: "Ajenjo." Anteriormente hemos visto estrellas fugaces descritas que no son realmente estrellas del todo, sino que son pequeñas piedras que cuando se queman en la atmósfera de la tierra aparecen como del tamaño y del brillo de las estrellas. Luego vimos un objeto encendido tan grande que parecía del tamaño de una montaña, porque también, se iluminaba en nuestra atmosfera antes de un claro impacto. A pesar de eso, este Ajenjo es diferente. Aunque no pasa a través de la atmósfera de la tierra y hace un impacto, todavía se dice que es una "estrella ardiendo como una antorcha." Esto suena finalmente como una verdadera estrella iluminada cerca de nuestro sistema solar. Esa conclusión está reforzada al tener ella un nombre con significado, tal como se le da a los cuerpos grandes como las estrellas, los planetas y los cometas. Algunos creen que el PX es un enano marrón (una pequeña estrella débil), que encajaría con esta descripción[21].

Entonces, ¿cómo una estrella que pasa afecta solamente los ríos y las aguas subterráneas? Una posibilidad al pasar es que ese paso dejaría sustancias tóxicas como cianuro dentro de nuestros suministros de agua. Otra sería que el cambio polar o que las ondas de la corteza cause que rompan los manantiales y ensucien las aguas. Otra posible explicación, tal como vimos recientemente con el Terremoto de Sumatra, es que el gran número de cuerpos muertos pudriéndose contaminen las aguas. Por lo tanto, al decir que "cae en los manantiales y los ríos," puede estar indicando que no los influencia o afecta por contacto directo.

¿Qué hay de la Interpretación de Chernóbil?

Debe de mencionarse que la interpretación más popular de "Ajenjo" es la que se refiere al derrame del reactor de Chernóbil en 1986. Hasta hace unos pocos años antes de escuchar acerca del PX, esta era la mejor explicación que yo podía encontrar también. Sin embargo, la 3º trompeta describe literalmente una "estrella" o un cuerpo en el espacio con un nombre propio, no un efecto creado por el hombre aquí en la tierra. También es difícil explicar como una lluvia radioactiva contaminaría solamente los ríos y los manantiales y no todo el aire y la tierra también. Finalmente, a diferencia de una estrella fugaz, un derrame de un reactor nuclear no calza con las trompetas que lo rodean, todas describiendo disturbios del espacio y del cielo.

El Planeta X es tan convincente como una explicación, ya que explica toda la progresión de las cuatro trompetas cohesivamente, naturalmente y *literalmente*, mientras que Ajenjo siendo una lluvia y una precipitación radiactiva es una interpretación alegórica que lo hace incapaz de explicar las otras tres trompetas literalmente (sin mencionar el 6º y 7º sello que el PX explica muy literalmente). Usted está obligado a encontrar significados alegóricos para ellos también, tal como decir que los evidentes meteoritos ardientes de la 1º trompeta son misiles nucleares, etc. Estas respuestas fueron buenos intentos en los tiempos antes de que el PX cambiara nuestro paradigma, pero ahora se miran forzadas y deslucidas al compararlas.

4º Trompeta – Cielos Oscurecidos A Causa de Los Fuegos, Los Escombros del PX, y la Ceniza Volcánica

> **Apocalipsis 8:12** –El cuarto ángel tocó la trompeta, y fue herida la tercera parte del sol, y la tercera parte de la luna, y la tercera parte de las estrellas, <u>para que se oscureciese la tercera parte de ellos, y no hubiese luz en la tercera parte del día, y asimismo de la noche</u>.

Algunos dicen que esta trompeta significa que después de todo lo que ha pasado, la tierra estará girando un tercio más rápido, de este modo reduciendo la luz del día y de la noche por un tercio. Mientras que ciertamente es posible y probable que el movimiento de la tierra sea diferente después de que el PX pase (incluso necesitando un nuevo calendario – Dan 7:25), esto se está refiriendo probablemente a algo más. Si un periodo de día más corto es el significado que se pretende aquí, entonces no hay necesidad de mencionar las fuentes de luz. Pudo haber dicho que el día era *más corto*, y no que el día y la noche se *oscurecían*. Por el contrario, la descripción menciona cada fuente posible de luz y como todas ellas se oscurecen a la misma medida. Por lo tanto, la explicación más lógica sería que algo en el aire estaría bloqueando entonces la luz. Las partículas en nuestra atmósfera podrían oscurecer la luz de esta manera tal como lo hace la cubierta de nubes.

Estas partículas pueden venir de diferentes fuentes. Solo el humo de la hierba mundial y de los fuegos de los bosques de la 1º trompeta sería suficiente para oscurecer los cielos, tal como lo hicieron los pozos de petróleo en llamas en Kuwait durante la Operación Tormenta del Desierto en 1990. El material de la cola del PX podría contribuir (como pareciera que pasa que causa que el cielo se parta como un rollo en el 6º sello, quizás a un menor nivel de días más adelante).

En la edición de Junio de 1989, *National Geographic* presentó un artículo que se tituló "Extinciones" que detallaba los hallazgos de científicos estudiando los efectos de impactos de asteroides antiguos. Predijo un cielo oscurecido después del impacto de un asteroide y de fuegos a nivel mundial, exactamente como la 1º y la 2º trompeta describen. Se describió el siguiente escenario en la página 686:

Un meteorito gigante golpea la tierra, encendiendo la tierra en fuego. Erupciones volcánicas, tsunamis golpean los continentes. El cielo se oscurece por meses, quizás años. Incapaces de hacer frente a los cambios catastróficos del clima, un número incontable de especies son borradas de la faz de la tierra.

El artículo plantea que fuegos muy fuertes causados por un asteroide destruirían cultivos, árboles, y vegetación. Tormentas de viento creadas por los fuegos destruirían edificios que están a cientos de millas del impacto. Polvo y humo esparcido por la corriente en chorro bloquearía gran parte de la luz del sol, alterando así el clima del mundo y las posibilidades de la sobrevivencia humana.

El Relato de los Efectos del Planeta X Termina – Y el Mundo por Poco, También

Una transición es señalada por el último verso de la 4º trompeta antes de la 5º.

> **Apocalipsis 8:13** (NVI) – … "¡Ay! ¡Ay! ¡Ay de los habitantes de la tierra cuando suenen las tres trompetas que los últimos tres ángeles están a punto de tocar!"

La 5º trompeta debe de ser algo más serio para darle merito a tal advertencia que incluso a Ajenjo no se le dio. Lo es. Empieza la GT cuando el anticristo toma el control al ofrecer la única solución al desastre de Ajenjo. (Retomaremos el hilo en la hoja de ruta de Apocalipsis.)

En resumen, del 6º sello a la 4º trompeta tenemos un registro lineal de los efectos directos (terremotos, polvo, lluvia de meteoros, impactos, fuegos, destrucción) y posiblemente efectos secundarios posibles (aguas contaminadas, cielos oscurecidos) del paso cercano de Ajenjo.

Solo imagínese los resultados pavorosos. Una vez que se aclare el humo, todos tendrán que afrontar un mundo en ruinas y caos:

- **Probablemente *billones* de gente sin hogar (si esos muchos aun están vivos)** gracias a los vientos, fuegos, granizo y terremotos. Los techos serán como queso Suizo.

- **Incomunicados**: los satélites y las líneas telefónicas caídas.

- **Sin Electricidad**: Si usted todavía tiene casa, no habrá luz ya que ciertamente los cables de luz serán golpeados por meteoritos, quemados por los fuegos, caídos por los terremotos, o derribados por los vientos.

- **Sin agua corriente**: Todas las tuberías son subterráneas y vulnerables a los terremotos y a los cambios en la corteza. Además, se necesita electricidad para limpiar el agua y para bombearla a través de las tuberías que quedaron intactas.

- **Problemas para viajar**: Pocas calles, autopistas, pasos a desnivel, puentes, rampas, muelles y pistas de aterrizaje quedaran intocables. La mayoría, sin decir que todas, estarán ya sea bloqueadas con vehículos abandonados o inservibles, partidas o completamente destruidas – haciendo que sea difícil o imposible viajar en ciertos lugares. Las entregas de gasolina a las gasolineras será interrumpida.

- **Hambruna**: Lo más importante, esto también hace que la entrega del suministro de alimento que no está dañado sea difícil de distribuir a los supermercados (que solo tienen unos días de inventario en los estantes). Con eso y con el hecho de que los cultivos en los campos y los huertos para la siguiente cosecha están dañados tremendamente por el granizo y los fuegos, la hambruna mundial de seguramente seguirá (profetizado en Mat 24:7).

- **Disturbios, Saqueos, y Caos**: Siempre continúa. Cuando los seres humanos están bajo mucho estrés, su verdadera naturaleza egoísta se manifiesta. Para comparar esto con desastres recientes, el tsunami de Sumatra del 2004 o la inundación del 2005 de Nueva Orleans son probablemente lo más cercano. Así como Nueva Orleans dejó de funcionar como una ciudad sino como un desastre tóxico que tuvo que ser abandonada temporalmente, sin duda la gente tendrá que abandonar sus ciudades para encontrar comida y seguridad del caos y la violencia después de Ajenjo. Sin embargo, una diferencia con Sumatra y Nueva Orleans fue que el resto del mundo estaba bien y pudo formar esfuerzos de ayuda. El desastre de Ajenjo será mucho peor mientras que cada ciudad y país estará ocupado lidiando con sus propios problemas. El caos resultante y el pandemonio será inimaginable. Bandas armadas serán capaces de saquear casi todo sin oposición.

- **El Año se Acorta a 360 Días**: Esto está explicado en el Capítulo 7.

Imagínese Que La Mitad de la Población de Hoy en Día de 6.5 Billones de Personas Haya Desaparecido

Para comprender completamente que tan mal va a ser lo que viene, debemos considerar el costo potencial de la vida humana. Entienda que solo podemos especular en esta pregunta ya que no existen figuras de casualidades humanas dadas para ningún evento anterior a la guerra de la 6º trompeta (donde se nos dice que una tercera parte de la población restante muere en una guerra librada por el anticristo). Sin embargo, hay un periodo de aproximadamente nueve meses desde que el paso de Ajenjo empieza (al inicio del verano) hasta cuando la Bestia se levanta para sacar al mundo de la crisis en la siguiente primavera (ver la hoja de ruta de Apocalipsis). Yo creo que al menos la mitad de la población actual del mundo de 6.5 billones habrá muerto durante esos nueve meses. He aquí el porqué:

Solamente considere el impacto global *acumulativo* de cada sello y de cada trompeta que Ajenjo causa. Fuegos, frío, aguas intoxicadas, hambrunas y caos estarán en todo lado en la tierra por meses. Considere que tan mal preparado y "liviano" está la mayor parte del mundo urbano el día de hoy por vivir sin infraestructura para entregar la comida, el agua, el calor, ropas, y la seguridad para ellos. Los damnificados del factor humano después de que Ajenjo haya pasado podrían ser fácilmente mayores que los damnificados durante los terremotos, impactos profundos, lluvia de meteoritos, y tsunamis de la naturaleza. Si se toma nueve meses antes de que el anticristo tome el control, creo que la población ya no será siquiera cercana a los seis billones. De cualquier forma, una cosa está clara: sin importar que tan denso resulte ser los damnificados, el espíritu humano de aquellos que queden será aplastado y preparado para aceptar ayuda de cualquiera bajo cualquier condición con tal de tener comida, paz y seguridad nuevamente. Habrá resistentes; escépticos, agnósticos, los supervivencialistas y cualquiera con un suministro de comida o agua y las armas necesarias para defenderlo. Veremos más adelante que Apocalipsis describe un plan de tortura de cinco meses de demonios hacia los sobrevivientes para obligarlos incluso a someterse al anticristo.

Capítulo 4

Como Entender la Profecía y sus Instrucciones de Sobrevivencia

Tan obscuro como el escenario del capítulo anterior, podemos tener esperanza en saber que tanto la ciencia como la Escritura concuerdan que **habrá sobrevivientes**. La pregunta, entonces, es ¿cómo asegurarnos de que usted es uno de ellos? En la vida, aquellos que están mejor preparados para los retos tienden a ser más capaces para vencerlos. O como alguna gente exitosa dice a aquellos que les llaman "afortunados", es gracioso como entre más duro trabajan más afortunados se vuelven. Así que, ¿cómo se prepara uno para empezar a trabajar hacia la preparación de una catástrofe mundial?

Si usted investiga el PX en la Internet, descubrirá que la gente se está preparando construyendo refugios subterráneos y domos y se están moviendo para sitios más altos o varios lugares en el mundo considerados mejores para sobrevivir las olas de la marea y de la corteza. Aun así, ¿sabe alguien de seguro y de forma anticipada cuáles lugares en la tierra serán seguros de todo? O ¿si su refugio subterráneo o domo se sostendrá? O ¿cuánta comida necesitarán para sobrevivir la hambruna? O ¿si usted será capaz de impedir a otros que son más fuertes que usted de quitarle cualquiera de estas cosas a usted? Por supuesto, la respuesta es obviamente no a todo. Sin embargo, debido a que ellos asumen que esto es lo mejor que ellos pueden hacer cuando se enfrentan a una situación difícil con muchas incógnitas, ellos hacen las mejores preparaciones que ellos pueden mientras son guiados por conocimiento limitado y simplemente "esperan lo mejor".

Pero, ¿es esto lo mejor que podemos hacer? ¿Hay otro enfoque diferente * apoyarse en su propio entendimiento finito y su propia habilidad limitada? ¿Qué y si podemos averiguar con anticipación que hacer por parte de alguien que conoce el futuro y sabe cómo solucionar cualquier problema? Claramente, esa sería la fuente ideal para confiar en nuestra sobrevivencia.

La Palabra de Dios es esa fuente. Si estamos familiarizados con las historias de la Biblia, entonces sabemos que Dios siempre cuida de sus siervos fieles en momentos difíciles. ¿Ha cambiado Dios en ese aspecto?

Malaquías 3:6 – "Porque yo el SEÑOR no cambio; por esto, hijos de Jacob, no habéis sido consumidos."

Además, Dios debe de tener un plan para salvar a sus siervos presentes de la catástrofe de Ajenjo tal como él lo ha hecho con siervos pasados. Veremos más adelante que la Escritura de hecho registra sus planes para preservar a sus siervos a través de "todas estas cosas". No hay necesidad de confiar en nuestra propia fuerza limitada y entendimiento incompleto cuando Dios ya ha registrado y preservado su plan de supervivencia hasta esta última generación de la era.

Si Confío En Dios ¿Por qué Necesito Hacer Algo?

Este concepto de necesitar instrucciones de sobrevivencia puede que sean extrañas para algunos lectores cristianos. Muchos creen que todo lo que ellos necesitan hacer es confiar en Dios, seguir compartiendo el "evangelio de Jesucristo" con todos las personas que conozcan, y Dios cuidará del resto. Pero, ¿es este paradigma verdaderamente escritural?

La Escritura enseña que Dios espera una respuesta diferente de parte de sus siervos cuando él provee una advertencia de juicio u otro problema que viene. Dios espera que respondamos a la advertencia siguiendo sus instrucciones asociadas. Las historias de Noé, Lot y José son muy ilustrativas de este principio. Cuando Noé fue advertido con 120 años de anticipación del diluvio mundial, ¿se le dieron branquias milagrosamente o se le ordenó a construir un barco? Cuando Lot fue advertido el día antes que Sodoma fue quemada con azufre, ¿le dio el ángel unos pijamas a prueba de fuego para que se quedara y fuera testigo para los Sodomitas? O ¿se le ordenó dejar su casa y salir de Sodoma inmediatamente?

Ahora, cuando José fue advertido por el sueño de Faraón acerca de los siete años de hambruna que venían en siete años, ningún ángel tuvo que venir a ordenarle que hacer acerca de la advertencia. Debido a que el sueño predijo siete años de abundancia antes de la hambruna, era obvio para alguien sin sabiduría que los próximos siete años de abundancia eran "el arca de Noé" para Egipto para el desgaste de los siete años siguientes. Si José se hubiera esperado solamente en Dios tal como los cristianos planean hacerlo, en vez de implementar el plan de escape implícito, los resultados hubieran sido desastrosos para el mundo entero.

Deberíamos ver la similitud entre la situación de José y la nuestra. Como él, tenemos las historias de los momentos que Dios lidió con los hombres preservados y conocidos por nosotros – cualquiera que quiera una copia de la Biblia puede tenerla y convertirse muy conocedor de los versículos (aunque pocos cristianos lo hacen). También como él, tenemos una advertencia acerca de problemas futuros. En el caso de él, nada estaba escrito ya acerca de la hambruna, así que la advertencia tuvo que venir directamente a él. En nuestro caso, tenemos la Biblia, que casi un tercio de ella es profecía. La mayoría de esta profecía no se ha cumplido y pertenece a eventos que se despliegan en los últimos siete años de esta era. Estos escritos incluso declaran que fueron dados para "advertir a los siervos de Dios acerca de las cosas que pronto tienen que suceder" (Apoc 1:1). Como vimos en el último capítulo, si también somos sabios como lo fue José, deberíamos hacer como hizo él al responder a las advertencias con la acción apropiada.

Ignorar la Profecía

Con optimismo, estamos empezando a ver que la profecía es importante en un caminar sabio con Dios y que él espera que la estudiemos para saber qué hacer. Sin embargo, los cristianos no son enseñados a estudiar la profecía, e incluso se les dice que es una distracción hacia áreas de estudio "más importantes" o actividades ministeriales, por varias razones.

Una razón común de esto es que ellos son enseñados a que estarán seguros en el cielo debido a un rapto pre-tribulación antes de que las cosas malas empiecen. Otros enseñan que este entendimiento no calza con la línea del tiempo secuencial, natural de Apocalipsis. En efecto, hay gente buena en ambos lados del razonamiento. Pero debido a que esto puede ser un asunto de vida o muerte, ¿no sería prudente averiguar con seguridad al estudiar ahora todas las profecías que nos fueron dadas?

Añadiendo a los conceptos erróneos, está el asunto verdadero de tantas predicciones muy conocidas basadas en la profecía Bíblica causando que la gente se espante del estudio de las profecías. La mayoría de nosotros puede decir que nunca hemos presenciado una predicción profética exitosa. Esto da la impresión que es fútil y necio, incluso tratar de usar predictivamente profecía no cumplida. En otras palabras, parece obvio para el observador casual que la profecía es útil solo en *retrospectiva* después de cumplida, no para *previsión*.

Sin embargo, ¿el fracaso único de tantas predicciones prueba que la profecía Bíblica no debe de usarse como una guía? Solo porque parece que cada expectativa acerca del cumplimiento de la profecía hasta el momento ha fracasado, ¿significa esto que ellos siempre fracasarán y que usar profecía predictivamente es inherentemente malo? ¿Podrían haber otras razones para los fracasos indicando que la culpa no se apoya del todo en el uso predictivo de la profecía? Como se cubrió en la introducción, la razón es que las profecías fueron selladas hasta los tiempos finales cuando la gente poseería el conocimiento correcto y la sabiduría para darles sentido finalmente.

Los Sabios Entenderán

Asumiendo que estamos ahora en los tiempos finales cuando las profecías pueden ser entendidas por los sabios; ¿quiénes son entonces "los sabios" de Daniel 12? En la Escritura, los sabios no solo son aquellos con mucho aprendizaje general y entendimiento detrás de ellos. Cuando la Escritura habla acerca de la sabiduría, significa un tipo de aprendizaje específico. Si lee a través de la Torá o los Salmos y los Proverbios (también llamada la Literatura Sabia), encontrará un retrato claro de los sabios. Estos son solo unos ejemplos que ilustraran esto:

Salmo 19:7-11 – [7]La ley del SEÑOR es perfecta, que convierte el alma; El testimonio del SEÑOR es fiel, que hace sabio al sencillo. [8] Los mandamientos del SEÑOR son rectos, que alegran el corazón; El precepto del SEÑOR es puro, que alumbra los ojos. [9] El temor del SEÑOR es limpio, que permanece para siempre; Los juicios del SEÑOR son verdad, todos justos. [10] Deseables son más que el oro, y más que mucho oro afinado; Y dulces más que miel, y que la que destila del panal. [11] Tu siervo es además <u>advertido</u> con ellos; En guardarlos hay grande <u>galardón</u>.

Deuteronomio 4:5-6 – [5] Mirad, yo os he enseñado estatutos y decretos, como el SEÑOR mi Dios me mandó, para que hagáis así en medio de la tierra en la cual entráis para tomar posesión de ella. [6] Guardadlos, pues, y ponedlos por obra; <u>porque esta es vuestra sabiduría y vuestra inteligencia ante los ojos de los pueblos,</u> los cuales oirán todos estos estatutos, y dirán: Ciertamente pueblo sabio y entendido, nación grande es esta.

Proverbios 13:14 – La Torá del sabio es manantial de vida, para apartarse de los lazos de la muerte.

Eclesiastés 2:26 – <u>Porque al hombre que le agrada, Dios le da sabiduría,</u> ciencia y gozo...

Santiago 1:5 – Y <u>si alguno de vosotros tiene falta de sabiduría, pídala a Dios,</u> el cual da a todos abundantemente y sin reproche, y le será dada.

Aquí, en el paralelismo hebreo típico, el Salmo 19 iguala la Torá con los testimonios, estatutos, mandamientos, y juicios de Dios contenidos en los primeros cinco libros de la Biblia, tal como la Torá dice que los contiene. Luego claramente dice que esto junto con el temor de Dios (Sal 111:10, Pr 1:7), hace sabio al humilde. Un mensaje importante de la Literatura de la Sabiduría es que los sabios son aquellos que temen (acatan, respectan) a Dios (Pr 9:10; 15:33), y meditan en su Torá. Note también como David incluso dice que somos "advertidos" y "galardonados" al guardarlos.

Además, Daniel 12, según la interpretación de la Biblia, está diciendo que si usted quiere tener entendimiento correcto de los Profetas, entonces debe temer a Dios (no a los hombres) y estudiar toda la Biblia no solo la Literatura de la Sabiduría o el NT como lo hacen los cristianos.

Puedo testificar de la exactitud de esta interpretación. Estoy convencido que nuestro entendimiento de los misterios de la Escritura dependen de estudiar y aplicar la sabiduría de Dios (que difiere de *cómo recibimos vida eterna, a través de confiar en Dios* – Gen 15:6) Cuando mi esposa y yo llegamos a tener convicción de descansar en Shabbat y en los días santos escriturales (por parte de la Biblia, no porque fuimos influenciados por los Adventistas del Séptimo Día), la Biblia empezó a tener sentido en una manera que nunca lo había hecho antes. Pudimos entender cosas que siempre nos desconcertaban.

Se Espera Que Estudiemos Los Profetas

Entre la cobertura de la Introducción y este capítulo, usted debería ahora entender los requisitos previos para entender la profecía. Aun conocerlos no hará ninguna diferencia si aun no hay deseo de aplicarlos. Según lo mencionado anteriormente, muchos no tienen el deseo de estudiar la profecía debido a una creencia de que esto es una mala distracción de donde deberíamos estar pasando tiempo en la Biblia.

Lucas 21:34-36 (VRV)– [34] Mirad también por vosotros mismos, que vuestros corazones no se carguen de glotonería y embriaguez y de los afanes de esta vida, y venga de repente sobre vosotros aquel día. [35] Porque como un lazo vendrá sobre todos los que habitan sobre la faz de toda la tierra. [36] Velad, pues, en todo tiempo orando que seáis tenidos por dignos de escapar de todas estas cosas que vendrán, y de estar en pie delante del Hijo del Hombre.

Jesús le enseñó a su círculo interno lo que iba a venir en los tiempos finales y enfatizó la necesidad de orar específicamente acerca de todo esto. Debido a que estamos viviendo en el tiempo de estas cosas, necesitamos saber que estamos orando con respecto al escape. Pedro refuerza este fundamento práctico de la Biblia:

2 Pedro 3:1-2, 17 (VRV) – despierto con exhortación vuestro limpio entendimiento, [2] para que tengáis memoria de las palabras que antes han sido dichas por los santos profetas, y del mandamiento del Señor y Salvador dado por vuestros apóstoles; [17] Así que vosotros, oh amados, sabiéndolo de antemano, guardaos, no sea que arrastrados por el error de los inicuos, caigáis de vuestra firmeza.

Pedro asumió que su audiencia también estaba familiarizada con los Profetas, como el mandamiento de "recordar" lo insinúa. Con la profecía acerca del fin del mundo en mente, sería más fácil para nosotros guardarnos de un comportamiento inmoral. Jesús también advirtió acerca de los creyentes que olvidan lo que la profecía dice y se vuelven apáticos en su *Parábola del Siervo Vigilante*:

Lucas 12:36-37, 45-47 – [36] y vosotros sed semejantes a hombres que aguardan a que su señor regrese de las bodas, para que cuando llegue y llame, le abran en seguida. [37] Bienaventurados aquellos siervos a los cuales su señor, cuando venga, halle velando…[45] Mas si aquel siervo dijere en su corazón: Mi señor tarda en venir; y comenzare a golpear a los criados y a las criadas, y a comer y beber y embriagarse, [46] vendrá el señor de aquel siervo en día que éste no espera, y a la hora que no sabe, y le castigará duramente, y le pondrá con los infieles. [47] Aquel siervo que conociendo la voluntad de su señor, no se preparó, ni hizo conforme a su voluntad, recibirá muchos azotes.

Creyentes Malvados Desapercibidos en los Últimos Días

Acabamos de leer como Jesús y Pedro advirtieron que los creyentes olvidarían la profecía y vivirían más como el mundo, en lugar de recordar lo que los Profetas dijeron y permanecer puros. Pedro dijo que esto sucedería en los "últimos días" y Jesús enseñó a través de la parábola que él en realidad regresaría al momento en que ocurra esta falta de vigilancia entre los creyentes – trayendo castigo a aquellos que no estuvieron vigilando, no estuvieron preparados, y no estuvieron viviendo de acuerdo a su voluntad.

Pero, ¿cuál podría ser este grupo? Francamente, solo hay un grupo que encaja. Estas actitudes no vigilantes a las que Jesús y Pedro se refirieron, reflejan la indiferencia Cristiana general hacia la profecía no cumplida que cubrimos anteriormente. Sin embargo, ellos también dijeron claramente que estos creyentes estarían actuando perversamente y siguiendo sus malos deseos, también. ¿Encaja esto con el Cristianismo de hoy en día? Tiene que admitir que sí, si usted es honesto. Considere los escándalos entre los líderes de la iglesia, la tasa de divorcio entre los cristianos que muchas veces es más alta que la del mundo que los rodea, el materialismo, y el comportamiento decepcionante de sus seguidores. Tal comportamiento vergonzoso es familiar para todos nosotros que hemos aprendido de la manera difícil a ser muy cuidadosos en nuestro trato con esos extraños que conocemos que se apresuran a decirnos "yo soy Cristiano".

Esto puede parecer un uso injusto de ejemplos aislados – **hasta que recordamos que los seguidores de Jesús no se suponían que fueran *nada* parecido a estos**, y no fueron así en el principio. Una cosa es que el mundo tenga este ejemplo que tiene estándares morales subjetivos si es que tiene alguno en absoluto. Pero, aquellos que dicen seguir al Mesías tenían que ser una "luz" en la oscuridad – y no simplemente más oscuridad. Si nos remontamos a la primera asamblea en Jerusalén, vemos cómo se supone que es. En lugar de la reputación general hipócrita que los Cristianos llevan hoy en día, los iniciales seguidores Hebreos en ese entonces "tenían favor con todo el pueblo" (Hechos 2:47).

La Iglesia de Laodicea al Día de Hoy

De hecho, las iglesias de Estados Unidos son un claro cumplimiento de otra profecía de los últimos días. El mensaje profético a la séptima y última era de creyentes antes de la Segunda Venida del Mesías describe exactamente la misma condición espiritual (Ap 3:14-19). Estos miembros de Laodicea dicen que son ricos, que tienen muchas cosas, y nos les hace falta nada. La prosperidad distingue a los Cristianos Norteamericanos del resto del mundo donde los creyentes son más pobres y a menudo perseguidos. Sin embargo, el Mesías emite su juicio: en realidad, ellos son *tibios, desventurados, miserables, pobres, ciegos* y están *desnudos.*

De estas descripciones, los términos "ciego" y "desnudo" son de especial interés. Se le considera ciego si usted no tiene el entendimiento espiritual de la Palabra de Dios (Juan 9:40; 2 Co 4:4), lo cual sabemos que viene cuando tememos a Dios y guardamos sus mandamientos. Se le considera desnudo si usted no tiene obras justas (Ap 19:8). No está en nosotros decidir cuáles son las obras justas hacia Dios y hacia el hombre, sino que han sido definidas para nosotros por Dios en su Palabra (Mt 22:35-40).

La Iniquidad Impide El Entendimiento de la Profecía

Si usted es un cristiano (¡y todavía está leyendo!) entonces déjeme asegurarle que mi meta al cubrir todo lo anterior no es desanimarlo. Por el contrario, hasta hace 1999 cuando me mudé de Estados Unidos y estudié por mi parte en lugar de ir a la iglesia, yo mismo era un cristiano nominal. Por lo tanto, sé exactamente lo que los cristianos generalmente tienen que aprender (y desaprender) antes de que puedan ver el estudio de la profecía incumplida bajo una luz adecuada. Y sin haber cubierto estas cosas, la mayor parte de mi audiencia tiene pocas posibilidades de entender los tiempos finales. Le haría poco bien que se le diga a usted algo que es incapaz de entender o de creer, ya que usted no se da cuenta que no tuvo la base para entenderlo.

Déjeme reafirmar que Daniel se le dijo específicamente que sus escritos estaban sellados hasta los tiempos finales cuando "ninguno de los *malvados* entenderá sino que los *sabios* entenderán." Claramente, debemos de asegurarnos que no somos ni malvados ni imprudentes si queremos entender estas profecías importantes. Ya vimos en la Literatura de Sabiduría que los sabios son aquellos que reverencian a Dios y siguen sus mandamientos. Si los malvados son lo opuesto a los sabios, se espera que los malvados sean aquellos que *no* reverencian a Dios ni siguen sus mandamientos.

> **Salmo 36:1** – La iniquidad del impío me dice al corazón: No hay temor de Dios delante de sus ojos.
>
> **Salmo 119:53** – Horror se apoderó de mí a causa de los inicuos, Que dejan tu Torá.

Claramente, Dios no va a revelar sus profecías a aquellos que no siguen sus caminos. Pero, de todos modos, los desobedientes no creerían el mensaje verdadero de los Profetas si les fuera a ser explicado a ellos. Tal como con los de Laodicea, una ceguera a causa del pecado les impide el entendimiento. Esta es la razón por la que Jesús aconsejó a los "ciegos" de Laodicea "a arrepentirse" (Apoc 3:19).

El libro de Apocalipsis también indica que aquellos que quieren entender su mensaje necesitan superar la justicia típica cristiana. Note que el Jesús resucitado y glorificado dijo que esta revelación era solo para los "siervos" de Dios (Apoc 1:1). Un siervo hace la voluntad del que sirve. Ahora recuerde como anteriormente leímos en Apocalipsis 7 que los 144,000 siervos de primicias de Dios tienen que ser sellados en sus frentes. Pero, nunca cubrimos *quienes* eran estos siervos. En Apocalipsis 12 y 14 encontramos detalles adicionales acerca de ellos y de la Mujer:

> **Apocalipsis 12:17** (VRV) – Entonces el dragón se llenó de ira contra la mujer; y se fue a hacer guerra contra el resto de la descendencia de ella, los que guardan los mandamientos de Dios y tienen el

testimonio de Jesucristo.

Apocalipsis 14:12 – Aquí está la paciencia de los santos, los que <u>guardan los mandamientos de Dios</u> y la fe de Jesús.

Esto puede sonar raro para los cristianos que creen que los mandamientos fueron descartados excepto por el simple gran mandamiento de amar a su prójimo como a sí mismo. Mientras tanto están los cristianos que estudian las Raíces Hebreas o Mesiánicos que creen que toda la Torá tiene que seguirse hoy en día y que estos versos se están refiriendo a estos santos que guardan la Torá. Entonces, ¿Quién tiene la razón y a cuales "mandamientos de Dios" se está refiriendo Apocalipsis que los siervos de Dios de los últimos tiempos están guardando?

¿Cuáles Mandamientos de Dios Hay Que Guardar al día de Hoy?

Como sucede a menudo, la respuesta a esta pregunta yace en algún lado en el medio de lo que los lados opuestos del debate creen. Primero, es fácil mostrar que como los cristianos entienden correctamente, la Torá no aplica a nadie hoy en día (sin embargo, no por las razones que ellos piensan).

Sin Torá Hoy, Pero Más Adelante, Si

Los cristianos creen que la Tora que es "imposible de guardar" fue cumplida por Jesús y eliminada por siempre en el Calvario. Sin embargo, Jesús contradijo esto cuando él dijo que él no vino a destruir la Torá la cual permanecería hasta que todo en ella fuera cumplido, al punto que los cielos y la tierra también hayan pasado (Mat 5:17-19). Más adelante, los cristianos se sorprenderán al averiguar que los profetas dicen que todo el mundo estará guardando toda la Torá "obsoleta" durante el reinado milenario de Cristo. Esto incluye el Shabbat (Isa 66:23), las fiestas (Zac 14:16-19) y los sacrificios en un templo del milenio (Eze 40-48). Esto ocurre todo bajo el Nuevo Pacto (NP) no vigente aun (con los Gentiles), sino que será hecho con un Israel y Judá reunido (Jer 31:31 ff) durante el Milenio.

Con respecto a los Gentiles, Hechos 15 claramente dice que ellos no se les requirió seguir la Tora del todo, por ninguna razón, incluyendo la salvación (como algunos Judíos creyentes trataron de persuadir)[22]. Pablo como judío continuó guardando (y ensalzando) la Torá mientras que al mismo tiempo hacía la misma distinción de que los Gentiles no tenían que hacerlo (Hechos 21:24,25). (Sin embargo, todos los judíos y los gentiles son incapaces de todas maneras de guardar la Torá al día de hoy).

¿Por qué sin Torá Al Día de Hoy? – Propósito de la Torá

¿Por qué hay diferentes requisitos de la Torá entre ahora y el Milenio y entre el judío y el gentil durante el primer siglo? Esta difícil pregunta me tomó años para contestarla. Para contestarla usted tiene que entender correctamente el propósito de la Torá y lo que implica.

La Torá no fue dada sino hasta que la descendencia de Abraham se convirtió en una nación por una buena razón. Es casi una constitución nacional que muestra cómo aplicar los caminos de Dios a un nivel nacional y así pueda brillar la luz de Dios hacia las otras naciones que no le conocen aún (Isa 49:6). Las naciones iban a ver la gran sabiduría y entendimiento de Israel y a saber que Dios estaba con ellos (Dt 4:6-7; I R 10:6-9). La Torá nunca fue dada como una ruta de salvación personal para alguna presunta "Dispensación de la Ley" hasta que alguna "Dispensación de la Gracia" llegara. Por el contrario, los sacrificios *nunca* eliminaron los pecados (He 10:4) y la gracia *siempre* ha estado disponible desde Adán (Ap 13:8). El propósito de los sacrificios *es* (sigue siendo) para recordarnos del pecado (He 10:3), razón por lo cual regresarán durante el Milenio. Los asuntos del Reino entonces serán carne como hoy y aun se beneficiarán de estos recordatorios (los "reyes y sacerdotes" del Reino serán hombres glorificados resucitados/raptados como es Jesús). Cristo no vino a terminar con los recordatorios, sino a cumplir algunos (pero no todos) de las profecías (Mt 5:17-19).

La Torá es una proposición *nacional* de todo o nada, no una personal. Santiago sabía esto cuando decidió que la Torá no solo no era necesaria para salvación, sino que también no era un *requisito* para los Gentiles seguirla por ninguna razón (Hch 15:19). Sería "problemático" para los gentiles que la guarden, porque ellos necesitarían un gobierno bajo un profeta con sacerdotes y un templo, etc. Sin ellos, nadie "guarda Torá" incluyendo Israel hoy en día. Santiago tomó el tiempo para aclararlo porque nada de esto es inmediatamente obvio cuando alguien lee el AT o escucha lo que "Moisés predicó" (Hch 15:21). Su decisión fue dar solo cuatro requisitos a los gentiles, todos los que tenían que ver con salir de prácticas de cultos religiosos de esa cultura (¡no "cuatro mandamientos de la Torá necesarios para unirse en comunión antes de guardar el resto"!).

Por lo tanto, Pablo y otros judíos celosos siguieron la Torá en el Primer Siglo siempre y cuando el templo y el sacerdocio lo hicieran posible. Una vez que estos desaparecieron en el año 70 DC con el saqueo Romano de Jerusalén, nadie podía guardar Torá. Los judíos sin precedentes de Torá y los servicios del templo solo duraron mientras lo hicieran en la tierra de manera que cuando Jesús viniera, él pudiera cumplirlo todo. El Antiguo Pacto (AP) había sido roto por Israel hace mucho tiempo atrás. Después de su exilio Dios no envió profetas advirtiéndole a Israel a guardar la Torá, tal como lo hizo antes. La desaparición del AP es la razón por la que se prometió un NP (Jer 31:31ff). El regreso de los judíos sin precedentes de Torá a Israel desde 1948, y el planeamiento de un Tercer Templo y un sacerdocio Levítico, no tiene nada que ver con el AP o el NP, pero tiene que ver con el cumplimiento de *más* profecía. Si ellos estuvieran siendo guiados de regreso a guardar la Torá, se habría enviado un profeta para mostrarles cómo hacerlo y para advertirlos si la han incumplido, como en ocasiones anteriores.

Pero Más Que Simplemente Amar A Su Prójimo Como Así Mismo

Si no tenemos la Torá para guardarla, ¿es suficiente con solo intentar amar a nuestro prójimo como a nosotros mismos? Es cierto que la Biblia dice que amarnos unos a otros cumple toda la intención de la ley (Mt 7:12; 22:40; Ro 13; Gal 5). Sin embargo, esto no significa que no haya otros mandamientos que haya que obedecer. Santiago dice que el que rompe uno de estos mandamientos se convierte en culpable de todos, y él cita unos pocos igual que Jesús:

Santiago 2:8-12 (VRV) – [8] Si en verdad cumplís la ley real, conforme a la Escritura: Amarás a tu prójimo como a ti mismo, bien hacéis; [9] pero si hacéis acepción de personas, cometéis pecado, y quedáis convictos por la ley como transgresores. [10] Porque cualquiera que guardare toda la ley, pero ofendiere en un punto, se hace culpable de todos. [11] Porque el que dijo: No cometerás adulterio, también ha dicho: No matarás. Ahora bien, si no cometes adulterio, pero matas, ya te has hecho transgresor de la ley. [12] Así hablad, y así haced, como los que habéis de ser juzgados por la ley de la libertad.

Mateo 19:17-19 (VRV) – [17] El le dijo: ¿Por qué me llamas bueno? Ninguno hay bueno sino uno: Dios. Mas si quieres entrar en la vida, guarda los mandamientos. [18] Le dijo: ¿Cuáles? Y Jesús dijo: No matarás. No adulterarás. No hurtarás. No dirás falso testimonio. [19] Honra a tu padre y a tu madre; y, Amarás a tu prójimo como a ti mismo.

Aquí es donde esta fácil confundirse de nuevo. Santiago y Jesús mencionan mandamientos que reconocemos de los Diez Mandamientos de la Torá. Esto pareciera apoyar la idea de las Raíces Hebreas de que todos nosotros debemos de guardar la Torá al día de hoy. Pero, note que lo que ellos mencionaron solamente son mandamientos que la gente ya entiende sin la Torá. Ya están contra la ley en todos los gobiernos (matar, hurtar) o son tabúes ya en la mayoría de las culturas (adulterio, acepción de personas) o valores de la sociedad (respetar a los padres y a los ancianos).

Criterios de Sentencia

Podemos confirmar esto al mirar las razones que Dios ha dado para juzgar a ciertas naciones. Considere como Dios destruyó a Sodoma, a pesar de que Dios nunca les había dado la Tora ni les envió un profeta. La destrucción venidera del Misterio de Babilonia se compara a la destrucción de Sodoma (Jer 50:40; Is 13:19) y por causa similar. En ambos casos, no tiene nada que ver con mandamientos de la Torá. Ellos son juzgados por sus comportamientos que toda sociedad reconoce como incorrectos y prohibidos. Ellos asesinan, roban, cometen adulterio, dan falso testimonio, aceptan sobornos, pervierten la justicia, ignoran la causa del inocente, del pobre, del huérfano y la viuda y son arrogantes (Ez 16:47-50; Ap 18:3-5,24).

Creo que esta es la razón por la que Jesús dejó por fuera "no tomarás el nombre de Dios en vano" (el Tercer Mandamiento) en su lista anterior. No es una norma moral que alguien sabría sin Torá. También no lo encontrará en esta lista de transgresiones de mandamientos omitidos de la Nueva Jerusalén, a pesar de que todos sabrán y usarán el nombre de Dios para entonces:

Apocalipsis 21:8 (VRV) – [8] Pero los cobardes e incrédulos, los abominables y homicidas, los fornicarios y hechiceros, los idólatras y todos los mentirosos tendrán su parte en el lago que arde con fuego y azufre, que es la muerte segunda.

La Conducta Cristiana

Todos los cristianos saben en su corazón que deben de mantener diligentemente las normas morales de Dios. Sin embargo, como ya comentamos antes en este capítulo, los cristianos no guardan estas normas morales mínimas más que el mundo alrededor de ellos. Sin embargo, Jesús levantó una norma incluso mayor para nosotros cuando él dijo que incluso odiar a alguien o codiciar a una mujer lo hacía a usted culpable de romper los mandamientos de Dios. (El pensamiento precede a la acción así que si usted tiene el pensamiento habitualmente, entonces, eventualmente, la oportunidad se presentará por sí misma para que usted actúe sobre ella.) De cualquier forma, incluso la moralidad básica hallada en los Diez Mandamientos no está siendo guardada por muchos que vienen en el nombre de Jesús hoy en día (Mateo 24:5). Otro grupo debe de ser indicado.

La Mujer Justa y los 144,000 serán ese grupo diferente. Ellos estarán venciendo aquellos pecados y estarán tratando de caminar con la integridad verdadera de la Asamblea de Jerusalén del Primer Siglo que ganó aclamación por parte de todas las personas (Hch 2:47).

Lo Mínimo necesario para la Salvación versus Buscar Sabiduría

Solo porque *no estamos obligados* y no podemos *guardar* Torá, no significa que no debamos de estudiarla y no podamos beneficiarnos de poner su sabiduría en práctica. Como lo mencionamos antes, la Escritura dice que necesitamos sabiduría para entender Daniel y Apocalipsis (y por consecuencia todos los demás profetas). Dice explícitamente que los malvados, aquellos que se apartan de los caminos de Dios, no entenderán. La Torá está asociada con sabiduría en el AT y el NT. **Solo por esta razón, debemos por lo tanto de *querer* estudiar la Torá** (sin mencionar las muchas, muchas, otras bendiciones prometidas por su práctica).

He advertido antes que el arrepentimiento sería un tema a lo largo de este libro. El cristianismo no enseña el arrepentimiento bíblico por la razón obvia de que se requiere mucho más que su membrecía que lo que es cómodo para la mayoría. El arrepentimiento *no es principalmente* acerca de lo que usted cree o piensa meramente. Es principalmente acerca de lo que usted *hace* (debido a la fe). De hecho, la palabra de la que se traduce arrepentimiento en hebreo significa "regresar." A lo que se supone que debemos de regresar es a seguir los caminos de Dios. Muchas personas tienen la creencia correcta en el Dios de la Biblia. Pero, ¿cuántos están dispuestos a requerir acciones justas de ellos mismos aun cuando esto duela? Estos son los frutos del arrepentimiento verdadero que Juan el Bautista requirió:

Lucas 3:7-14 (NVI) – [7] Muchos acudían a Juan para que los bautizara. —¡Camada de víboras! —les advirtió—. ¿Quién les dijo que podrán escapar del castigo que se acerca?[8] Produzcan frutos que demuestren arrepentimiento. Y no se pongan a pensar: "Tenemos a Abraham por padre." Porque les digo que aun de estas piedras Dios es capaz de darle hijos a Abraham.[9] Es más, el hacha ya está puesta a la raíz de los árboles, y todo árbol que no produzca buen fruto será cortado y arrojado al fuego. [10] —¿Entonces qué debemos hacer? —le preguntaba la gente. [11] —El que tiene dos camisas debe compartir con el que no tiene ninguna —les contestó Juan—, y el que tiene comida debe hacer lo mismo. [12] Llegaron también unos recaudadores de impuestos para que los bautizara. —Maestro, ¿qué debemos hacer nosotros? —le preguntaron. [13] —No cobren más de lo debido —les respondió. [14] —Y nosotros, ¿qué debemos hacer? —le preguntaron unos soldados. —No extorsionen a nadie ni hagan denuncias falsas; más bien confórmense con lo que les pagan.

Es importante notar que la definición de Juan de acciones justas de arrepentimiento no fueron su invento como parte de una nueva religión que él estaba creando (por ejemplo: el no fue el primer Bautista). Por el contrario, sus enseñanzas resumieron aspectos de los mandamientos de Dios que mencionamos antes, también conocidos como *tzedakah* (traducidos comúnmente como "virtud" o "justicia"). Estas son las mismas acciones justas que Nehemías antes de él, tuvo que recordarle a los judíos "que regresaban" (Neh 5). Jesús después de él, se concentró en ellos también.

La falta de estas altas normas de conducta entre sus miembros es una acusación contra todas las religiones basadas en la Biblia al día de hoy. Jesús dijo que aquellos que siguieran el camino de Dios, como él les enseñó, serían reconocidos por su amor, una cualidad que lo separa a uno en este mundo egoísta (Jn 13:34-35).

"Todo Esto Lo He Guardado"

Si usted ya es diligente en adherirse a los mandamientos de la Biblia de acciones y pensamientos justos, entonces usted va más adelante que la mayoría. Pero siempre hay algo más que vencer o adiestrar. Jesús fijó una meta más alta que solo el cumplimiento de los relativamente pocos mandamientos de Dios:

Marcos 10:17-31 (VRV) – [17] …vino uno corriendo, e hincando la rodilla delante de él, le preguntó: Maestro bueno, ¿qué haré para heredar la vida eterna? …[19] Los mandamientos sabes: No adulteres. No mates. No hurtes. No digas falso testimonio. No defraudes. Honra a tu padre y a tu madre.[20] El entonces, respondiendo, le dijo: Maestro, todo esto lo he guardado desde mi juventud. [21] Entonces Jesús, mirándole, le amó, y le dijo: Una cosa te falta: anda, vende todo lo que tienes, y dalo a los pobres, y tendrás tesoro en el cielo; y ven, sígueme, tomando tu cruz. [22] Pero él, afligido por esta palabra, se fue triste, porque tenía muchas posesiones. [23] Entonces Jesús, mirando alrededor, dijo a sus discípulos: !!Cuán difícilmente entrarán en el reino de Dios los que tienen riquezas! [24] Los discípulos se asombraron de sus palabras; pero Jesús, respondiendo, volvió a decirles: Hijos, !!Cuán difícil les es entrar en el reino de Dios, a los que confían en las riquezas! [25] Más fácil es pasar un camello por el ojo de una aguja, que entrar un rico en el reino de Dios. [26] Ellos se asombraban aun más, diciendo entre sí: ¿Quién, pues, podrá ser salvo? [27] Entonces Jesús, mirándolos, dijo: Para los hombres es imposible, mas para Dios, no; porque todas las cosas son posibles para Dios. [28] Entonces Pedro comenzó a decirle: He aquí, nosotros lo hemos dejado todo, y te hemos seguido. [29] Respondió Jesús y dijo: De cierto os digo que no hay ninguno que haya dejado casa, o hermanos, o hermanas, o padre, o madre, o mujer, o hijos, o tierras, por causa de mí y del evangelio, [30] que no reciba cien veces más ahora en este tiempo; casas, hermanos, hermanas, madres, hijos, y tierras, con persecuciones; y en el siglo venidero la vida eterna. [31] Pero muchos primeros serán postreros, y los postreros, primeros.

Este hombre era muy virtuoso y obediente a Dios, pero tenía un pecado oculto que tenía que vencer. El dinero o las posesiones eran más importantes para él que aprender los caminos de Dios, haciéndolos ídolos que eventualmente los separarían a él de Dios sino solucionaba eso. Nosotros también tenemos nuestras propias adicciones personales, obsesiones, ansiedades y otros pecados ocultos que cuentan como ídolos si no estamos dispuestos a rendirlos cuando sea necesario. Buscar estas cosas y vencerlas de manera habitual es lo que significa arrepentimiento. Jesús dijo que esto sería recompensado en esta vida y la venidera. Una de las recompensas es ciertamente la oportunidad de entender los misterios de Dios contenidos en la profecía Bíblica. Una vez que usted lo hace, lo que Jesús dijo se aplicará para usted:

Lucas 10:23-24 (VRV) – [23] Y volviéndose a los discípulos, les dijo aparte: Bienaventurados los ojos que ven lo que vosotros veis; [24] porque os digo que muchos profetas y reyes desearon ver lo que vosotros veis, y no lo vieron; y oír lo que oís, y no lo oyeron.

Capítulo 5

Nuestras Instrucciones Para Sobrevivir a Ajenjo

Habiendo cubierto en el último capítulo los obstáculos para estudiar, entender, y creer la profecía, finalmente estamos listos para considerar los detalles importantes de sobrevivir a Ajenjo. Aprendimos en el capítulo 3 que Ajenjo empieza a turbar la tierra y sus habitantes en el 6° sello:

Apocalipsis 6:12-14 (VRV) – Miré cuando abrió el sexto sello, y he aquí hubo un gran terremoto; y el sol

> se puso negro como tela de cilicio, y la <u>luna se volvió toda como sangre;</u> [13] y <u>las estrellas del cielo</u> <u>cayeron</u> sobre la tierra, como la higuera deja caer sus higos cuando es sacudida por un fuerte viento. [14] Y el cielo se desvaneció como un pergamino que se enrolla; y todo monte y toda isla se removió de su lugar.

Si usted estudia Apocalipsis lo suficiente, aprenderá que en la mayoría de los casos lo que leemos ahí ya fue dicho en algún otro lado en la Biblia. De hecho, solo al mirar juntos todos estos pasajes similares podemos entender nuestra Revelación. El 6º sello no es diferente y tiene un paralelo en Joel:

> **Joel 2:30-31** (VRV) – Y daré prodigios en el cielo y en la tierra, sangre, y fuego, y columnas de humo. [31] El sol se convertirá en tinieblas, y la luna en sangre, antes que venga el día grande y espantoso del SEÑOR.

Joel menciona ambos fenómenos, el del sol y la luna, y acertadamente resume los otros aspectos astrofísicos del 6º sello como "prodigios en el cielo y en la tierra". También confirma que no estamos hablando acerca de los eventos similares al *puro* final de la Tribulación cuando nuevamente el sol se oscurece y la luna no da luz (Mt 24:29), sino eventos antes de eso cuando la luna se convierte en *sangre*. Esto es de gran ayuda porque mucha gente confunde el 6º sello con las señales de la post-tribulación de que el "Sol se oscureció, y la luna no dio luz" (Mt 24:29) de los cuales Jesús dijo que antecederían inmediatamente su regreso.

> **Joel 2:32** (VRV) – Y todo aquel que invocare el nombre del SEÑOR será salvo; porque en el monte de Sión y en Jerusalén habrá salvación, como ha dicho el SEÑOR, y entre el remanente al cual él habrá llamado.

Hay que tener cuidado de no leer este pasaje muy precipitadamente y llegar a la conclusión incorrecta. El típico feligrés puede que lea este verso y concluya que Dios salva a todos los que claman a él en aflicción. Ellos no se dan cuenta que Dios en realidad tiene un nombre personal. En hebreo, la palabra tradicionalmente (e incorrectamente) traducida en la mayoría de las Biblias cristianas como "SEÑOR" es YHWH, o el nombre sagrado. Por esta razón, aquellos que insisten en solamente usar el nombre sagrado de Dios se les han venido a conocer como los "designadores sagrados". Un designador sagrado puede que use Joel como prueba de que sus intentos sinceros de vocalizar el nombre de Dios correctamente lo salvará. Sin embargo, esto también sería un entendimiento superficial de porque Joel 2:32 menciona que el "nombre" verdadero de Dios sea invocado por un remanente que será salvo.

Lo Que "Invocar El Nombre de YHWH" No Significa

La invocación del nombre de YHWH *no puede* referirse a cualquier súplica de emergencia a Dios de una sola ocasión por simplemente cualquier persona. Sabemos esto porque la Escritura nos dice que la respuesta a las oraciones de salvación *en tiempos de aflicción* están de alguna manera reservadas solamente para los justos – aquellos que *ya* han buscado diligentemente a YHWH por algún tiempo.

> **Salmo 34:15-19** – [15] Los ojos de YHWH <u>están sobre los justos, Y atentos sus oídos al clamor de ellos.</u>

> [16] La ira de YHWH contra los que hacen mal, Para cortar de la tierra la memoria de ellos. [17] Claman los justos, y YHWH oye, Y los libra de todas sus angustias. [18] Cercano está YHWH a los quebrantados de corazón; Y salva a los contritos de espíritu. [19] Muchas son las aflicciones del justo, Pero de todas ellas le librará YHWH.

> **Proverbios 15:29** – YHWH está lejos de los impíos; Pero él oye la oración de los justos.

Si este no fuera el caso, entonces una vez que los impíos vieran su vida en peligro, podrían simplemente clamar y ser salvos de pasar a través de eso. En vez de eso, Dios responde a los clamores de los impíos durante el periodo de advertencias que siempre anteceden al juicio. Estas advertencias son dadas para despertar a la gente para que ellos se arrepientan y vengan a tener una relación de salvación con Dios de sus propias elecciones de libre voluntad sin restricciones. Una vez que los juicios empiezan a amenazar directamente las vidas de las personas, cualquier arrepentimiento que se dé es ahora obligado y sin sentido. En otras palabras, Dios no está impresionado con el arrepentimiento de aquellos que han esperado hasta que tengan un arma apuntando a su cabeza antes de que le busquen. Por eso está escrito:

> **Isaías 55:6** – Buscad a YHWH mientras puede ser hallado, llamadle en tanto que está cercano.

> **Jeremías 11:14** – Tú, pues, no ores por este pueblo, ni levantes por ellos clamor ni oración; porque yo no oiré en el día que en su aflicción clamen a mí.

La historia del Diluvio es una ilustración perfecta de esto. Dios le dio al mundo antediluviano 120 años de advertencia a lo largo de la predicación de Noé y su construcción pública de una nave ridículamente grande. El arca tenía suficiente espacio para cualquiera que respondiera a la advertencia. Sin embargo, nadie lo hizo, hasta que la lluvia empezó a caer por primera vez en la historia – sin duda un espanto para aquellos fuera del arca. Sin embargo, la puerta del arca se había cerrado, y sin importar el clamor de los impíos para salvación, no se abriría para ellos. Probablemente, aquellos a quien Joel se refiere que reciben salvación serán los justos, mientras que los impíos no conocen ni invocan el nombre de Dios.

Joel 2:32, tampoco está enseñando que la pronunciación correcta del nombre divino con las vocales y el acento correcto es la base para que alguien reciba salvación. Mientras que es cierto que el nombre de Dios es importante para él (dándole mérito al Tercer Mandamiento) y que pocas personas lo han siquiera conocido, solamente esta información no lo salvará. Debería de ser obvio que Dios no se basa para salvar a nadie en los hechos que alguien sabe o porque alguien dirija su oración a "YHWH" en vez de usar los títulos de "Señor" o "Dios". Si así fuera como funciona, entonces cualquier persona impía que ganara esta información podría intentar usar estas "sílabas mágicas" para salvarse así mismo.

El Nombre de Dios Cayendo en Desuso

Sin duda alguna, invocar el nombre de YHWH requiere que usted lo conozca. Entender el asunto del nombre divino es una clave para entender nuestras instrucciones en Joel 2:32. La verdad es que ese conocimiento del nombre es de hecho muy raro, incluso entre esos pocos que han leído la Biblia entera. Incluso si se les ocurre a ellos que su Creador tiene un nombre, la mayoría del tiempo ellos creen que es "El Señor," "Dios," "HaShem," o "Adonai." Pero, ninguno de esos es su nombre; esos son simplemente *títulos* en inglés o en hebreo.

Por otro lado, las Escrituras Hebreas revelan que su nombre es de cuatro letras y se deletrea *Yod-Hey-Waw-Hey*, mejor transliterado en inglés como "Y-H-W-H." Debido a que el nombre divino aparece 6,828 veces en el texto Hebreo, usted pensaría que sería bien conocido. Desafortunadamente, hay una tradición de *sustitución* del nombre. Empezó con el judaísmo y continuó con la otra religión basada en Biblia, el cristianismo.

El judaísmo tradicional ha considerado por mucho tiempo el nombre muy sagrado para pronunciarlo y ha prohibido su uso. A cambio de eso, adonai ("señor") o HaShem ("el nombre") son usados en lugar de pronunciar YHWH. El cristianismo ha seguido el ejemplo al traducir YHWH como "Señor" o "DIOS" en la mayoría de sus Biblias en inglés y español (siendo la ASV una notable antigua excepción, junto con las muchas traducciones que salen del movimiento de las Raíces Hebreas).

Sin embargo, hay un problema mayor con estas tradiciones. Ellas quebrantan la voluntad expresa de YHWH como se encuentra a través del AT para usar su nombre. Por ejemplo, se mandó a leer la Torá en voz alta cada siete años (Dt 31:11) lo cual requiere solamente la vocalización del nombre divino 1820 veces. Incluso muchos de los salmos nos mandan a declarar el nombre de Dios repetidamente. Y por supuesto el verso que estamos considerando del profeta Joel no deja duda que "invocar el nombre de YHWH" es apropiado.

Pero desafortunadamente, la gran mayoría de gente que lee estos versos acerca del nombre de YHWH lo hace así como judíos o como cristianos. Si tan solo se les ocurriera preguntar acerca de las contradicciones entre sus doctrinas religiosas y lo que la Escritura dice de cualquier tema, se les da la opinión de uno de los hombres sabios reverenciado por su denominación, explicando como esos versos realmente no significan literalmente lo que dicen. Por lo general esto funciona, ya que la mayoría de la gente no tiene el discernimiento de ver a través de estas explicaciones, ni la confianza en ellos mismos para creer que ellos pueden tener la razón y que los expertos pueden estar equivocados. Sin embargo, para aquellos que no están satisfechos con la explicación, aun tienen otra razón para ignorar lo que la Escritura dice verdaderamente. Los miembros de una religión organizada entienden que su membrecía depende de aceptar su "declaración de fe." Sostener y confesar puntos de vista que contradicen la línea del partido condenaría a alguien al ostracismo de la organización – y a los amigos y a los contactos de negocio de ese lugar. Pocos aman tanto la verdad que están dispuestos a recibir el "pie izquierdo del compañerismo" mientras que se les dice, "Así que, ¿usted quiere desarrollar sus propios puntos de vista con lo que la Biblia dice? Bueno, ¡déjenos ayudarlo a hacer eso al mantener sus amigos aquí y nuestros cultos lejos de abarrotar su agenda!"

La Información Errónea Sobre El Nombre de Dios

Incluso aquellos que han tenido la valentía de dejar la religión organizada en busca de la verdad, puede que aun no sepan exactamente cuál es el nombre de YHWH. Las enseñanzas falsas que hemos aceptado tienden a quedarse con nosotros hasta que nos tomamos el tiempo para cuestionar y refutar cada una de ellas. Todas esas ideas que nunca tenemos alrededor para reevaluar, siguen siendo parte de nuestra realidad distorsionada. Esto mantiene nuestro paradigma incorrecto, lo cual causa que filtremos cualquier información a lo opuesto (llamado el *efecto paradigma* por Joel Barker).

Esto es cierto especialmente con respecto al nombre divino. Si a alguien se le enseña algo en relación al nombre divino, se le enseña esto: "no podemos saber la pronunciación con seguridad por que las vocales originales de YHWH fueron reemplazadas en las Escrituras Hebreas con las vocales de *adonai*." Este es el punto de vista universal aceptado entre los académicos. Debido a esto, la gente busca pistas de todos los tipos de fuentes externas, en vez de la Biblia. Vienen con todo tipo de respuestas de cómo pronunciar YHWH. Las suposiciones más famosas son "Yahweh" y "Jehovah", pero hay muchas otras permutaciones "hebroidistas" de las consonantes y las vocales en el uso popular[23].

Desafortunadamente, muy pocos toman el tiempo para averiguar por sí mismos lo que *realmente* dicen los mejores manuscritos hebreos, en vez de confiar lo que "dicen ellos" que es correcto. En Jerusalén, en el 2002, fui lo suficientemente afortunado de haber conocido al erudito Caraíta Judío Nehemia Gordon, autor de *El Yeshua Griego versus El Jesús Griego* y aprender.

Encontrando del Nombre Completo de Dios en los Manuscritos Hebreos Más Antiguos

Los manuscritos de Ben Asher son los textos *completos* más antiguos de la Escritura. Si se verifican (Aleppo Codex y el Lenigrad Codex B19a (L)) se encontrará que la ortografía de las palabras adonai y Yhwh es la siguiente (las consonantes en mayúscula y las vocales en minúscula en negrita):

> aDoNaY (vocales: *hataf patach / cholam / kamats*)

> Y'H-VaH (vocales : *sheva / sin vocal / kamats*)

¡Las vocales de las dos palabras son claramente diferentes! Si la palabra YHWH realmente tuviera las vocales de *adonai*, entonces se mostraría como "Yahovah", en vez de "Y'hvah" como lo hace. Esto excluye la teoría de la sustitución de adonai, pero falta una vocal.

Podemos estar seguros de esto porque en el hebreo bíblico una hey (H) no aparece a la mitad de la palabra sin una vocal. ¿Qué pasó con la vocal? Con la prohibición en la pronunciación del nombre, los escribas aparentemente no quisieron que la gente pronunciara accidentalmente YHWH cuando lo leyeran, así que removieron una vocal.

Pero afortunadamente, no hicieron esto consistentemente en todos los manuscritos. El manuscrito B19a (L) es el primer manuscrito Masorético *completo* (y la base de BHS/Stugartencia Bíblica Hebrea). Aquí, el nombre divino no está escrito consistentemente en todas los 6,828 casos como Y'H-Vah, sino que en más de 50 casos aparece como Y'HoVaH, con una "o" que aparece en el lugar de la vocal faltante (ejemplo Mal 4:5). Es importante que ninguna otra vocal además de "o" (*cholam*) fuera insertada "accidentalmente" dentro del nombre divino. Los escribas aparentemente olvidaron suprimir el nombre en varias ocasiones. Mientras ellos pronunciaban lo que iban copiando, probablemente siguieron la tendencia natural de escribir exactamente lo que iban vocalizando, en vez de omitir la cholam tal como fue escrita en el original (ver esto en el Antiguo Testamento de la NVI Hebreo-Ingles Interlineal).

"Y'hovah" también estaría de acuerdo con las vocales usadas en los muchos nombres bíblicos compuestos que empiezan con las primeras tres consonantes de YHWH, tal como Joshua, el hijo de Nun ("YHWH salva"). Sin embargo, por favor note que cuando estas tres primeras letras aparecen al *final* de un nombre, reciben vocales diferentes, tal como Isaías/*YeshiYahu*. Esta es la razón por la que los intentos de reconstrucción como Yahweh, Yahueh, Yahuweh son ridiculizadas como "hebroidismos" por aquellos que saben hebreo bíblico antiguo. Obviamente, **Y'hovah** es muy similar a la famosa pronunciación de "Jehovah", la cual es rechazada por muchos por muchas razones. Como el hebreo no tiene un sonido de "J", esto descalifica "Jehovah" inmediatamente (la *yod* ahí en realidad suena como una "Y"). Además, los textos hebreos indican que el acento está en la última sílaba, como en Y'ho**vah**. Para pronunciarlo con el acento en la segunda sílaba, parecido a como se pronuncia Je**ho**va, sería incorrecto. (Escúchelo en: www.EscapeAllTheseThings.com/yhovah.htm).

Pero incluso con estas correcciones hechas a "Jehovah", alguna gente rechaza de forma rotunda cualquier cosa que se le parezca, creyendo que esas representaciones requieren que la palabra YHWH descienda de la raíz hebrea H-V-H que significa *ruina, calamidad,* y *destrucción* – conceptos que ellos hayan inadecuados para el significado de la raíz del nombre de Dios. Sin embargo, esto es solo otra pieza de mala información que es aclarada por la erudición bíblica hebrea. Debido a que *yod* y *vav* a menudo se intercambian cuando una raíz hebrea es conjugada, la raíz de YHWH todavía puede ser H-Y-H, que significa *ser*, como Ex 3:14-15 apunta y como los académicos generalmente aceptan como correcto.

¿Quiénes Son "Aquellos Que Invocan El Nombre de Y'hovah"?

Esto ha sido solamente una visión general de la mejor evidencia de manuscrito con respecto a lo que realmente es el nombre de Dios. Por ejemplo, los Testigos de Jehová (TJ) enfatizan famosamente el nombre de Dios, pero incluso ellos tienen el nombre equivocado (usando un sonido de J en vez de Y correcto).

Recapitulemos que tan difícil es. Primero, uno de ser lo suficientemente afortunado para darse cuenta que Dios tiene un nombre personal, sin importar como nadie pareciera saber o interesar (excepto los ya mencionados TJ que algunos de todas maneras los dejan de lado como un culto). Entonces, se debe de investigar diligentemente, descubrir y confirmar su veracidad por uno mismo. La mala información, el engaño, la oposición e incluso el rechazo son todos obstáculos constantes en el camino. Sin embargo, todo esto es parte del curso de la búsqueda de la verdad hoy en día.

A partir de esta ilustración podemos finalmente entender la identidad de aquellos que conocen el nombre de Y'hovah y lo invocan en los tiempos finales. En general, ellos no son miembros del judaísmo o del cristianismo organizado. El judaísmo prohíbe el uso escritural del nombre divino. El cristianismo no enseña acerca del nombre de Dios, se concentra más en Jesús que en Dios Y'hovah. Mientras que el cristianismo y el judaísmo tienen algo de verdad que se puede rescatar, hay límites para lo que usted puede aprender bajo la influencia de estas instituciones.

Se necesita coraje para dejar una religión organizada con todos sus adornos. Para luego tener que enfrentarse a tratar de entender la Biblia por sí mismo, puede ser también un prospecto espantoso. Aun así, es un paso necesario para aquellos que quieren saber la verdad a toda costa. Una vez que empiezan a entender a partir de sus estudios que las religiones no enseñan lo que la Biblia dice, tienen que tomar una decisión. O se quedan donde están y comprometen la verdad, o lo dejan de manera que puedan cumplir con lo que han aprendido y así puedan ser capaces de recibir más verdad (Lc 12:48).

Esto, por cierto, es la única manera en que podemos continuar creciendo en gracia y en conocimiento (2 Pe 3:18). Debemos de estar dispuestos a hacer sacrificios y a tomar decisiones difíciles. El hacer esto le prueba a Dios que somos serios y no "tibios." En otras palabras, aquellos que invocan el nombre del Y'hovah **lo aman, y aman su verdad por encima de cualquier otra cosa.** Ellos realmente están en el camino estrecho a través de la puerta estrecha de la que Jesús habló (Mt 7:12-14). Ellos invocan el nombre de Y'hovah de manera *habitual y segura* - y él les responde. Note que el salmo 91 dice exactamente esto, y describe hermosamente el vínculo cercano entre Y'hovah y aquellos que lo aman:

Salmo 91:9,14-15 - [9] Porque has puesto a Y'hovah, que es mi esperanza, Al Altísimo por <u>tu habitación</u>... [14] Por cuanto <u>en mí ha puesto su amor</u>, yo también <u>lo libraré</u>; Le pondré en alto, por cuanto <u>ha conocido mi nombre</u>. [15] <u>Me invocará, y yo le responderé</u>; Con él estaré yo en la angustia; Lo libraré y le glorificaré.

Esta conexión entre conocer el nombre de Dios y tener una relación amorosa con Y'hovah está bien establecida en el AT. Después de que el Mesías regrese, el llevará de vuelta a casa a las tribus perdidas de Israel para servir a Y'hovah. Muchas profecías (ejemplo Jr. 31) registran que dejarán sus caminos pecaminosos y tendrán una relación con Dios al fin. Una vez más, el conocimiento y el uso del nombre se enfatizan como parte de una relación virtuosa restaurada:

Jeremías 16:21 - ... les enseñaré esta vez, <u>les haré conocer mi mano y mi poder</u>, y <u>sabrán que mi nombre</u>

es Y'hovah.

Isaías 52:6 - Por tanto, <u>mi pueblo sabrá mi nombre</u> por esta causa en aquel día; porque yo mismo que hablo, he aquí estaré presente.

Sofonías 3:9 - En aquel tiempo devolveré yo a los pueblos pureza de labios, <u>para que todos invoquen el nombre de Y'hovah, para que le sirvan de común consentimiento</u>.

Zacarías 13:9 - ... y los fundiré como se funde la plata, y los probaré como se prueba el oro. <u>El invocará mi nombre</u>, y <u>yo le oiré</u>, y diré: <u>Pueblo mío</u>; y él dirá: <u>Y'hovah es mi Dios</u>.

Así, vemos consistentemente aquellos que aman y sirven a Y'hovah aprenderán e invocarán eventualmente su nombre. Esto los aparta de aquellos que leen la Biblia como miembros de las religiones inventadas por el hombre y no lo conocen, ni lo usan. **Pero déjeme enfatizar nuevamente que esta información, y su uso, no es un fin en sí mismo.** Por el contrario, la Escritura lo señala como una *señal* de aquellos pocos que su vida empieza y termina con su amor por Y'hovah (Sal 14).

Cómo El Arrepentido Ama a Y'hovah

En el último capítulo, cubrimos la importancia de estudiar la Torá y de guardar aquellos pocos mandamientos que aplican a nosotros para entender los Profetas. El guardar los mandamientos de Dios surge de nuevo aquí en conexión con conocer el nombre divino. Vimos en el salmo 91 donde decía que aquellos que saben e invocan el nombre de Y'hovah lo han "amado". Es importante saber entender como Y'hovah define el amor para él:

Éxodo 20:6 - y hago misericordia a millares, <u>a los que me aman</u> y <u>guardan mis mandamientos</u>.

Josué 22:5 - Solamente que con diligencia cuidéis de <u>cumplir el mandamiento</u> y la ley que Moisés siervo de Y'hovah os ordenó: <u>que améis a Y'hovah vuestro Dios</u>, y andéis en todos sus caminos; que guardéis sus mandamientos, y le sigáis a él, y le sirváis de todo vuestro corazón y de toda vuestra alma.

Usted puede encontrar muchos pasajes como este igualando el amor de Y'hovah con guardar los mandamientos que aplican para usted. Pero, nuevamente, aquí es donde se equivocan las religiones organizadas. En vez de enseñarle a la gente a observar el libro de la instrucción de Y'hovah *exclusivamente* para saber cómo amarle, le enseñan a la gente a seguir algún tipo de declaración doctrinal que solo está basada en la Biblia.

1 Juan 5:2-3 - [2] En esto conocemos que amamos a los hijos de Dios, cuando amamos a Dios, y guardamos sus mandamientos. [3] <u>Pues este es el amor a Dios, que guardemos sus mandamientos; y sus mandamientos no son gravosos</u>.

Así que una vez más vemos que si queremos la mejor relación posible con Y'hovah, es importante guardar sus mandamientos. **Note que,** *no* **estoy diciendo que** *tiene* **que guardarlos** "para ser salvo." Por el contrario, en los últimos dos capítulos, hemos cubierto **muchas razones de peso que deberían incitarlo a *querer* guardarlos**. Sin mencionar que es la manera de cómo amar a Y'hova – según Y'hovah mismo. Además, no es lo más conveniente decirles a otros que la Biblia dice que *tienen* hacer lo que sea, si se es secular o cristiano. Mostrar el porqué alguien *querría* hacer estas cosas proporciona la mejor motivación. Esto, por cierto, es el enfoque de Y'hovah expuesto en la Biblia para promover su manera completa de vivir. Él nunca obligaría a nadie a seguir sus caminos, pero él eventualmente enseñará la superioridad de su estilo de vida a todos y los obligará a escoger un camino para la eternidad.

Los Justos que se Salvarán en Sión y Jerusalén

Vamos a continuar con el resto de Joel 2:32 y su descripción de salvación de Ajenjo. Podemos ver ahora que la primera parte del verso identifica a aquellos que son salvos de estar cerca del "nombre de pila" de Y'hovah. Esta es la razón por la que ellos son librados, como dice el salmo 91.

Como aprendimos anteriormente en el capítulo de los ejemplos de los patriarcas, el amar simplemente a Dios al amar sus mandamientos no es *cómo* somos librados. Siempre hay instrucciones especiales que los siervos de Dios deben de prestar atención para ser librados de problemas de gran escala. Continuar con "la salvación de almas" (o inserte aquí su servicio favorito dedicado a Dios), mientras se ignoran las señales de los tiempos, es imprudencia.

> **Proverbios 22:3 y 27:12** (NVI) – El prudente ve el peligro y lo evita; el inexperto sigue adelante y sufre las consecuencias.

La advertencia acerca del PX está siendo ciertamente ignorada por todos excepto por unos pocos que ven la necesidad de buscar refugio. Así que, ¿Dónde se supone que los justos "deben buscar" refugio del PX? Vamos a continuar ahora en Joel 2:32 para averiguarlo.

> **Joel 2:32** – Y todo aquel que invocare el nombre de YHWH será salvo; <u>porque en el monte de Sión y en Jerusalén habrá salvación</u>, como ha dicho YHWH, y entre el remanente al cual él habrá llamado.

Note el contexto; "*porque* en el monte de Sión y Jerusalén habrá salvación" o como otras traducciones lo traducen "porque en el monte de Sión y Jerusalén habrá un *escape*..." En otras palabras, el método por el cual los justos de Y'hovah son librados es a través de un *lugar* de salvación (al menos al inicio). Esta lectura normal de las cosas se miraría mal, tentándonos a torcerla, si no entendiéramos ya por parte del Apocalipsis que los dos versículos anteriores en Joel se refieren a una catástrofe mundial interpuesta por el PX empezando en el 6° sello. Durante una catástrofe mundial, un lugar seguro es buscado desesperadamente por todos, y Y'hova va a proveer uno solamente para sus siervos, tal como en los días de Noé (excepto que en los días de Noé nadie más sobrevivió además de los justos, lo cual no es el caso en esta ocasión).

También tendemos a dudar de la exactitud de esto si no hubiéramos mostrado ya que los que son librados no son los millones de miembros del Cristianismo y del Judaísmo. El número verdadero de los que serán librados será mucho menor que ese, ya que hay muy pocos hoy en el camino estrecho de seguir lo que la Biblia dice, a diferencia de lo que los *hombres* dicen (Lc 8:21). De hecho, el tamaño de un subgrupo de todos aquellos salvos se da en otra profecía paralela.

Los "Librados" de Joel Son los 144,000 Primicias en el Monte de Sión

Ya vimos que Apocalipsis identifica a los 144,000 como siervos de Y'hovah que serán capaces de sobrevivir al PX. Pero, ¿podrían ser ellos los mismos de los que Joel habla? Apocalipsis 14 describe la identidad de nuestros 144,000 Israelitas, que acaban de recibir un sello en sus frentes (Ap 7:3):

> **Apocalipsis 14:1-5** – [1] Después miré, y he aquí el Cordero estaba en pie sobre el monte de Sión, y con él ciento cuarenta y cuatro mil, que tenían el nombre de él y el de su Padre escrito en la frente. [2] Y oí una voz del cielo como estruendo de muchas aguas, y como sonido de un gran trueno; y la voz que oí era como de arpistas que tocaban sus arpas. [3] Y cantaban un cántico nuevo delante del trono, y delante de los cuatro seres vivientes, y de los ancianos; y nadie podía aprender el cántico sino aquellos ciento cuarenta y cuatro mil que fueron redimidos de entre los de la tierra. [4] Estos son los que no se contaminaron con mujeres, pues son vírgenes. Estos son los que siguen al Cordero por dondequiera que va. Estos fueron redimidos de entre los hombres como primicias para Dios y para el Cordero; [5] y en sus bocas no fue hallada mentira, pues son sin mancha delante del trono de Dios.

Así que los 144,000 Israelitas "que serán capaces de estar en pie" después del Planeta X, van a ser reunidos en el Monte de Sión, tal como Joel dijo que sería de aquellos que invoquen el nombre de Y'hovah. **Claramente, los 144,000 Israelitas es el grupo de quienes Joel 2:32 habla (o al menos una parte importante del grupo entero de los justos).**

Entonces, ¿qué están haciendo ellos en el Monte de Sión con una representación obvia del Mesías (El Cordero)? La clave para la respuesta de eso viene a través de cómo son llamados los 144,000 en el verso 4, "las primicias." El término "primicias" probablemente no tiene importancia para la mayoría de cristianos. Pero aquellos que entienden la Torá, inmediatamente entienden que esta escena tiene algo que ver con la Fiesta anual de *Pentecostés*.

Los 144,000 Israelitas Cumplen Con Los Panes de Pentecostés

Pentecostés es una fiesta de Y'hova a principios del verano (en hebreo: *Shavout*). Es una de las tres veces al año que todos los varones de Israel tenían que hacer un peregrinaje a Jerusalén. Estas retratan eventos del plan aproximado de Y'hovah de 7000 años que sucederá en el mismo día santo en que debían de ser observadas. Note las instrucciones para Pentecostés:

> **Levítico 23:17,20** (NVI) – [17] Desde su lugar de residencia le llevarán a Y'hovah, como ofrenda mecida de las primicias, dos panes hechos con cuatro kilos de flor de harina, cocidos con levadura. [20] El

sacerdote mecerá los dos corderos, junto con el pan de las primicias. Son una ofrenda mecida ante Y'hovah, una ofrenda consagrada Y'hovah y reservada para el sacerdote.

Entonces, lo que estamos viendo en Apocalipsis 14, es **el cumplimiento de este pasaje de la Torá con respecto a la Fiesta de Pentecostés**. Vamos a comparar ambos para ver esto:

El Cordero = El Sacerdote

El sacerdote mencionado aquí es el sumo sacerdote. El Cordero es Jesús (Jn 1:29) quién, desde su muerte como el codero de la Pascua, llegó a ser el Sumo Sacerdote para el cumplimiento de Pentecostés y los otros días santos (Heb 3:1).

Los 144,000 = Los Dos Panes Leudados

Los dos panes representan primicias de la cosecha de las dos casas de Israel – Judá y Efraín – donde las doce tribus se agruparon (Ez 37:15-21). Por otro lado, ya leímos que los 144,000 también vienen de las doce tribus. Ni los dos panes ni los 144,000 Israelitas representan la totalidad de las casas de Israel como están representadas en Ezequiel 37, sino que las primicias de la cosecha de los justos de Israel (Ap 14:14-16), o los 12,000 de cada tribu completa (Rev 7), ejemplo "la crema de la cosecha." Ellos son "redimidos de toda la tierra" donde las doce tribus han sido dispersadas hasta que el Mesías los reúne (Ez 37).

Las "Diez Tribus Perdidas" no están completamente perdidas para todos, aunque ellos mismos no saben quiénes son. La verdad es que la mayoría de los 144,000 Israelitas vendrán de los EE.UU., del Reino Unido y de las otras Democracias Occidentales donde las Diez Tribus Perdidas migraron. Esto, por cierto, es la razón por la que estas naciones son cristianas en general, reconociendo al mismo Dios de la Biblia que sus hermanos judíos reconocen, en vez de uno de los muchos dioses paganos adorados en el mundo. Está en su sangre, y lo más importante, guiados por Y'hovah. El propósito de Dios para que Israel sea su pueblo permanece a pesar de su rebelión y exilio (ver _El Misterio de la Desunión_ para mayor cobertura de este fascinante tema).

Monte de Sión = Delante de Y'hovah

La presentación de los dos panes tenía que ser hecha por el sumo sacerdote "delante de Y'hovah." Esto se refería al templo santo donde él habitaba, en el Monte Moriah, o Monte de Sión. A pesar de que el Monte de Sión es técnicamente una montaña diferente en la cual David fundó la Ciudad de David, a través de los Profetas, el Monte de Sión se refiere poéticamente ya sea a todo Jerusalén o específicamente al Monte del Templo. Por lo tanto, las 144,000 Primicias en el Monte de Sión cumplirían el requisito de Pentecostés que los dos panes sean presentados delante de Y'hovah. Esto está confirmado aquí por la voz de trueno de Y'hovah mismo, saliendo a la luz (Ap 1:15; cf Ap 10; Sal 29 el "Salmo de los Siete Truenos"), así como el tribunal celestial en la sala del trono de Y'hovah reconociendo los Primeros Frutos al cantar con ellos.

Desde este análisis podemos ver que Apocalipsis 14:1-5 **no tiene que ser tomado figurativamente** como es típico en la interpretación Cristiana, sino que puede describir el cumplimiento literal del ensayo de Pentecostés como se describe en Levítico 23:17-21. De hecho, para que se cumpla toda la Torá como Jesús dijo que debe de pasar, algo similar a lo que Apocalipsis 14:1-5 describe *debe* de suceder literalmente. Los 144,000 deben de estar literalmente presentes en el Monte del Templo en algún día futuro de Pentecostés antes de que el Mesías regrese a reinar.

Por cierto, esto es probablemente *cuando* y *donde* la sellada de los 144,000 descrita en Apocalipsis 7 toma lugar, dado el tan poco tiempo que pareciera ser que hay entre los efectos del inicio del PX en el 6° sello (antes de Pentecostés) y los impactos de la 1° trompeta (inmediatamente después de Pentecostés) – los cuales son los límites del tiempo prescrito para que sean sellados. Ciertamente, bajo las condiciones políticas actuales, esta escena sería imposible ya que a los judíos ni siquiera se les permite ir al Monte del Templo a orar, y mucho menos a 24,000 de ellos (Judá + Benjamín) reunidos con 120,000 "gentiles" (los otras diez tribus). Solo recuerde, esto pasa después de que el 6° sello haya golpeado y después de que todos, incluyendo a aquellos que normalmente detendrían este tipo de cosas, estuvieran corriendo para refugiarse.

Sin embargo, todos los 144,000 deben de estar en posición antes de que el 6° sello pase. Esto requeriría que Y'hovah enviara finalmente a un profeta para notificarles que ya es el tiempo para mudarse a Israel, por las profecías. Yo espero que el Elías prometido, que es prometido antes del Día del Señor, llegue primero y haga esto. Por otro parte, la política de inmigración actual que limita la visita de turistas por tres meses, probablemente tendría que cambiar para darle a todos suficiente tiempo para mudarse ahí en olas y establecerse. Si otra guerra contra los musulmanes fuera a venir, quizás las restricciones de inmigración serían más flexibles para ayudar a compensar las muchas muertes en Israel.

Joel 2:32 También Se Cumple En Pentecostés

Si los pasajes anteriores fueran todo lo que tuviéramos con respecto al tema, podríamos estar ya casi seguros que los 144,000 Primicias son sellados en Jerusalén en Pentecostés cuando el PX está pasando. Sin embargo, hay un pasaje más que haría esta conclusión inevitable incluso para los más escépticos. En el día de Pentecostés cuando el bautismo del Espíritu Santo cayó sobre los seguidores judíos de Jesús de Nazaret reunidos en Jerusalén, note cual profecía cito Pedro:

Hechos 2:14-21 - [14] Entonces Pedro, poniéndose en pie con los once, alzó la voz y les habló diciendo: Varones judíos, y todos los que habitáis en Jerusalén, [16] … esto es lo dicho por el profeta Joel: [17] Y en los postreros días, dice Dios, Derramaré de mi Espíritu sobre toda carne, Y vuestros hijos y vuestras hijas profetizarán; Vuestros jóvenes verán visiones, Y vuestros ancianos soñarán sueños; [18] Y de cierto sobre mis siervos y sobre mis siervas en aquellos días, Derramaré de mi Espíritu, y profetizarán. [19] Y daré prodigios arriba en el cielo, Y señales abajo en la tierra, Sangre y fuego y vapor de humo; [20] El sol se

> convertirá en tinieblas, Y la luna en sangre, Antes que venga el día de Y'hovah, Grande y manifiesto; [21] Y todo aquel *que* invocare el nombre de Y'hovah, será salvo.

¡Asombroso! Pedro fue inspirado a citar Joel 2:30-32 en el mismo de día de Pentecostés, a pesar de que nada de lo que se describe en esos últimos tres versos de Joel 2 se cumplió ese día. Pero, la aparente cita sobrante de Pedro no fue un error. El Espíritu Santo inspiró esto para interpretar Joel 2:32 para nosotros. Pedro se refirió a aquellos alrededor de él, que acababan de ser bautizados en el Espíritu Santo como un precursor de aquellos a los cuales Joel se refirió como aquellos que invocaren el nombre de Y'hovah en el Monte de Sión (que se refiere poéticamente a Jerusalén) *justo antes* del Día del Señor.

Por lo tanto, este pasaje termina nuestra exanimación de las profecías del PX al traernos de vuelta al punto de partida de Joel 2:32, donde empezamos. **Se convierte en un caso fuerte que los 144,000 Primeros Frutos de los Justos de Israel, que invocan el nombre de Y'hovah, sean sellados con protección del PX en Jerusalén en la Fiesta de Pentecostés justo antes de que las catástrofes del pasaje del PX de la cuarta trompeta empiecen.**

Usted puede que se pregunte, ¿por qué solo Jerusalén? Dios tiene un plan que calza con esto. Mencionamos antes que para escapar de la GT usted necesita ser ya sea parte de los 144,000 protegidos con el sello que están a salvo donde quiera que estén, o parte de la Mujer de Apocalipsis 12 que está a salvo solo en el lugar del escondite preparado. Como es el caso, este escondite no está lejos de Jerusalén, está en la actual Jordania según Daniel 11 ("Edón, Moab, y… Amón"). **Así que aquellos que Dios ha llevado al Monte Sión para escapar del Planeta X estarán estratégicamente posicionados para escapar de la GT también.** Esta es también la razón de porque en el sermón del Monte de los Olivos Jesús dijo, "*cuando* vean la Abominación Desoladora (AD), aquellos que están en Judea *huyan a las montañas… porque entonces habrá Gran Tribulación.*" Su instrucción no es un comentario de lado para un subconjunto pequeño del cuerpo de creyentes en una ciudad en particular. ¡La instrucción será relevante para esencialmente todos los santos que quedaron después de que Ajenjo pase!

Podemos concluir también que el Pentecostés de Pedro en el Primer Siglo fue solo un cumplimiento intermediario de lo que podemos esperar cuando el Pentecostés se cumpla por completo durante nuestra visitación del PX. Podemos esperar que el bautismo del Espíritu Santo sea derramado *al menos* una vez más sobre los siervos de Dios en la Fiesta de Pentecostés en Jerusalén.

¿Qué mejor tiempo hay para que la luz del Espíritu de Dios se manifiesta poderosamente en sus siervos una vez más que cuando el mundo se tambalea de la catástrofe mundial y está a punto de ser engañado por la Bestia? ¿Cuántos de nosotros podemos relacionarnos con el celo de Pedro por las cosas de Dios y también con algunas de sus palabras y actos más tontos cuando su espíritu humano lo gobernaba? Aun cuando el bautismo del Espíritu Santo sea derramado otra vez, puede que nosotros nos transformemos también como el "Pedro después de Pentecostés" que habló y actuó poderosamente.

¿Cómo Sabemos Cuando Es El Tiempo Para Que Nos Movamos a Israel?

La Biblia no explica exactamente como seremos reunidos para estar salvos en Jerusalén. Sin embargo, podemos tener una buena idea de cómo y cuándo llegaremos ahí usando un razonamiento cuidadoso lógico:

1. Aprendimos que los 144,000 Primeros Frutos deben de estar ya en Jerusalén antes del Pentecostés para que ellos sean sellados ahí ese día.

2. Sin embargo, parece que algo radical debe de pasar en el Medio Oriente primero para permitir que 144,000 no musulmanes, la mayoría no judíos se muevan a Israel de manera segura (sin ser echados fuera después de tres meses debido a la política Israelí de inmigración actual)

3. Del mismo modo, algo radical debe de pasar que permita la construcción del altar profetizado en el Monte del Templo y la reanudación del continuo sacrificio (Dan 9:27; 12:11) justo antes de que la GT empiece (la detención de estos sacrificios es el signo principal que se nos da para el inicio de la GT – Mt 24).

4. La solución para todas estas necesidades puede ser encontrada en las profecías no cumplidas que hablan de otro (y probablemente el último) conflicto Árabe/Musulmán. Este conflicto se está llevando a cabo ahora con la tensión entre Israel e Irán debido al enriquecimiento de uranio el cual Israel ha amenazado bombardear (como lo hicieron con Irak). Esto está profetizado que pase antes de la GT (Ver el capítulo de La Guerra Nuclear del Medio Oriente).

Sin embargo, aun cuando vemos esta guerra profetizada o el altar en construcción, o incluso los sacrificios, todo lo que sabemos al respecto es que estamos a un paso más cerca de la GT. No sabemos lo suficiente para renunciar a nuestros trabajos de manera segura, vender todo y llevarnos a la familia a Jerusalén. También, el Tercer Templo puede que no sea construido hasta después, en respuesta a la devastación de Ajenjo. Israel puede que se incline como resultado a regresar a Dios como una nación. Entonces ellos empezarían a erigir el Tercer Templo después de décadas de preparación por grupos tales como los Fieles del Monte del Templo bajo Gershon Salomón y el Instituto del Templo bajo el rabino Chaim Richmond. Independientemente de cuándo el Tercer Templo se construya, tiene que haber una indicación mucho más clara inequívoca dada a los siervos de Dios para que ellos sepan cuando moverse. ¿Qué podría ser?

"A la verdad, Elías viene primero…"

La última vez que Dios tuvo que mover a su pueblo, él levantó a un líder profético. Moisés guió a los Israelitas en el Éxodo de Egipto y más allá. En caso de moverse a Jerusalén de todas las partes del mundo, Dios tiene que levantar nuevamente a alguien con clara autoridad y poder demostrativo (algo que ninguno de nosotros que conocemos nuestras Biblias, reconoce en existencia al día de hoy.) Se le conoce como un profeta verdadero al que hace señales y prodigios.

Sucede que hay una profecía de un profeta que viene en los tiempos finales antes de que Jesús venga. Malaquías dice que "Elías" tiene que venir y enseñar verdaderamente un regreso a la fe y a los mandamientos de Dios antes del Día del Señor (Mal 4, Mt 17:11). Jesús incluso dijo de él que él "restauraría todas las cosas" o "cumpliría todas las cosas" (Mt 17:11 *Lamsa*).

Parte de la comisión de Elías debe incluir reunir a los siervos de Dios en Jerusalén. En cuanto a los 144,000 él probablemente será el que los entrene y los prepare para su sellamiento/omisión – y su misión subsecuente (ver la *Hoja de ruta de Apocalipsis* y *El Misterio de Desunión* para más detalles). Por lo tanto, se mira probable que la mayoría de nosotros nos estaremos moviendo a Israel únicamente después de que Elías aparezca en escena para decirnos que es el tiempo de seguir las instrucciones escriturales con respecto a salir de Babilonia rumbo a Jerusalén (Ap 17-18, Jer 50-51, Joel 2). Moverse ahora antes de que esa puerta esté abierta requeriría enfrentar muchos obstáculos presentes de leyes de inmigración, falta de trabajo, y altos impuestos y costo de vida en el Israel actual.

Resumen

Al haber puesto cuidadosamente todos estos versos de instrucciones de sobrevivencia (Joel 2, Ap 7, Ap 14, Lev 23, Hechos 2) ahora podemos entender los siguientes puntos clave:

- **Se nos recomienda estudiar las profecías, orar, y estar atentos de manera que podamos ser considerados dignos de que se nos de la fortaleza para escapar a eventos de los tiempos finales":** Vimos que estudiar la Biblia entera (incluyendo la Torá) y obedecer los mandamientos de Dios es fundamental para ser capaz de alcanzar todo esto. Esto trae sabiduría, entendimiento, discernimiento, bendiciones y le muestra a Y'hovah que lo amamos por encima de todo en nuestras vidas.

- **La Escritura nos advierte acerca de Ajenjo y describe como los siervos de Y'hovah deben de ser rescatados de eso:** Esto es claro simplemente de cómo Dios envía a sus ángeles a retener los vientos mundiales y rescata a los 144,000 justo antes de que las cuatro trompetas devasten la Tierra como Apocalipsis y Joel lo registran.

- **Aquellos que son rescatados son las 144,000 Primicias y "la Mujer" de descendientes justos de Israel que "invocan el nombre de Y'hovah":** El enlace entre Apocalipsis 7 &

14 y Joel 2 es innegable porque ambos tienen su nombre divino y están ambos en el Monte de Sión/Jerusalén en Pentecostés para ser rescatados de la misma descripción del paso de Ajenjo. "La Mujer" también está implicada en este grupo de sobrevivientes ya que se haya protegida más adelante durante la GT.

- **El rescate de Ajenjo está prometido solamente en Jerusalén:** Joel y Apocalipsis mencionan específicamente al Monte Sión en conexión con aquellos que Y'hovah rescata de Ajenjo. Simplemente no hay indicación de otro lugar de salvación. Esto quizás es difícil de entender o aceptar para algunos, pero se confirma con muchas otras profecías tal como el Sermón del Monte de los Olivos.

- **Los Objetos de Ajenjo empezarán a golpear la Tierra inmediatamente después de que las 144,000 Primicias sean sellados en Pentecostés:** La sospecha de este hecho se levantó primeramente por los rumores provenientes del ángel que tira fuego a la Tierra durante el 7º sello – justo antes de que meteoritos en llamas empiecen primero a golpear la Tierra en la 1º trompeta. Estos rumores son recordatorios de la escena del Monte Sinaí cuando la tradición dice que la Torá fue dada – en Pentecostés (o ciertamente en esos días según Ex 19:1). La citación de Pedro de la descripción de Joel de los efectos de Ajenjo (Joel 2:30-31), también en el día de Pentecostés, confirma que este es el marco de tiempo correcto. Esto no es tan extraño, pero nuevamente, calza con el patrón de cómo Dios ha trabajado en situaciones similares a través de la historia. Por ejemplo, inmediatamente después de que Lot el justo dejara Sodoma, rocas ardientes llovieron desde el cielo sobre los malvados (Lc 17:29). Nuevamente, en el mismo día que Noé el justo y su familia entraron en el arca, la Tierra se estremeció, los manantiales de los estallidos de las profundidades, y las primeras lluvias iniciaron por primera vez, trayendo el diluvio (Gen 7:11-13, Lc 17:27). Esto es por cierto, a lo que se refiere la frase "tal como en los días de Lot y tal como en los días de Noé": como los malvados son juzgados inmediatamente después de que los justos son llevados a salvo[24].

Pentecostés… ¿De Qué Año?

La gran pregunta después de entender todo esto es, por supuesto, "¿cuándo sucederá?" Por unos años, yo solo podía asegurar que Ajenjo no podía venir ese año o el siguiente, dada la ausencia de un profeta que llamara a la gente a Jerusalén. El éxodo tomará un plazo de ejecución para alcanzarlo, quizás dos años a partir de su primera aparición (Jer 51:45-46). Sin embargo, en el 2005, me di cuenta que había olvidado algo aprendido hace unos años antes en mi investigación. Me refiero al hecho demostrable de que la Semana 70 de Daniel es de hecho un *ciclo de Año Sabático*. Las ramificaciones de esto son gigantes y serán cubiertas en la Parte 2 del *Mapa de Apocalipsis*.

No Hay Tiempo Que Perder

Después de leer hasta aquí, usted es ahora uno de los pocos sobrevivientes que tienen conocimiento previo y entendimiento de Ajenjo y otros desastres venideros **antes del rapto** y como escapar de ellos. Pero el conocimiento solo no le va a ayudar. Debe de actuar en consecuencia.

Es parte de la naturaleza humana posponer cosas que no nos parecen urgentes. Así que cuando digo (a partir de este escrito en 2007) que Ajenjo no puede venir en cualquier año próximo, me siento responsable de indicar eso con una advertencia en contra de retraso, apatía o distracción. Espero que no decida poner lo que sale de su mente y permita que las preocupaciones de este mundo se apoderen de usted nuevamente. Jesús advirtió acerca de esta trampa específicamente:

Lucas 21:34-36 (VRV) – [34] Mirad también por vosotros mismos, que vuestros corazones <u>no se carguen de glotonería y embriaguez y de los afanes de esta vida,</u> y venga de repente sobre vosotros aquel día. [35] Porque como un lazo vendrá sobre todos los que habitan sobre la faz de toda la tierra. [36] Velad, pues, <u>en todo tiempo orando que seáis tenidos por dignos de escapar de todas estas</u> cosas que vendrán, <u>y de estar en pie delante del Hijo del Hombre.</u>

Jesús dijo que tenemos que mantener nuestra atención en el panorama general y en las prioridades correctas. El conocimiento que usted tiene ahora debe de ayudarlo a revalorar sus prioridades y a motivarlo a cambiarlas como corresponde para que usted esté alerta y mantenga el enfoque correcto.

No puedo exagerar acerca de la importancia del arrepentimiento diario como una prioridad culminante. Usted no será librado simplemente por haberse arrepentido lo suficiente para *entender* y *creer* lo que he compartido. Usted necesita la *fe* y la *fuerza* (Lc 21:36) para seguir y hacer lo que las profecías instruyen, incluso cuando se miran muy difíciles o imposibles para la mente natural. Esta fuerza solo viene de una relación profunda, cercana con Dios como los patriarcas la tuvieron (¡que por cierto nosotros también podemos tenerla!). Pero este nivel de relación requiere arrepentimiento diario diligente, sin compromisos y no menos que el 100% de compromiso. El *Misterio de la Desunión* provee en particular orientación útil de cómo moverse en esa dirección (mientras enseña todavía más acerca de la profecía de tiempos finales). En mi experiencia, se toma muchos años construir una relación de siervo comprometido con Dios, así que dese prisa. Empiece buscando a Dios en oración inmediatamente acerca de todas estas cosas como dijo Jesús y no se detenga hasta estar de pie delante de él.

Preocupaciones Comunes

Después de aprender los detalles del plan de escape de Dios, muchos tienen algunas dudas o preocupaciones acerca de ser capaces personalmente de "lograrlo". En esta sección voy a referirme a las más comunes.

¿Hay Que Ser Uno de los 144,000 Para Sobrevivir?

Cuando leímos por primera vez Apocalipsis 7 acerca de los 144,000, es fácil cometer el error de pensar que ellos son los únicos que Dios protege de la venida de Ajenjo. Pero recuerde, Apocalipsis 12 describe "la Mujer" que es protegida 42 meses en la GT. Esto significa que ella también es protegida de Ajenjo el cual antecede a la tribulación. A diferencia de los Primeros Frutos que son sellados para estar seguros donde sea que se encuentren, la Mujer son creyentes con familias y necesidades que serán guardados en un ambiente seguro, de provisión en Jordania (Edom, Moab, Amón – Daniel 11:41). Los 144,000 son probablemente los que misión especial de predicar el Evangelio como un testigo a todo el mundo (Mt 24:14).

También no olvide que un gran porcentaje de la población mundial sobrevivirá Ajenjo sin la protección de Dios. Sabemos esto porque tiene que quedar alguien para que tome la marca del gobierno mundial de la Bestia que viene después. Una vez que Ajenjo golpee, habrá probablemente muchos de estos que escuchen los mensajes de los 144,000 (Ap 14:6-12) y se arrepientan para escapar de ser esclavizados o decapitados. Sin embargo, no es aconsejable dejar su supervivencia en manos del tiempo y al azar, cuando usted puede asegurar protección súper natural. Se requiere buscar a Dios con anticipación y con frecuencia durante los buenos momentos como los que disfrutamos al día de hoy.

Esposos, Finanzas, Pasaportes, Consejos Útiles

Si usted tiene un esposo incrédulo o un esposo que su creencia simplemente no va tan lejos como para aceptar las explicaciones de este libro, pues puede que sea desalentador escuchar acerca de una posible mudanza a Jerusalén. Puede que se mire imposible si usted tiene niños pequeños o adolescentes desobedientes, falta de dinero o pasaportes. Algunos incluso están preocupados de que se lo pierdan porque no son los suficientemente inteligentes para entender todavía la Biblia.

No hay razón para estar ansiosos acerca de cualquiera de estas cosas percibidas si usted recuerda que Dios reunió y salvó antes a todo su pueblo en circunstancias peores. Me refiero al Éxodo cuando él tomó a *esclavos* pobres, probablemente sin educación y no solo los hizo libres y los libró del ejército del Faraón, ¡sino que también les pagó los salarios atrasados cuando salieron! Si usted duda de que Dios hiciera eso nuevamente, entonces pueda que se esté perdiendo de un paralelo entre ambos eventos:

> **Éxodo 19:4** (VRV) Vosotros visteis lo que hice a los egipcios, y <u>cómo os tomé sobre alas de águilas</u>, y os he traído a mí.
>
> **Apocalipsis 12:14** (VRV) Y se le dieron a la mujer las <u>dos alas de la gran águila</u>, para que volase de

delante de la serpiente al desierto, a su lugar, donde es sustentada por un tiempo, y tiempos, y la mitad de un tiempo.

Si usted teme que no será lo suficientemente fuerte, inteligente y sostenido lo suficiente para lograrlo, **puede que tenga la razón**. Sin embargo, Jesús no nos hubiera dicho que oráramos por fuerza (Lc 21:36) si se esperaba que fuéramos capaces de vencer todos los obstáculos **por nuestras propias fuerzas** o ¡entendimiento (Pr 3:5)!

No es un Asunto de Salvación o de Corona, Sino de Emoción

Sin importar que tan exitoso sea usted en seguir las instrucciones de sobrevivencia de Dios, entienda que son solo eso, instrucciones *físicas* de sobrevivencia. Su éxito con ellas no tiene nada que ver con su salvación espiritual, o incluso su "corona" (gobernar con Cristo durante el Milenio). Son meramente instrucciones que pueden traer sabiduría y bendiciones a su vida. Algunos preguntarán entonces, ¿por qué molestarnos tratando de sobrevivir si usted simplemente resucitará y se le dará su corona? La respuesta es que usted se perderá en experimentar y ver todo el plan de Dios desenvolverse y culminarse en transición de esta era a la siguiente. Yo en mi caso no quiero perderme nada de lo que Dios ha planeado.

Parte 2:

La Hoja de Ruta de Apocalipsis

De haber tenido un sitio web de profecía por años, puedo decirle que la pregunta número uno que la gente hace es algo así como, "¿cuánto más tiempo cree usted que tenemos?" Esa es una pregunta que los novatos se apresuran a contestar pero que los más viejos y más sabios escatólogos saben que es mejor *no* contestar. El no "acertar la fecha" ha marginalizado a muchos de un ministerio cristiano, incluyendo dos que he seguido personalmente a lo largo de los años. Los maestros de profecía tienen una mala reputación debido a esto, y los cristianos con toda la razón omiten que no todos nosotros malversamos la profecía para fijar fechas. Algunos de nosotros no vemos excusa para dejar cualquier parte de la palabra de Dios sin estudiar solo porque es controversial o desafiante.

Por lo tanto, a pesar del riesgo de ser mal entendido y juzgado como uno que fija fechas, compartiré mi propia línea de tiempo. Esta le dice exactamente sin temor *lo que* la Biblia dice que viene y con posibles fechas. Este es mi razonamiento:

¿Por qué Confeccioné Una Hoja de Ruta?

1. No estoy fijando ninguna fecha: ninguno de los años está escrito en piedra. Sin importar las muchas fechas fijadas continuamente por otros, no creo que la Biblia provea alguna manera para fijar fechas para los eventos de los tiempos finales con tanta antelación[25]. Solo da tiempos relativos tal como los 1290 días que funcionan una vez que se miran ciertos eventos dentro de la semana 70.
2. Siento que formular y probar proyecciones y fechas *potenciales* lo acelera a usted junto con la curva creciente de dominar las profecías. Cuando usted hace una proyección que parece razonable y la mira caerse, lo obliga a regresar a la pizarra de dibujo, a mirar donde se equivocó y a encontrar mejores explicaciones. (Hice esto en el 2001 después de darme cuenta que el 2000-2007 no podía ser la Semana 70). Antes del 2000 nunca me había sumergido en la profecía en esa medida.
3. Escribir mis proyecciones y publicarlas sin temor es la única manera que puedo recibir retroalimentación de parte de la audiencia más amplia posible y puedo escuchar puntos de vista que de otra manera no hubiera pensado.
4. Como se dijo anteriormente, nunca dije que "el Señor me mostró" o por el contrario nunca hice predicciones "en el nombre del Señor" o Dios no lo quiera, como un "así dijo el Señor". Por el contrario, estas proyecciones vienen de mi propio entendimiento *actual* de la profecía Bíblica, nada más.

5. Como tal, se dan cuenta que mi línea de tiempo está sujeta a revisión y a cambio en el futuro, a medida que mi entendimiento mejora de ciertos versos que no están claros.

Los capítulos que siguen continúan donde quedó la Parte 1/Planeta X en Profecía Bíblica, en explicar los eventos de los tiempos finales y las profecías de Apocalipsis y otros lugares. La línea de tiempo pone todo junto con descripciones breves de lo que ya fue explicado a través de los capítulos.

Capítulo 6

Consiguiente: La Guerra Nuclear del Medio Oriente

La mayoría de cristianos están familiarizados con la predicción de la Biblia de la "Guerra de Armagedón" entre Cristo en su venida y los ejércitos del mundo bajo el Anticristo. La Biblia tiene potencialmente más capítulos de cobertura acerca de *otra* guerra que viene años antes de esta. Sin embargo, la guerra de la que hablo no es muy conocida del todo. Pareciera que esta fuera del radar de la mayoría de los maestros de profecía, a pesar de que probablemente es una guerra *nuclear*. Probablemente será la primera guerra nuclear que el mundo vea (y desafortunadamente, la profecía Bíblica nos dice, que no será la última). Múltiples ciudades y sus habitantes serán incinerados en minutos. El mundo estará conmovido, y escandalizado. ¿Quién peleará esta guerra nuclear inesperada?

Israel Lanzará Bombas Nucleares a Damasco y a Otras Ciudades Musulmanas

Sorprendentemente, los sospechosos tradicionales no estarán involucrados en ella. Por el contrario, *Israel* atacará con sus bombas nucleares a muchas naciones musulmanas. Lo va a hacer así para evitar un ataque final árabe-musulmán invadiendo sus fronteras del tamaño de New Hampshire nuevamente (como la Guerra de Yom Kippur). Puede que también sea en respuesta a que los musulmanes finalmente posean las armas nucleares necesarias para cumplir con sus amenazas de destruir el Estado de Israel. (Un solo ataque nuclear exitoso en Tel Aviv podría lograr esto). De cualquier forma, Israel no tendrá opción más que recurrir a la política nuclear llamada la *Opción de Sansón*.

La Opción de Sansón es la versión de Israel de DMA, o *destrucción mutua asegurada*. Aunque oficialmente no lo confirmen ni lo nieguen, es bien sabido que Israel ha tenido armas nucleares por décadas. Su política nuclear lleva el nombre del héroe de Jueces, que aunque derrotado y cegado, eliminó a un gran número de sus enemigos, incluyendo a todos los líderes (Jueces 16:4-30) en un acto costoso final. Paralelo a esa historia, si la sobrevivencia de Israel es amenazada, la Opción de Sansón inmediatamente se iniciará. Damasco será solo una de las ciudades borradas del mapa en el proceso, dejando muy poco del Medio Oriente Musulmán, a pesar de las graves consecuencias internacionales que de seguro sucederán.

Después de la derrota humillante de las naciones Islámicas, ondas de choque repercutirán a través del mundo. La Biblia puede indicar una contracción económica mayor después de eso. Puede que se convierta en un evento mundial como el "9/11" que hace que la vida eventualmente se haga más difícil a través del mundo tal como los ataques del 9-11 lo hicieron para los norteamericanos.

¿Por qué No es Bien Conocida?

Una de las razones de la oscuridad de esta guerra se encuentra en cómo no está mencionada en ningún lado en el libro de Apocalipsis. Por el contrario, las profecías que directamente indican esta guerra están todas en el AT, el cual es menos estudiado por los cristianos que el NT. Además, la mayoría de la gente simplemente no puede concebir que haya alguien lo suficientemente loco para usar armas nucleares o pensar que una capital de una nación actual sea borrada para siempre. Una persona en este paradigma es probable que concluya que muchas de estas profecías fueron ya cumplidas o que las confunda con otro evento futuro tal como la Guerra de Armagedón.

¿Ya Se Cumplieron? No Si Se Trata de Una Profecía Doble

Vamos a cubrir muchas profecías, algunas que sin duda no se han cumplido, con otras que tienen cumplimientos parciales o incluso cumplimientos históricos completos. Pero no debemos olvidar nunca que solo porque una profecía se cumplió una vez, *no significa que no pueda cumplirse otra vez.* Algunos piensan que toda la profecía como regla tiene al menos doble cumplimiento. Esa afirmación es difícil de probar, sin embargo, como veremos, estas mismas profecías de destrucción de las ciudades Musulmanas están repetidas en muchos de los profetas Mayores y Menores. Cuando las profecías que claramente no se han cumplido y las que posiblemente ya se cumplieron se encuentran repetidas de lado a lado, implica que ambas profecías tendrán un (u otro) cumplimiento en los tiempos finales.

Damasco – Isaías 17, Jeremías 49, Amos 1

> **Isaías 17:1** (VRV) – Profecía sobre Damasco. He aquí que Damasco dejará de ser ciudad, y será montón de ruinas.

Aquí se nos dice que Damasco, la capital de Siria, un día dejará de ser. Algunos dicen que esta profecía se cumplió parcialmente en el 732 AC cuando los asirios conquistaron Damasco (Aram). Pero Damasco nunca dejó de ser una ciudad. Por el contrario, Damasco es ampliamente reivindicada por ser la "ciudad más vieja continuamente habitada" en el mundo[26]. De hecho, la continua existencia de Damasco hoy en día aparece muy a menudo en las listas de los escépticos de la Biblia por razones de por qué la Biblia ¡no es verdadera y no puede ser creída!

Jeremías 49 confirma este destino infernal dejando a Damasco abandonada:

> Jeremías 49:23-27 (VRV) – [23] Acerca de Damasco. Se confundieron Hamat y Arfad… [24] Se desmayó Damasco, se volvió para huir, y le tomó temblor y angustia, y dolores le tomaron, como de mujer que está de parto. [25] !!Cómo dejaron a la ciudad tan alabada, la ciudad de mi gozo! [26] Por tanto, sus jóvenes caerán en sus plazas, y todos los hombres de guerra morirán en aquel día… [27] Y haré encender fuego en el muro de Damasco, y consumirá las casas de Ben-adad.

Amos también predice destrucción ardiente en Siria en los tiempos finales:

> **Amos 1:3-5** (VRV) – [3] Así ha dicho el Señor: Por tres pecados de Damasco, y por el cuarto, no revocaré su castigo; porque trillaron a Galaad con trillos de hierro. [4] Prenderé fuego en la casa de Hazael, y consumirá los palacios de Ben-adad. [5] Y quebraré los cerrojos de Damasco, y destruiré a los moradores del valle de Avén, y los gobernadores de Bet-edén; y el pueblo de Siria será transportado a Kir.

Al día de hoy, la manera más probable para convertir a una ciudad en un montón de ruinas es por supuesto a través de una explosión nuclear. Isaías 17 más adelante da la razón para sospechar que es una bomba nuclear de Israel:

> **Isaías 17:12-14** (VRV) – [12] !!Ay! multitud de muchos pueblos que harán ruido como estruendo del mar, y murmullo de naciones que harán alboroto como bramido de muchas aguas. [13] Los pueblos harán estrépito como de ruido de muchas aguas; pero Dios los reprenderá, y huirán lejos; serán ahuyentados como el tamo de los montes delante del viento, y como el polvo delante del torbellino. [14] Al tiempo de la tarde, he aquí la turbación, pero antes de la mañana el enemigo ya no existe. Esta es la parte de los que nos aplastan, y la suerte de los que nos saquean.

De este pasaje, aprendemos otras cosas claves acerca de este conflicto:

1. Parte de una guerra más amplia ("muchos pueblos…muchas naciones")

2. Los resultados de un ataque contra Israel ("aplastan…**nos** saquean")

3. Empieza y se *concreta* en una *sola* noche ("al tiempo de la tarde…antes de la mañana")

Los Vecinos de Israel – Zacarías 12

Sin embargo, estas conclusiones acerca de la naturaleza de esta guerra no dependen solo de Isaías 17. El resultado de la destrucción de Damasco de las bombas nucleares de Israel durante una guerra Árabe/Musulmana-Israelí está confirmada por muchas profecías del AT. Zacarías 12 es una de ellas.

La mayoría de maestros cristianos de profecía consideran que Zacarías 12 es una profecía de la Guerra de Armagedón. Hasta el año 2000, fue lo que yo también asumía. Pero después de reconocer el significado simple y más probable de Isaías 17, miré nuevamente Zacarías 12 y vi algunos problemas que nunca había visto antes con que fuera la Guerra de Armagedón:

> **Zacarías 12:2-6** (VRV) – [2] He aquí yo pongo a <u>Jerusalén</u> por copa que hará temblar a todos los <u>pueblos de alrededor</u> contra <u>Judá</u>, en el sitio contra Jerusalén. [3] Y en aquel día yo pondré a Jerusalén por piedra pesada a todos los pueblos; todos los que se la cargaren serán despedazados, bien que <u>todas las naciones de la tierra se juntarán contra ella.</u> [4] … <u>mas sobre la casa de Judá abriré mis ojos, y a todo caballo de los pueblos heriré con ceguera.</u> [5] Y los capitanes de Judá dirán en su corazón: Tienen fuerza los habitantes de Jerusalén en el Señor de los ejércitos, su Dios. [6] <u>En aquel día pondré a los capitanes de Judá como brasero de fuego entre leña, y como antorcha ardiendo entre gavillas; y consumirán a diestra y a siniestra a todos los pueblos alrededor;</u> y Jerusalén será otra vez habitada en su lugar, en Jerusalén.

Judá Consumirá A Todos Los Pueblos Como Una Antorcha Entre Gavillas

¿Lo Entendió? Aquí los ejércitos de Judá son los que traen la victoria. Judá, la tribu antigua de donde obtenemos el nombre de "judío" es el Estado de Israel al día de hoy (de hecho, ellos casi lo nombran el Estado de *Judá*). Israel ya posee las armas nucleares que pueden literalmente *consumir* a sus enemigos como una antorcha quema el zacate seco. Pero cuando Jesús regrese después de las siete copas de la ira de Dios, él solo de manera súper natural eliminará a los enemigos de Dios en Jerusalén. Apocalipsis 19 muestra una espada que sale de la boca de Jesús para vencer a los enemigos de Dios:

> **Apocalipsis 19:15** (VRV) – De su boca sale una <u>espada aguda, para herir con ella a las naciones</u>, y él las regirá con vara de hierro; y él pisa <u>el lagar del vino del furor y de la ira del Dios</u> Todopoderoso.

Zacarías 14 describe los efectos de esta espada sobre la gente:

> **Zacarías 14:12** (VRV) – Y esta será <u>la plaga</u> con que <u>herirá</u> el Señor <u>a todos los pueblos que pelearon contra Jerusalén</u>: la carne de ellos se corromperá <u>estando ellos sobre sus pies, y se consumirán en las cuencas sus ojos</u>, y la <u>lengua se les deshará en su boca</u>.

Por cierto, algunos maestros dicen que esto describe los efectos de armas nucleares. Eso suena bien, hasta que se considera que el hecho, de que Dios permita que un arma nuclear explote alrededor de Jerusalén dejaría lluvia radioactiva en su capital. Además esta idea contradice como Jesús es mostrado como el origen de la plaga (Ap 19:15) y no una bomba externa.

"Todas las Naciones de la Tierra" – No es Armagedón Aun

"Todas las naciones de la tierra" del verso 3 es la razón principal por la que la gente marca esta profecía como parte de "Armagedón". Esto contradeciría la conclusión de que esta batalla será corta y solo envuelve a Israel y a sus vecinos.

La palabra original ahí para "tierra" es *eretz*. Esta palabra hebrea es problemática porque puede significar tierra (como en *Eretz Ysrael*, o Tierra de Israel; 1Sam 13:19) o Tierra (*hug haaretz* o "círculo de la Tierra"; Isa 40:22) dependiendo del contexto y del uso. En este caso, basados en un entendimiento correcto del contexto no como la pelea de Armagedón de Jesús sino como la pelea pre-tribulación de Judá, "tierra" pareciera ser la mejor opción, refiriéndose al área del Medio Oriente alrededor de Israel como los versos 2 y 6 lo mencionan.

La Conspiración Árabe-Musulmana – Salmo 83

El salmo 83 también puede ser una profecía de esta guerra. Sí, profecía. Muchos pasan por alto que los Salmos son proféticos aunque el NT cite muchos de ellos para explicar porque Jesús hizo ciertas cosas. Él tuvo que cumplir todas las profecías acerca de su Primera Venida, incluyendo la de los Salmos.

Nuevamente, hasta el año 2000, yo tenía otras ideas acerca de esta profecía. Tal como con Zacarías 12, me enseñaron que este salmo era una profecía de Armagedón. La razón aducida fue que si usted cuenta las naciones que figuran en el capítulo, hay diez, tal como hay diez cabezas o diez cuernos en el último Imperio de la Bestia que tomará control de Jerusalén donde estará el centro de operaciones del "Anticristo".

No Es Armagedón

Sin embargo, las razones del ataque de las naciones simplemente no calzan con la toma de posesión del Anticristo de Jerusalén. Mire lo que dice el salmo

> **Salmo 83:2-5** (VRV) – [2] Porque he aquí que rugen tus enemigos, Y los que te aborrecen alzan cabeza. [3] Contra tu pueblo han consultado astuta y secretamente, Y han entrado en consejo contra tus protegidos. [4] Han dicho: Venid, y destruyámoslos para que no sean nación, Y no haya más memoria del nombre de Israel. [5] Porque se confabulan de corazón a una, Contra ti han hecho alianza.

El Anticristo se hará cargo de Israel por su centro de operaciones para que él se pueda presentar como Dios en el Tercer Templo (2 Ts 2:4) el cual él *mantendrá* en su lugar y se sentara en él. Por el contrario, los Musulmanes destruirían sin ninguna duda el templo y a todo Judío en Israel de acuerdo a la meta establecida de *eliminar* toda la memoria del nombre de Israel.

La Destrucción Nuclear Descrita Nuevamente

> **Salmo 83:13-14** (VRV) – [13] Dios mío, ponlos como torbellinos, Como hojarascas delante del viento, [14] Como fuego que quema el monte, Como llama que abrasa el bosque.

Este pasaje compara el destino de los atacantes a eso de ser quemados o convertidos en rastrojos, algo que nuevamente calza bien con una explosión nuclear. Las armas nucleares también pueden crear vientos extremos o efectos atmosféricos tipo tormenta.

¿Lo Hace Dios Mismo de Manera Súper Natural?

Una cosa molesta es que el salmista le pide a Dios *mismo* que lo haga, en vez de empoderar a Judá directamente para hacerlo con sus armas. Antes de que lo moleste demasiado, recuerde que el salmista también continúa pidiendo que sean tratados como Dios lo hizo con los otros enemigos de Israel incluyendo los Madianitas, Sísara, Jabín, Oreb, Zeeb, Zeba y Zalmuna (vs 9-11). El libro de Jueces describe la derrota de todos estos enemigos. En *ninguno* de ellos Dios trajo victoria súper natural, como a través de un ángel. Por el contrario, él bendijo a Israel o los inspiró con una estrategia ganadora, como en el caso de Gedeón contra los Madianitas (usando 300 hombres para sorprenderlos en la noche con antorchas transportadas en jarras.

Todos los Enemigos Islámicos Modernos Identificados

¿Quiénes dice la profecía que son exactamente estos enemigos?

Salmo 83:5-8 (VRV) – [5] Porque se confabulan de corazón a una, Contra ti han hecho alianza [6] Las tiendas de los edomitas y de los ismaelitas, Moab y los agarenos; [7] Gebal, Amón y Amalec, Los filisteos y los habitantes de Tiro. [8] También el asirio se ha juntado con ellos; Sirven de brazo a los hijos de Lot. Selah

En *Israel en Crisis: ¿Qué Depara el Futuro?*, David Dolan los identifica:

Los primero siete grupos de pueblos estaban todos localizados al este de Israel. Eran tribus semi-nómadas cuyos límites fluidos se superponían. Los primeros dos, **Edom** y los **Ismaelitas**, también se han convertido hoy en sinónimos del mundo entero Árabe-Musulmán. Esto es porque se cree que ambos pueblos han migrado más al sur en la península Árabe – la silla del Islam. Por encima de eso, Ismael es una figura importante en la teología Islámica. Así, en términos modernos, estos nombres podrían referirse a Arabia Saudita, el país rico en petróleo, el cual respaldó las fuerzas Árabes de primera línea en 1948 y 1967, o a todo el mundo entero Árabe-Musulmán que va desde Marruecos hasta Omán. Yo creo que la opción anterior es la más probable.

Moab estaba situada hacia el este del Mar Muerto, con **Edom** hacia el sur y **Amón** hacia el norte. Las otras tribus del este mencionadas – los **Agarenos, Gebal,** y **Amalec** – mezclado en esta área. Por supuesto, el nombre de **Amón** todavía está con nosotros al día de hoy. Es la capital del Reino Actual de Jordania (deletreado usualmente Amman en Inglés). El joven país donde estas tribus antiguas vagaban jugó un rol importante en las guerras de 1948 y 1967.

No es difícil identificar el equivalente moderno de **Tiro**. En los días bíblicos, era la ciudad principal de Fenicia. El área es ahora parte del país temido de guerra del Líbano. El vecino Árabe al norte de Israel participó oficialmente en ambas guerras, la Independencia y la Guerra de los Seis Días, a pesar de que su contribución militar fue insignificante. Desde 1970, el sur del Líbano ha sido la zona de guerra más activa entre los Árabes (e Iraníes) Musulmanes y Judíos Israelíes.

…Una de las principales ciudades **Filisteas** se llamó **Gaza**. La ciudad moderna con ese nombre ha servido como el asiento no oficial del gobierno autónomo, mientras que la Franja de Gaza es el hogar para más de un millón de palestinos. Esto provee un fuerte indicio de quien pueda ser el equivalente de los Filisteos antiguos. Otro gran indicio es el mismo nombre "**Palestinos**," derivado de los Filisteos antiguos.

A pesar de que no eran un poder militar importante en 1948 o 1967, los Árabes Palestinos estaban en el centro político de estas guerras que estallaron en esos años. Sus dirigentes habían aceptado sin reservas el plan de partición de 1947 entre las Naciones Unidas, como algunos recomendaron. Los estados árabes circundantes hallarían moralmente difícil atacar al Estado Judío emergente. Los sufrimientos palestinos en los últimos años han proporcionado una excusa potente para soportar el conflicto de la "guerra santa" contra el renacer de Israel.

El último país mencionado en el Salmo 83 es el poderoso imperio **asirio**, que actúa como "una ayuda para los hijos de Lot", es decir, a Moab y Amón. El hebreo bíblico dice literalmente que Asiria se ha convertido en "un brazo" a los descendientes de Lot. El gran imperio se extendía sobre el territorio de varios países modernos, incluyendo el oeste de **Irán**, partes de **Turquía**, la mayor parte de **Siria** e incluso muy brevemente a lo largo del Río Nilo de Egipto. Sin embargo, se centró en lo que hoy es **Irak**, con su capital, Nínive, situada a orillas del río Tigris.

Bagdad tuvo un papel muy activo en las guerras del Medio Oriente de 1948 y 1967. Sin embargo, fue principalmente una función de apoyo, con las fuerzas iraquíes reforzando a las de Jordania y Siria. En ese sentido, el equivalente moderno de Asiria estaba, literalmente, actuando como un "brazo de ayuda" para los estados de primera línea de la región oriental.

Para resumir, los países modernos, donde residieron los diez grupos de pueblos antiguos son Arabia Saudita, Jordania, Líbano, la tierra misma del Señor, Irak y probablemente Siria.

Dolan probablemente revisaría al día de hoy su conclusión para incluir a Irán que de hecho fue parte de Asiria como él lo mencionó, dado que Irán es el principal enemigo de Israel (y la predicción de Jeremías 49 de su devastación).

Egipto - Isaías 19

Egipto no está mencionado en la perspectiva del Salmo 83 de la conspiración para destruir a Israel, pero sí está mencionada en Isaías 19 donde recibe devastación, tal como Damasco la recibe en Isaías 17:

> **Isaías 19:4-18** (VRV) – [4] Y entregaré a Egipto en manos de señor duro, y rey violento se enseñoreará de ellos… [5] Y las aguas del mar faltarán, y el río se agotará y secará. [6] Y se alejarán los ríos, se agotarán y secarán las corrientes de los fosos; la caña y el carrizo serán cortados. [7] La pradera de junto al río, de junto a la ribera del río, y toda sementera del río, se secarán, se perderán, y no serán más. [8] Los pescadores también se entristecerán; harán duelo todos los que echan anzuelo en el río, y desfallecerán los que extienden red sobre las aguas. … [10] …y se entristecerán todos los que hacen viveros para peces. [11] …el consejo de los prudentes consejeros de Faraón se ha desvanecido. …[13] …engañaron a Egipto los que son la piedra angular de sus familias. [14] El Señor mezcló espíritu de vértigo en medio de él; e hicieron [los líderes] errar a Egipto en toda su obra, como tambalea el ebrio en su vómito. [15] Y no aprovechará a Egipto cosa que haga la cabeza o la cola, la rama o el junco. [16] En aquel día los egipcios serán como mujeres; porque se asombrarán y temerán en la presencia de la mano alta del Señor de los ejércitos, que él levantará contra ellos. [17] Y la tierra de Judá será de espanto a Egipto; todo hombre que de ella se acordare temerá por causa del consejo que el Señor de los ejércitos acordó sobre aquél. [18] En aquel tiempo habrá cinco ciudades en la tierra de Egipto que hablen la lengua de Canaán, y que juren por el Señor de los ejércitos…

Cómo el "mar" del Río Nilo se seca ante un desbordamiento no se especifica. Sin embargo, tal como Isaías 17 implica a Israel al final al explicar que vino de naciones que trataron de robar su tierra, lo hace también Isaías 19. Dice que los Egipcios son débiles como mujeres debido a su temor a Judá (nuevamente, el Estado Moderno de Israel). El mal liderazgo se da como una razón por la situación de Egipto. Egipto ya ha batallado contra Israel cuatro veces bajo tal liderazgo con graves consecuencias económicas y humanas.

Algunos especulan que en una guerra con Egipto, Israel bombardearía la Represa de Asuán o desviaría el Nilo en una grieta estrecha en el alto de Sudán. La conquista de Israel también puede estar indicada en cómo cinco ciudades de Egipto se tornan de habla hebrea (y eventualmente leales a Dios en el Milenio).

Irán, Arabia Saudita – Jeremías 49

El Irán moderno está representado por los nombres bíblicos de Persia y Elam, aunque hay un debate sobre si Elam más bien no es parte de Iraq. Si Irán no estuviera ya en un rumbo a la colisión con Israel, sería más fácil descartar esta profecía de Elam como Irán:

> **Jeremías 49:35-37** (VRV) – [35]…He aquí que yo quiebro el arco de Elam, parte principal de su fortaleza. [36] Traeré sobre Elam los cuatro vientos de los cuatro puntos del cielo, y los aventaré a todos estos vientos. [37] Y haré que Elam se intimide delante de sus enemigos, y delante de los que buscan su vida; y traeré sobre ellos mal,… enviaré en pos de ellos espada hasta que los acabe.

La devastación de Elam será tan mala que causa que todos los habitantes sean esparcidos. Con los muchos reactores nucleares de Irán y las instalaciones de enriquecimiento de Uranio, no es difícil imaginarse una fuga adversa de radiación o contaminación de uranio esparciéndose sobre la población. La amenaza de Israel de atacar el programa nuclear de Irán podría fácilmente calzar con esto (cubierto a continuación).

> **Jeremías 49:28-33** (VRV) – [28] Acerca de Cedar y de los reinos de Hazor, …Así ha dicho el Señor: Levantaos, subid contra Cedar, y destruid a los hijos del oriente. [29] Sus tiendas y sus ganados tomarán; sus cortinas y todos sus utensilios y sus camellos tomarán para sí, y clamarán contra ellos: Miedo alrededor. [30] Huid, idos muy lejos, habitad en lugares profundos, oh moradores de Hazor, [32] Serán sus camellos por botín, y la multitud de sus ganados por despojo; y los esparciré por todos los vientos, arrojados hasta el último rincón; y de todos lados les traeré su ruina…[33] Hazor será morada de chacales, soledad para siempre; ninguno morará allí, ni la habitará hijo de hombre.

El pasaje describe la total devastación militar de Arabia Saudita causando que los habitantes sean esparcidos por todo el mundo. El verso 33 declara que la desolación de Arabia Saudita durará por siempre, a diferencia de Irán.

Jordania – Isaías 15, Amos, Abdías, Ezequiel 25

> **Isaías 15:1,6** (VRV) – [1] Profecía sobre Moab. Cierto, de noche fue destruida Ar de Moab, puesta en silencio. Cierto, de noche fue destruida Kir de Moab. [6] Las aguas de Nimrim [la parte del norte] serán consumidas, y se secará la hierba, se marchitarán los retoños, todo verdor perecerá.

No hay registro histórico del cumplimiento de esta profecía (e incluso si hubiese, no significa que no sea doble). El asunto interesante que lo puede atar a la guerra venidera es que nuevamente se menciona destrucción en *una sola noche* como Isaías 17. Y nuevamente la desolación asociada de la tierra y la vegetación es consistente con explosiones nucleares.

Abdías 5-9,17-18 (VRV) – [5] Si ladrones vinieran a ti, o <u>robadores de noche</u> (¡¡cómo has sido destruido!)... [6] ¡¡<u>Cómo fueron escudriñadas las cosas de Esaú! Sus tesoros escondidos fueron buscados.</u> [7] Todos tus aliados te han engañado; hasta los confines te hicieron llegar; los que estaban en paz contigo prevalecieron contra ti; los que comían tu pan pusieron lazo debajo de ti; no hay en ello entendimiento. [8] ...¿No <u>haré que perezcan en aquel día, los sabios de Edom, y la prudencia del monte de Esaú?</u> [9] <u>Y tus valientes, oh Temán, serán amedrentados; porque todo hombre será cortado del monte de Esaú por el estrago.</u> [17] <u>la casa de Jacob recuperará sus posesiones.</u> [18] La <u>casa de Jacob será fuego, y la casa de José será llama, y la casa de Esaú estopa, y los quemarán y los consumirán; ni aun resto quedará de la casa de Esaú,</u> porque el Señor lo ha dicho.

Abdías dice que Jacob va a desposeer la tierra de Jordania después de quemarlos como estopa. Jacob es el nombre original de Israel. En profecía de los tiempos finales, puede que se refiera a las Diez Tribus Perdidas especialmente cuando se menciona con la casa de José (mientras que la casa de Judá se refiere a lo que es principalmente el Israel moderno). Como se analiza en el *Misterio de la Desunión*, estas Diez Tribus Perdidas han migrado *principalmente* a las naciones Occidentales Democráticas donde están concentrados los cristianos y por lo tanto de donde vienen principalmente aquellos con "la fe en Jesús" (Ap 12:17; 14:12). Si el verso acerca de José quemando a Esaú es parte del cumplimiento de los últimos tiempos de esta profecía, entonces puede significar que las fuerzas Norteamericanas ya estén en la zona para atacar a Esaú.

Ezequiel 25:12-14 (VRV) – [12] ..."Por lo que hizo Edom, tomando venganza de la casa de Judá, pues delinquieron en extremo, y se vengaron de ellos; [13] por tanto... Yo también extenderé mi mano sobre <u>Edom, y cortaré de ella hombres y bestias, y la asolaré; desde Temán hasta Dedán caerán a espada.</u> [14] <u>Y pondré mi venganza contra Edom en manos de mi pueblo Israel, y harán en Edom según mi enojo y conforme a mi ira</u> ...

Ezequiel 35:7,9 (VRV) – [7] Y convertiré al monte de Seir <u>en desierto</u> y en soledad, y <u>cortaré de él al que vaya y al que venga</u>... [9] <u>Yo te pondré en asolamiento perpetuo, y tus ciudades nunca más se restaurarán.</u>

Ezequiel 25 y 35 confirman que Israel traerá el fin de Edom (y, con ello la completa aniquilación de los descendientes de Esaú):

Jeremías 49:1-5 (VRV) – [1] Acerca de los hijos de Amón... ¿Por qué Milcom ha desposeído a Gad, y su pueblo se ha establecido en sus ciudades? [2] Por tanto, vienen días... en que haré oír clamor de guerra en Rabá de los hijos de Amón; y <u>será convertida en montón de ruinas, y sus ciudades serán puestas a fuego,</u> e <u>Israel tomará por heredad a los que los tomaron a ellos</u> ... [3] Lamenta, oh Hesbón, porque <u>destruida es Hai;</u> clamad, hijas de Rabá... porque Milcom fue llevado en cautiverio, sus sacerdotes y sus príncipes. [5] He aquí yo <u>traigo sobre ti espanto,</u> de todos tus alrededores; y <u>seréis lanzados</u> cada uno derecho hacia adelante, y no habrá quien recoja a los fugitivos.

Moab (centro de Jordania) también será destruida, aunque no completamente. Un remanente de Moab regresará (Jer 48:47). En cuanto a Amón (norte de Jordania), será parcialmente destruida antes de convertirse en una posesión de Israel como se muestra en Jeremías 49.

Palestina – Amos 1, Sofonías 2

Amos 1:6-10 (VRV) – [6] Así ha dicho el Señor: Por tres pecados de Gaza, y por el cuarto, no revocaré su castigo; porque llevó cautivo a todo un pueblo para entregarlo a Edom. [7] Prenderé fuego en el muro de Gaza, y consumirá sus palacios. [8] Y destruiré a los moradores de Asdod, y a los gobernadores de Ascalón; y volveré mi mano contra Ecrón, y el resto de los filisteos perecerá, ha dicho el Señor Dios. [9] Así ha dicho el Señor: Por tres pecados de Tiro, y por el cuarto, no revocaré su castigo; porque entregaron a todo un pueblo cautivo a Edom, y no se acordaron del pacto de hermanos. [10] Prenderé fuego en el muro de Tiro, y consumirá sus palacios.

Sofonías 2:4-5 (VRV) – [4] Porque Gaza será desamparada, y Ascalón asolada; saquearán a Asdod en pleno día, y Ecrón será desarraigada. [5] !!Ay pueblo de los cereteos! La palabra del Señor es contra vosotros, oh Canaán, tierra de los filisteos, y te haré destruir hasta no dejar morador.

Hasta la retirada del 2006, Gaza era de Israel. Ahora que está llena de palestinos, la devastación de Gaza se hace concebible junto con las otras áreas Palestinas que formarían infantería contra Israel.

Otras Profecías

Hay muchas otras profecías que podrían calzar con esta misma guerra, incluyendo muchas de los "agobios" de Isaías del capítulo 13 al 24, Zacarías 9, y otros. Más detalles acerca de la guerra pueden encontrarse ahí si el lector le interesa investigar más a fondo con una referencia cruzada y notas de cómo las mismas naciones mencionadas antes están mencionadas juntas en profecías de desolación en contra de ellos ahí, también. Sin embargo, tenga cuidado de algunas que pareciera que calzan pero no, tal como las siguientes:

Ezequiel 38 & 39

Ezequiel 38 y 39 contienen muchas pistas que señalan a un tiempo diferente. Ambos incluyen declaraciones acerca de que "todos conocerán al Señor", "desde ese día en adelante" y "Él nunca volverá a esconder Su rostro de ellos otra vez". Esto no puede describir un evento pre-tribulación con el Anticristo aún por venir después de convencer a todos de que *él* es Dios (2Ts 2:4). Por el contrario, compare estos capítulos con Ap 20 y 19, respectivamente, y note que ellos armonizan con batallas separadas después de la tribulación: el ataque rebelde final de Satanás sobre un Israel *indefenso* y Armagedón con las aves festejando con la carne de los caídos (Ez 39:17-20 = Ap 19:17-20).

Isaías 29

Isaías 29 puede parecer a primera vista que se refiere a esta misma guerra. Sin embargo note que en el verso 6 Dios dice que él visitará a los enemigos de Israel con truenos, tormentas, fuego y terremotos y ellos desaparecerán como si solamente hubiera sido una pesadilla. A diferencia del Salmo 83, no hay un símil usado o una comparación a las victorias pasadas de Israel por sí mismo. Estas declaraciones en sentido literal significan que el poder súper natural de Dios lo alcanzará, tal como sabemos que Apocalipsis 19 será el caso en Armagedón.

¿Por qué los Musulmanes Atacarían Nuclearmente a Israel?

En la actualidad, las naciones Islámicas mencionadas en el Salmo 83 no se miran muy aliadas militarmente como el salmo lo predice. Lo que tiene que suceder después es que todos los pueblos Islámicos mencionados en el Salmo 83 y en otras profecías se unen a la lealtad de mente y al propósito militar.

Solo los estados extremistas como Irán o Siria ya expresan abiertamente el objetivo declarado del Salmo 83 de eliminar a Israel completamente. Ellos expresan un amargo "odio eterno" (como Hal Lindsey lo llama en su libro con el mismo título) que la Biblia predijo (Ez 35:5; 25:15; Gen 16:13-16; 17:18-21; 21:9; Abd 10-14). Ellos también desean borrar la vergüenza de un estado Israelí en medio de ellos lo cual ya ha fracasado en suceder muchas veces. Sin embargo, el arsenal nuclear formidable de Israel y su deseo de usarlo aun disuade a los estados musulmanes extremistas.

Muchos de los estados moderados tienen tratados de paz con Israel. En cuanto a los tratados de paz se refiere, la noción Islámica de *hudna* dice que es legítimo entrar en tratados falsos con los infieles y luego romperlos cuando se está en una posición de poder. Por lo tanto, pareciera que la única cosa que mantiene a los Musulmanes acorralados ha sido la contra amenaza nuclear de Israel. ¿Qué los convencería entonces de ignorar el riesgo de ser incinerados y atacados?

Me preguntaba lo mismo en el 2000 cuando me llamó la atención que Isaías 17 era una profecía no cumplida. Cuando la Segunda Intifada empezó en el 2000, miré cuidadosamente para ver si esta guerra era el inicio. Meses después, no hubo una guerra más amplia que se desencadenara. Pronto me di cuenta que los atentados suicidas no desencadenarían la guerra profetizada. Simplemente no podía ver otra cosa en el horizonte que lo pudiera hacer.

El Reactor Nuclear de Irán Aparece en los Titulares

Apareció una respuesta. Empecé a oír en las noticias que Irán estaba construyendo un reactor nuclear con ayuda Soviética, tal como lo hizo Irak en los años '80 con la ayuda de Francia. Lo que le sucedió al reactor de Irak es importante recordarlo (o aprenderlo por primera vez como tuve que hacerlo porque yo era un estudiante de poca memoria de la secundaria cuando sucedió).

El 7 de Junio de 1981, Israel lanzó un ataque preventivo contra el reactor nuclear de Irak en Osirak, justo antes de que el reactor se calentara (para evitar una fuga como sucedió en Chernóbil). La inteligencia Israelí había confirmado la intención de Irak de producir armas de uranio de grado. Así que ellos enviaron 14 jets que volaran por debajo del radar que eran capaces de derribar el reactor en un mero minuto y medio. La respuesta internacional entonces fue escandalosa. Sin embargo, cuando Norteamérica luchó la Tormenta del Desierto contra Irak, hubo finalmente expresiones de aprecio a Israel por retrasar el programa de bombas nucleares de Irak en lo que el ataque a Osirak tuvo éxito al hacerse.

Nótese, que tal como lo fue Irak, Irán es uno de los mayores productores en la OPEC[27] así que es obvio que ellos no necesitan ir tras tecnología nuclear por energía. Cuando este país de "eje maligno" dice que su programa es para "necesidades de energía" pero se niega a comprometerse en él, muchos países concluyen que ellos tienen planes secretos de construir armas nucleares.

Israel es uno de ellos. Israel considera a Irán como su enemigo número uno. Israel ha dicho en varias ocasiones que no permitirá que Irán adquiera armas nucleares. En septiembre del 2006, Israel incluso arruinó planes de ataque para las principales instalaciones nucleares de Irán[28]. En septiembre del 2007, Israel bombardeó una instalación en Siria la cual era un reactor nuclear construido con la ayuda de Corea del Norte. En Junio del 2008, Israel condujo juegos de guerra que incluían 100 jets cazadores reabasteciendo tanques y helicópteros para el rescate de pilotos que iban a 900 millas hacia el Mediterráneo y de regreso. Los analistas dicen que era un simulacro contra Irán, destinado a enviar un mensaje a Irán y a sus aliados.

El Nuevo Fanático Presidente de Irán Mahmoud Ahmadinejad

Esperando una repetición del ataque del Osirak con Irán, continué mirando las noticias para ver cuando este reactor estaba a punto de aparecer en vivo y forzar a Israel a hacer "Osirak: La Continuación". Dejé de cuestionarme cuando el reactor iba a aparecer en vivo una vez que otra novedad apareció en Irán. Esta novedad me convenció por completo que yo estaba en el camino correcto acerca de una eventual "Irán Atómica" siendo capaz de provocar la guerra. Fue cuando Mahmoud Ahmadinejad pasó a ser el presidente de Irán en agosto del 2005 y pronto empezaron sus escandalosas declaraciones públicas con palabras agresivas contra Israel y EE.UU. Él ha aparecido en los titulares declarando en repetidas ocasiones que Israel será eliminada del mapa, y por negar el Holocausto y por tener una postura firme en el programa nuclear de Irán[29].

Su atrevimiento parece que viene de su versión radical del fundamentalismo Islámico. Él es un verdadero religioso extremista, que vive en un simple apartamento y cree que el Mahdi viene pronto en unos pocos años y entonces él trabaja "en la base de la Expectativa del Regreso". El Mahdi, o "12º Imam" (12º nieto de Mohammad), es la versión Musulmana del Chiíta de la segunda venida del Mesías – apocalipsis y demás. Por supuesto, si él cree fervientemente que el Mahdi puede regresar pronto, por qué no habría de ser más que malvado, así como tiene fama de serlo. Esto lo convierte en el clásico tipo de "lunático" que uno se imagina presionando "el botón".

Progreso Constante del Programa Nuclear

En el 2006 muchos se alarmaron mientras Ahmadinejad anunciaba en marzo que se había enriquecido de uranio y que para noviembre ellos poseían el "ciclo completo del combustible nuclear". Esto significa que en cuestión de años, Irán podía enriquecerse lo suficiente de uranio para hacer armas nucleares – lo cual pocos en el Occidente creen que es su intención verdadera. Luego a principios del 2008 el reporte NIE de la Inteligencia de EE.UU dijo que Irán había parado su programa nuclear hace unos años antes. Esto luego se contradijo el mismo año por la inteligencia Israelí declarando que el programa nuclear había sido reanudado y podría producir una bomba. Finalmente en febrero del 2009, la IAEA anunció que Irán tenía suficiente uranio enriquecido para una bomba nuclear.

Rusia y China del Lado de Irán

No solo Ahmadinejad pelea vigorosamente contra la comunidad internacional por el derecho de Irán de poseer tecnología nuclear, sino que también él tiene el apoyo de Rusia y de China. Rusia suministra el combustible nuclear para el reactor y Rusia y China han declarado en el 2006 que se opondrán a las sanciones en contra de Irán en el Consejo de Seguridad de la ONU.

Los expertos esperan que Irán será capaz de continuar evadiendo cualquier sanción seria de las ONU o de E.E.U.U. contra el desarrollo de su programa de armas nucleares. Irán continuará hasta que tenga múltiples armas desplegables guiándolos a una confrontación con Israel. Israel uniformemente ha elegido atacar preventivamente esas amenazas, tal como lo hizo con Osirak o con Egipto en la Guerra de los Seis Días.

La Ventaja Nuclear de Israel Debe De Ser Eliminada De Alguna Manera

Hay otros que ven la inevitabilidad de una guerra en el Medio Oriente debido a la búsqueda de Irán por armas nucleares – incluso sin la ayuda de profecía. Jerome Corsi ha escrito un libro llamado *El Irán Atómico* advirtiendo no solo eso, sino una guerra más amplia que involucra a poderes mundiales (lo cual yo sostengo que la profecía no está de acuerdo debido a lo rápido y decisivo en que Israel ganará).

Aun así, siempre hay una gran posibilidad de que se pueda estar equivocado cuando se hacen predicciones basadas en eventos actuales. Los desarrollos actuales pareciera que calzan bien con la profecía hasta que algo aparece que incluso calza mejor. Puede que no sea Irán quien provoque la guerra. Eso es a pesar de cómo Irán obviamente comparte el mismo odio hacia Israel así como los Árabes y como su presidente ha hablado palabras muy parecidas al Salmo 83 "vamos a eliminarlos como una nación para que nunca más seas recordados". Irán no es el único que pueda estar desarrollando armas nucleares. Jordania anunció en el 2007 su propio programa "pacifista" de energía nuclear[30]. Usted puede que recuerde que Jordania saltó en la refriega contra Israel en la Guerra de los Seis Días en 1967. Simplemente no sabemos de seguro quien causará el conflicto o cómo o cuándo.

El punto importante es que para esta Guerra Nuclear del Medio Oriente profetizada a suceder, pareciera que es muy probable que los musulmanes deban primero de encontrar una manera para neutralizar la ventaja nuclear de Israel, probablemente igualándola con la de ellos. Por lo tanto, ya sea que es Irán bajo Ahmadinejad que les provea o no, yo esperaría que los musulmanes continuaran esperando hasta que ellos hayan adquirido armas nucleares. Esto explicaría por qué desde la Guerra de Yom Kippur de 1973 los Árabes no han atacado a Israel sin interrupción. Una vez que los enemigos de Israel posean o estén cerca de poseer armas nucleares, observe como ellos forman una alianza y hablan descaradamente tal como el Salmo 83 dice. Israel puede que se adelante a su ataque o simplemente lo aplaste tan pronto como empiece.

Resultados de la Guerra

Sin importar que provoque la guerra, *sucederá* y podemos fácilmente imaginar las secuelas de eso. El mundo estará conmocionado por el primer ataque nuclear desde 1945. Podría ser muy perjudicial para la economía del mundo, tal como hubo una recesión en Norteamérica siguiendo la conmoción del ataque del "9-11" de las Torres Gemelas en el 2001.

¿Crisis Energética y Recesión?

Al Israel bombardear muchas ciudades del Medio Oriente, podría extender consecuencias en la región productora de petróleo e interrumpir la producción de combustible. Incluso si eso se evita por completo, Irán ha amenazado con interrumpir el flujo de combustible si es atacada. Ella planea enviar torpedos a los tanques de petróleo que pasan por el Estrecho de Hormuz que es donde pasa un cuarto del suministro de petróleo del mundo. El resultado en cualquiera de los casos sería una gran crisis energética a nivel mundial. La economía mundial podría perjudicarse temporalmente con altos precios de energía.

Recaída Económica en Isaías 17

Jerome Corsi declara que agentes encubiertos de La célula de Hezbolla existen en Norteamérica listos para atacar ciertos objetivos en suelo Norteamericano, quizás con armas nucleares de bajo rendimiento, en defensa de Irán. Esto podría apretar seriamente la economía de EE.UU (y del mundo) aun peor que el 9-11.

> **Isaías 17:4** (VRV) – En aquel tiempo la gloria de Jacob se atenuará, y se enflaquecerá la grosura de su carne.

El uso del término Jacob (como vimos en Abdías anteriormente) aquí puede que confirme que las naciones Occidentales (o al menos Norteamérica) serán dañadas económicamente del ataque de Damasco. Un "adelgazamiento" similar de la salud de la economía Norteamericana, o recesión, sucedió del embargo de petróleo de la OPEC en 1973 en represalia por haber ayudado Norteamérica a Israel en la guerra de Yom Kippur.

¿Es Jordania Destruida Para La Preparación de la Mujer?

Si la destrucción de Jordania sucede, esto puede explicar en cómo se prepara la manera para que la Mujer de Apocalipsis de Apocalipsis 12 escape a Edom, Moab, y Amón (que Daniel 11:41 menciona como el único lugar que el Anticristo no puede controlar). Quizás estas partes de Jordania estarán desiertas para que puedan estar preparadas especialmente para que los siervos de Dios permanezcan para la GT. Vivir en una tierra desolada no es algo muy exagerado cuando se considera que necesitaremos protección súper natural para estar seguros del Anticristo ahí o en cualquier lugar de cualquier manera. También, no olvidemos que en el último éxodo del pueblo de Dios cuando los Israelitas vagaron por un desierto estéril por 40 años, Dios dio la provisión súper natural del maná, o pan del cielo, y agua de la roca. El maná cesó en el día que ellos recibieron la primera cosecha en la Tierra Prometida (Josué 5:12).

Tiempo de Guerra

Hemos cubierto porqué muchas de las profecías anteriores no encajan con la Segunda Venida de Cristo. Entonces, ¿Cuándo encajan con el esquema de las cosas? ¿Cuándo podemos esperar que suceda esta guerra? Nuestras opciones son pocas, pero afortunadamente el proceso de eliminación excluye todas excepto a una de ellas. Armagedón no encaja, como ya lo discutimos anteriormente. El período del milenio o después del milenio tampoco calza. El primero es de 1000 años de paz y el último tiene una guerra breve justo cuando Satanás es liberado y luego él es echado en el Lago de Fuego (Ap 20).

Solo La Pre-Tribulación Encaja – La Siguiente Profecía En El Mapa

Eso excluye los periodos de la tribulación o la pre-tribulación. Lo que muchos no se dan cuenta es que Jesús dijo que la GT será similar al Milenio con un orden mundial, paz y prosperidad. Como Cristo, el Anticristo conquistará y controlará todas las naciones que lo resistan cerca del comienzo de su reinado (Dan 11:44 = Ap 9:13-21). Después de eso, tenemos una imagen de paz y de prosperidad; comiendo y bebiendo, casándose y dándose en casamiento – hasta el día que Jesús toma a su novia en el rapto (Mat 24:38-41).

Por lo tanto, solo un período de pre-tribulación encaja con esta guerra ya que no es una guerra entre el Anticristo y la oposición a su reino. Aunque no se puede encontrar mención de esta guerra en Apocalipsis, el 6° sello y el 7° sello de Apocalipsis 6 en realidad necesitan un evento importante de cambio radical tal como ese, para hacer los cumplimientos posibles. (Parte 1/*El Planeta X en la Profecía Bíblica* detalla las razones del porqué).

Por estas razones, **estoy convencido que el gran próximo evento listo para cumplirse es la guerra Nuclear del Medio Oriente.** Esto será seguido por la venida del profeta prometido en los últimos tiempos como "Elías". Él reunirá al pueblo de Dios en Jerusalén al llamarlos quizás un par de años antes de la llegada del 6º sello (Jr 51:45-46). En otras palabras, yo espero que esto suceda cerca **del inicio de la Semana 70** o al final de los siete años.

Capítulo 7

Las 70 Semanas de Daniel & La Gran Tribulación

La Profecía Central de la Biblia

La Profecía de las 70 Semanas de Daniel 9:24-27 es sin duda una profecía clave de la Biblia. Da el período de tiempo de la Primera y Segunda Venida del Mesías de Israel. Predijo la construcción del Segundo Templo y predice los sacrificios continuos del Tercer Templo *y* el Anticristo que los hará cesar y habitará en el templo. Es de la Semana 70 de Daniel, según la interpretación de Jesús en el Sermón del Monte de los Olivos, que se deriva el término "Gran Tribulación". En pocas palabras, sin esta profecía no se podría construir un Mapa de Apocalipsis.

Daniel 9:24-27 (VRV) – [24] Setenta semanas están determinadas sobre tu pueblo y sobre tu santa ciudad, para terminar la prevaricación, y poner fin al pecado, y expiar la iniquidad, para traer la justicia perdurable, y sellar la visión y la profecía, y ungir al Santo de los santos. [25] Sabe, pues, y entiende, que desde la salida de la orden para restaurar y edificar a Jerusalén hasta el Mesías Príncipe, habrá siete

---

semanas, y sesenta y dos semanas; se volverá a edificar la plaza y el muro en tiempos angustiosos. [26] Y después de las sesenta y dos semanas se quitará la vida al Mesías, mas no por sí; y el pueblo de un príncipe que ha de venir destruirá la ciudad y el santuario; y su fin será con inundación, y hasta el fin de la guerra durarán las devastaciones. [27] Y por otra semana confirmará el pacto con muchos; a la mitad de la semana hará cesar el sacrificio y la ofrenda. Después con la muchedumbre de las abominaciones vendrá el desolador, hasta que venga la consumación, y lo que está determinado se derrame sobre el desolador.

Si No Está Familiarizado Con Las 70 Semanas De Daniel

No es de extrañar que mi Mapa de Apocalipsis esté basado en la Semana 70 de Daniel. Por lo tanto, para entender el mapa se necesita estar familiarizado con esta profecía clave. Ya que es muy conocida y ha sido explicada lo suficiente por muchas otras fuentes, no la voy a explicar en gran detalle aquí para dar más espacio a detalles de otras profecías que no se encuentran tan fácilmente en otros lugares.

Para aquellos que no están familiarizados del todo con las 70 Semanas o porqué la Semana 70 debe de ser después de un intervalo de tiempo y aun en el futuro, puedo recomendar unos artículos gratuitos de Thomas Ice. Ellos explican mucho acerca de la Semana 70 desde un enfoque **literal**, y resaltan los problemas con los enfoques figurativos (Preterismo). A pesar de que Ice trabaja con Tim LaHaye y es naturalmente un creyente del rapto previo a la tribulación, él no obstante, tiene más cosas que valen la pena escuchar. (Soy un firme creyente en que podemos y debemos aprender de todos si verdaderamente estamos buscando diligentemente la verdad en un tema, sin importar nuestros prejuicios en contra de criterios que pueda tener un maestro en otros puntos.)

Las 70 Semanas de Daniel por Thomas Ice en Rapture Ready

- www.raptureready.com/featured/ice/ttcol.html (baje a "27.70 Semanas de Daniel I" hasta "38. 70 Semanas de Daniel XII)

Mi Propio Punto de Vista de las 70 Semanas

Como mencioné anteriormente, no estoy de acuerdo al 100% con todo lo que Ice enseña. Aquí, entonces, hay un resumen de la definición de los puntos de mi entendimiento de las 70 Semanas que puede o no que difieran de aquellas de Thomas Ice. Las razones por las que creo en cada una, están expuestas en los siguientes capítulos.

- **Intervalo de Tiempo entre la Semana 69 y la Semana 70:** Jesús dijo que la AD, que es parte de la Semana 70, es aún en el futuro. Esto significa que no siguió inmediatamente la semana 69 todavía. Por lo tanto, veo un manifiesto intervalo permitido y necesario entre la semana 69 y la semana 70 y la Escritura misma lo delinea. No solo eso, sino que muchas de las "Seis Cláusulas Con Propósito Profético" de las 70 Semanas del verso 24 que Ice habla al respecto no se han cumplido literalmente aún.

- **La Semana 70 para los Tiempos Finales:** Daniel 11:35-45 declara que el Anticristo tomará el control de Jerusalén en el "tiempo del fin" hasta que la ira de Dios complete las cosas. Daniel 8:9-17 identifica al Anticristo en Jerusalén cesando los sacrificios y llevando a cabo la abominación en el "tiempo del fin." Por lo tanto, contrario a los que los Preteristas enseñan, todavía estamos en el intervalo de tiempo. Esto requiere todavía una semana70 con un gobernante malvado apoderándose de Jerusalén, cesando los sacrificios y levantando una estatua abominable como Antíoco Epífanes IV lo hizo para anunciar o parcialmente cumplir la semana 70.

- **Son Ciclos de Años Sabáticos:** Las 70 semanas no son simplemente *cualquier* conjunto de años, sino que como cualquiera que ha estudiado la Torá podría suponer, son grupos de siete años que terminan en año Sabático, tal como termina el ciclo del año Sabático. La Biblia y la historia respaldan esto.

- **"Él" Quien Hace el Pacto es el Anticristo:** Este solamente puede ser el Anticristo, porque Daniel 11:31-36 describe al que cometió la primera AD mientras habla cosas despreciables en contra de Dios, algo que Jesús nunca haría.

- **El Pacto de Siete años Es Con Diez Reyes, No Con Israel:** Sorprendentemente, no hay un solo verso que respalde que el "pacto confirmado con los muchos" es entre el Anticristo e Israel. El significado de la palabra *HaRabim* traducido "los muchos" en Daniel 9:27 es ambiguo y usado inconsistentemente en otro sitio en Daniel como pueblos diferentes de Israel (Dan 11:33, 39; 12:3). Sin embargo, hay suficiente respaldo de que el pacto mencionado en Daniel 9 es el mismo que el pacto secreto entre el Anticristo y los diez gobernantes detallado en Apocalipsis 17 para destruir a Estados Unidos y para dominar al mundo en su lugar.

- **La Confirmación del Pacto No Es Pública:** No hay seña de que el pacto de siete años sea un evento publico que podamos esperar y al que podamos responder. Por el contrario, Jesús señaló a un evento de 3½ años más tarde como la señal visible de la GT: la AD. Si fuera una conspiración entre el Anticristo y estos otros hombres de poder para gobernar juntos después de destruir a Norteamérica como Apocalipsis 17 lo describe, entonces de ninguna manera esta sería pública.

- **La Abominación Desoladora *Fue* y *Será* una Estatua en el Templo (La Imagen de la Bestia):** Hay sorprendentemente mucha confusión con la Abominación Desoladora considerando que Daniel claramente menciona dos cumplimientos de esto, incluyendo un cumplimiento histórico de Antíoco (Dan 11:31) y uno para el "tiempo del fin" (Dan 9:27=Dan 8:12-17= Dan 12:9-11). Parece seguro decir que esta será la Imagen de la

Bestia que el Falso Profeta manda a hacer del Anticristo para ser adorado (y él también trae a la vida) dado que Antíoco, como el tipo del Anticristo, levantó una estatua de Zeus/Júpiter para su AD.

- **La Semana 69 Predice el Inicio del Ministerio de Jesús, No el Final:** Las 69 semanas de Daniel 9:25 "hasta el Mesías Príncipe" son interpretadas por algunos por haber terminado con la muerte de Jesús o la entrada triunfal el domingo de Palmas. Pero Daniel 9 dice que él murió *después* de 69 semanas, no *en ellas.* Él fue proclamado públicamente por Juan el Bautista como el Cordero de Dios en su bautismo así que esto es un mejor ajuste natural para el primer cumplimiento de las "69 semanas hasta el Mesías Príncipe". Veremos más adelante que el ciclo histórico del año Sabático confirma esto. Al igual que el reporte del Evangelio de cuando Jesús lee de Isaías en la sinagoga en Nazaret proclamando que era un año Sabático justo después de su bautismo por Juan el Bautista.

- **No hay una Base de "Un Calendario Profético de 360 días":** Puede ser que usted haya visto una fecha fijada basada en la conversión de las 70 Semanas en años multiplicados por un valor de "calendario profético anual de 360 días" que supuestamente le permite identificar el mismo día de la "entrada triunfal" (usualmente en algún año después de 30 DC). El problema más grande con esto es que no hay tal cosa como un calendario profético usado o definido en la Escritura, pero esta creencia viene de alegorizar los 1260 días y 42 meses literales de la Tribulación porque ellos actualmente no calzan con nuestra realidad de 365¼ días por año (pero encajarán literalmente después de que pase Ajenjo).

- **La Semana 69 es una Profecía Doble:** Las 69 semanas no solo predicen el año en el cual Jesús sería cortado, sino que también nos daría la semana literal en su ministerio después de que él fuera cortado. Esto explicaría porque la palabra siete sola fue usada sin un calificador tal como "años". Las series de Michael Rood del "Ministerio de las 70 Semanas del Mesías" me llamaron la atención a esta posibilidad. Me dieron la respuesta al problema que yo estaba teniendo con un nacimiento del Mesías el 3 AC, un inicio de su ministerio a los 30 años de edad en un año Sabático confirmado históricamente, y una muerte el 30 DC seguido de exactamente 40 años de cese de milagros en el servicio del templo antes de la destrucción del mismo en el 70 DC (como lo registra el Talmud). Esos puntos de tiempo solo dejan campo para un ministerio de 1½ año. Parece que el tradicional "ministerio de 3½ años" está basado en dos versos malinterpretados o errados en el libro de Juan, que parece referirse a la Fiesta de Pascua pero no es así[31].

- **La GT es solo la Segunda Mitad de la Semana 70:** Usted siempre oye hablar acerca de la "tribulación de siete años". Muy a menudo me hace temblar cuando lo oigo porque en seis lugares la Biblia le da una duración de *3½ años*.

La Gran Tribulación

La GT está directamente atada a las 70 Semanas de Daniel, así que es natural cubrirlas juntas. Esto también es un término profético muy familiar que describe el tiempo cuando el Anticristo gobernará desde Jerusalén, imponiendo la Marca de la Bestia en el mundo, y persiguiendo y "destruyendo" al pueblo santo. Como se mencionó anteriormente, la GT viene justo después de que el episodio de Ajenjo termina en la 4° trompeta. **Para los sobrevivientes, será literalmente el final del mundo tal como lo conocemos** – hasta que el "Nuevo Orden Mundial" llegue para reemplazarlo con el Infierno en la Tierra como muchas profecías Bíblicas lo describen.

Dios excluirá a Satanás del Cielo y lo liberará para que ejecute su ira en la Tierra por un corto período de gran angustia. ¿Qué lo hace único? Durante casi 6.000 años, Satanás ha engañado a todo el mundo y silenciosamente ha controlado todos los gobiernos e instituciones. Aun así, ha habido tolerancia para la soberanía nacional y la fe bíblica. Pero durante la GT, Satanás gobernará abiertamente a través del Anticristo y esclavizará a toda la Tierra con un solo gobierno mundial. Él finalmente se saldrá con la suya al exigir la adoración de su soberanía como *dios* con cero tolerancia para la fe bíblica (o cualquier otra). Aquellos que se nieguen a esta idolatría y no sean parte ya se de los 144,000 o parte de "la Mujer" de Apocalipsis 12 que se esconde en "el lugar del desierto" (más de eso más adelante) **serán puestos a muerte**.

El periodo se introdujo por primera vez en el Libro de Daniel, pero fue Jesús quien nos dio el término "la Gran Tribulación" en el sermón del Monte de los Olivos:

Daniel 11:45-12:1 (VRV) – [11:45] [*el Anticristo*] Y plantará las tiendas de su palacio entre los mares y el monte glorioso y santo; mas llegará a su fin, y no tendrá quien le ayude. [12:1] En aquel tiempo se levantará <u>Miguel</u>, el gran príncipe que está de parte de los hijos de tu pueblo; y será <u>tiempo de angustia, cual nunca fue desde que hubo gente hasta entonces</u>; pero en aquel tiempo será libertado tu pueblo, todos los que se hallen escritos en el libro [de la vida].

Mateo 24:15-21 – [15] Por tanto, cuando veáis en el lugar santo la <u>abominación desoladora</u> de que habló el profeta Daniel (el que lee, entienda), [16] entonces los que estén en Judea, huyan a los montes. [17] El que esté en la azotea, no descienda para tomar algo de su casa; [18] y el que esté en el campo, no vuelva atrás para tomar su capa. [19] Mas !!ay de las que estén encintas, y de las que críen en aquellos días! [20] Orad, pues, que vuestra huida no sea en invierno ni en día de reposo; [21] <u>porque habrá entonces gran tribulación, cual no la ha habido desde el principio del mundo hasta ahora, ni la habrá</u>.

Daniel 8:24 (VRV) – Y su poder se fortalecerá, mas no con fuerza propia; y causará grandes ruinas, y prosperará, y hará arbitrariamente, y <u>destruirá a los fuertes y al pueblo de los santos</u>.

¿"Destruir al Pueblo Santos"?! – ¿Por qué Dios Permite la GT y el Sufrimiento?

Es duro leer como Dios dice muchas veces en Daniel que el Anticristo "destruirá al Pueblo Santo" (Dan 8:24;12:7) durante la GT, o comprender porque él permitiría que esto sucediera en absoluto. Aunque esto claramente no es una destrucción completa, es difícil encontrar una buena explicación de incluso una explicación parcial, a menos que entendamos el plan de Dios de los 7000 años.

En este plan, Dios en la mayor parte del tiempo no interviene durante los primeros 6000 años y por una razón muy profunda. Dios es el maestro de maestros y trabaja enseñando al mundo presente y posterior muchas lecciones y precedentes importantes. Él está permitiendo que se demuestre que el camino del hombre (incluso con la "ayuda" de Satanás) no funciona y deja como resultado grandes sufrimientos y genocidios inevitables. Si él interviene en nuestro libre albedrío y no permite que esto tome su curso, a la postre podría ser que nunca obtengamos una oportunidad justa de intentar otros caminos además del camino de Dios una vez que sea impuesto con una vara de hierro durante el Milenio (Ap 2:27; 12:5; 19:15). Consecuentemente, el argumento de que "¡Dios nos interrumpió justo antes de que lo fuéramos a hacer de la manera correcta y nos está obligando a hacerlo a su manera!" será absurdo en la cara de este registro histórico mostrando que Dios esperó hasta que "nadie sería salvo" (Mt 24:22) antes de interrumpir el experimento del autogobierno humano.

Sufriendo Por Falta de Conocimiento

Además, ayuda a recordar que "mi pueblo perece porque le faltó conocimiento" (Os 4:6). También es instructiva la parábola de las diez vírgenes (Mt 25) donde, mientras todas ellas son "vírgenes"/creyentes, cinco son insensatas en sus preparativos y sufren una gran pérdida debido a eso. Sí, la justicia nos otorga a todos lo mismo, el pago de "un denario" (Mt 20) de vida eterna. No importará en que siglo vivimos o cuánto quede antes de que muramos que finalmente nos comprometamos con el camino de Dios (como el ladrón en la cruz). A diferencia de la vida eterna, qué tan bien vivamos en esta vida terrenal depende en gran medida de que tan sabios y diligentes seamos. Cómo ir más allá de asegurar la vida eterna a vivir sabiamente y llevando fruto ahora en esta vida es una parte de la Biblia en que la cristiandad no se enfoca lo suficiente.

Si verdaderamente tenemos libre albedrío, no podría ser de otra manera. La lección para los justos en esto es no solo buscar justicia, sino *buscar sabiduría*. Esto incluye aprender *todo* acerca de la Biblia que Dios se preocupó para que fuera preservado para nosotros (no solo las cartas de Pablo, de las cuales se basa la mayor parte de la doctrina Cristiana). Si buscamos a Dios diligentemente y "dedicamos nuestros corazones a la sabiduría" nos ayudará a "escapar de todas estas cosas". Si lo hacemos, puede que presenciemos todo lo que Dios va a hacer a través del final climático de esta época de 6000 años y también la transición hacia el Milenio. Yo en lo personal no quiero perderme nada de esto, especialmente no debido a una muerte prematura la cual pude haber evitado con más oración, diligencia y sabiduría.

Mi punto es que depende de nosotros en gran parte si escapamos de todas estas cosas o no, en vez de que mayormente dependa de Dios o del destino. Si no fuera así, entonces Dios no nos diría que oráramos, vigiláramos y fuéramos sabios a través de su Palabra. Para instruirnos de hacer estas cosas, esto *debe* de hacer una diferencia significativa en los resultados que experimentamos o nuestro libre albedrío sería un engaño. Y una de las áreas que yo espero que haga diferencia es la sobrevivencia en los tiempos finales, sea que vivamos para "estar en pie delante del Hijo del Hombre" (Lc 21:36) o no.

Porque la 5° Trompeta es la Gran Tribulación

Una de las frustraciones que solía tener por años con el libro de Apocalipsis era el no ser capaz de encontrar la GT en ella. Sin duda, algo tan importante como la GT tiene que tener su propio sello, trompeta o copa. Pero, no pude averiguar del todo *cual* era. Esto pasó por muchos años, incluso después de entender correctamente el tiempo de la post-tribulación del Rapto. Una vez que alguien finalmente me lo señaló, me maravillé que no lo había visto antes. Aquí están los pasos para que usted lo vea por sí mismo:

1. Daniel 12:1 señala que la GT empieza con el arcángel Miguel levantándose para hacer un "algo" específico en los tiempos finales:

> **Daniel 12:1** – En aquel tiempo se levantará Miguel, el gran príncipe que está de parte de los hijos de tu pueblo; y será tiempo de angustia, cual nunca fue desde que hubo gente hasta entonces…

2. Apocalipsis 12 también menciona actividad de Miguel en el futuro. Detalla su participación en una guerra con Satanás que resulta en Satanás siendo expulsado y cortado del Cielo. Satanás responde al iniciar su **gran ira** que trae **tres Ay** en la Tierra en un **período de 3½ años** durante el cual Dios debe de proteger a su pueblo. (Note que Satanás no ha sido echado aún, ya que él continúa siendo el acusador de los hermanos, como el libro de Job lo testifica.)

> **Apocalipsis 12:7-17 (VRV)** – [7] Después hubo una gran batalla en el cielo: Miguel y sus ángeles luchaban contra el dragón; y luchaban el dragón y sus ángeles; [8] pero no prevalecieron, ni se halló ya lugar para ellos en el cielo. [9] Y fue lanzado fuera el gran dragón, la serpiente antigua, que se llama diablo y Satanás, el cual engaña al mundo entero; fue arrojado a la tierra, y sus ángeles fueron arrojados con él... [12] Por lo cual alegraos, cielos, y los que moráis en ellos. !!**Ay** de los moradores de la tierra y del mar! porque el diablo ha descendido a vosotros con gran ira, sabiendo que tiene poco tiempo. [13] Y cuando vio el dragón que había sido arrojado a la tierra, persiguió a la mujer que había dado a luz al hijo varón. [14] Y se le dieron a la mujer las dos alas de la gran águila, para que volase de delante de la serpiente al desierto, a su lugar, donde es sustentada por un tiempo, y tiempos, y la mitad de un tiempo. [15] Y la serpiente arrojó de su boca, tras la mujer, agua como un río, para que fuese arrastrada por el río. [16] Pero la tierra…abrió su boca y tragó el río que el dragón había echado de su boca. [17] Entonces el dragón se llenó de ira contra la mujer; y se fue a hacer guerra contra el resto de la descendencia de ella, los que guardan los mandamientos de Dios y tienen el testimonio de Jesucristo.
>
> **Apocalipsis 14:12 (VRV)** – Aquí está la paciencia de los santos, los que guardan los mandamientos de Dios y la fe de Jesús.*[hablando de los 144,000 que están dispersos a lo largo de todas la naciones predicando el Evangelio como un testigo]*

> **Apocalipsis 8:12-13** – [12] El cuarto ángel tocó la trompeta, … [13] Y miré, y oí a un ángel volar por en medio del cielo, diciendo a gran voz: !!Ay, ay, ay, de los que moran en la tierra, a causa de los otros toques de trompeta que están para sonar los tres ángeles!

3. Apocalipsis 9 describe la 5° trompeta como a partir de una estrella o un **ángel** (Ap 1:20) **cayendo del Cielo** seguido por **tres Ay** que son equiparados con la 5°, 6°, y 7° trompeta (Ap 8:13;9:12;11:14). Esto inicia la **tortura** de la gente al punto que ellos prefieren morir.

Note que *no* estoy equiparando el ángel en el verso 1 que cae con el "ángel del pozo sin fondo" en el verso 11 que se levanta y gobierna sobre las langostas. El ángel que cae se iguala a Satanás y no a otro ya que ningún ángel de Dios "caería" del cielo, dada la connotación negativa de esta palabra a lo largo de la Escritura (Is 14:12; 18:2). Mientras tanto, Apolión/Abadón también claramente no es Satanás, sino que es uno de los jerarcas de Satanás gobernando a ángeles que son actualmente prisioneros por Dios en el abismo, que está correctamente etiquetado como el "ángel del abismo". Esta distinción se pierde muy a menudo en una lectura casual y especialmente por un lector que no está familiarizado con el Libro de Enoc que explica el abismo y porque Dios encarceló ahí a ciertos ángeles[32].

> **Apocalipsis 9:1-6, 11-13** (VRV) – [1] El quinto ángel tocó la trompeta, y vi una estrella que cayó del cielo a la tierra; y se le dio la llave del pozo del abismo. [2] Y abrió el pozo del abismo, y subió humo del pozo como humo de un gran horno; y se oscureció el sol y el aire por el humo del pozo. [3] Y del humo salieron langostas sobre la tierra; y se les dio poder, como tienen poder los escorpiones de la tierra. [4] Y se les mandó que no dañasen a la hierba de la tierra, ni cosa verde alguna, ni a ningún árbol, sino solamente a los hombres que no tuviesen el sello de Dios en sus frentes. [5] Y les fue dado, no que los matasen, sino que los atormentasen cinco meses; y su tormento era como tormento de escorpión cuando hiere al hombre. [6] Y en aquellos días los hombres buscarán la muerte, pero no la hallarán; y ansiarán morir, pero la muerte huirá de ellos… [11] Y tienen por rey sobre ellos al ángel del abismo, cuyo nombre en hebreo es Abadón, y en griego, Apolión. [12] El primer ay pasó; he aquí, vienen aún dos ayes después de esto. [13] El sexto ángel tocó la trompeta…

Los pasajes paralelos anteriores juntos dicen que Miguel se levantará en la 5° trompeta para echar a Satanás y para que empiecen tres ay a lo largo de 3½ años de la GT. Incluso sin identificar a Satanás como el ángel caído de Apocalipsis 9:1, el hecho de que tres ay empiecen en la 5° trompeta y también en la caída de Satanás en Apocalipsis 12, es muy convincente.

Duración de la Gran Tribulación Dada Como 3½ Años – ¡Seis Veces!

Jesús explícitamente nos dice en el sermón del Monte de los Olivos (citado anteriormente) que la GT empieza muy pronto después de la AD. Puede que recuerde que Daniel 9:27 dice que la abominación sucede a la mitad de la Semana70, o a medio camino en los últimos siete años. Esto indicaría una tribulación de 3½ años en vez de la comúnmente creída de siete. Es difícil establecer correctamente este período de tiempo para una hoja de ruta exacta. Una gran cantidad de versos lo confirma como la duración correcta:

- **Mitad de los 7 años**: Daniel 9:27 nos dice que la AD y el cesar del sacrificio diario ocurrirá a la mitad del periodo de los 7 años (no al inicio) y Jesús habla de este evento de la Abominación como la señal para dirigirse al lugar seguro (Mt 24:15) mientras la GT la sigue (Mt 24:21). La mitad de 7 años = **3½ años**.

- **3½ años**: Daniel 7:25 dice que el Pequeño Cuerno (el Anticristo) oprimirá a los santos por un tiempo, (par de) tiempos, y medio tiempo o 1 + 2 + ½ = 3½ años.

- **3½ años**: Apocalipsis 12:14 dice que la Mujer está protegida de Satanás por este mismo período de tiempo.

- **42 meses**: Apocalipsis 11:2 dice que los ejércitos de los Gentiles hollarán Jerusalén por este mismo período de 42 meses.

- **42 meses**: Apocalipsis 11:3 dice que los Dos Testigos profetizan durante este mismo período de 1260 días. En otras palabras, los 1260 días de los Dos Testigos son los mismos 42 meses que el Templo del Monte es hollado. (Ap. 11:1-3). También son los 3½ años que la Mujer es protegida en el desierto (Ap. 12:14). Todos estos eventos se relacionan con el período de la tribulación cuando el Anticristo continúa por "un tiempo, (un par de) tiempos, y medio tiempo" como Daniel 7:25 dice.

El Calendario Anual de 360 Días Venidero

Los números anteriores de calendario dados por Daniel y Apocalipsis presentan un serio problema para el intérprete literal. Para que sea cierto que 3½ = 42 meses = 1260 días se necesita una realidad de *un año de 360 días* y *un mes de 30 días*, que por supuesto no calza con nuestra realidad presente de un año de 365¼ días y un mes lunar de 29½ días. La mayoría de gente que nota que la matemática no podría ser literal, recae en alguna otra explicación no literal, tal como llamarla "el calendario profético".

Pero una vez que se acepta que la estrella de Ajenjo es literal, se puede solucionar este aparente problema de manera literal. Se vincula claramente con la evidencia que vimos antes de un gran objeto (ya sea de Ajenjo o un compañero o un satélite del mismo) que pasa cerca de la tierra para causar los cataclismos de un terremoto mundial, fuertes vientos/cambio de polos, impactos profundos, y posiblemente eclipses lunares y solares. Si ese objeto tan grande pasara, un efecto adicional sería un cambio en la energía orbital y en el impulso angular de la Tierra y la Luna. Ya que este paso precede a la GT, tiene que haber una oportunidad en el calendario que se presente durante ese tiempo. En otras palabras, Apocalipsis ha escondido en este rompecabezas matemático una profecía de otro efecto aterrador del paso de Ajenjo: cambiará la duración del tiempo de nuestro año y mes.

Los Calendario Antiguos Concuerdan con 360/30

Si la gente duda del cambio de calendario que los números literales implica, probablemente no se dan cuenta que nuestro calendario cambio antes. El Libro de Génesis registra que Noé aguantó el diluvio por 150 días o exactamente 5 meses hasta que llegara el día (Gen 7:11, 24; 8:3-4). 150 días divididos entre 5 meses = 30 días al mes x 12 meses = 360 días. Por otra parte, no solo la Biblia, sino que más de una docena de culturas antiguas usaron el mismo tipo de calendario de 360/30 hasta que hubo un cambio en el año 701 AC[33]. Si alguna vez se ha preguntado porque tenemos 360 grados en un círculo y no 365, ahora sabe el porqué. Cuando ese concepto de grados en un círculo se inventó, ¡la evidencia sugiere que literalmente *había* 360 días en la órbita circular de la Tierra de la cual se podía modelar!

De acuerdo a Donald Wesley Patten, el cambio al presente año de 365¼ días fue interpuesto por un sobrevuelo cercano de Marte. Marte solía tener una órbita diferente, altamente elíptica de 720 días que interceptaba la órbita de la Tierra dos veces al año, el 20-21 de Marzo y el 24 de Octubre[34]. Cada 108 años la Tierra estará en un punto interesante, también, y un cataclismo mundial sucederá. Esto podría explicar los muchos reportes de cataclismos en la Biblia en el tiempo del diluvio de Noé, el Éxodo, el día largo de Josué, el reloj de sol de Ezequías, etc. Esto también explicaría porque hay tantas palabras y tradiciones que tiene su origen en una visión negativa de Marte, cuyas dos lunas Fobos y Deimos en Griego significan "miedo" y "pánico", respectivamente.

El mismo tipo de cambio de calendario sucederá nuevamente si Ajenjo o un cuerpo similar pasa cerca de la Tierra en el lado hacia el sol. Un cuerpo grande pasando en esa posición le daría a la Tierra una ganancia de energía orbital neta, causándola que orbite más rápido y más cerca al Sol, de este modo acortando el año por lo profetizado de 5¼ días a 360 días. Igualmente, la duración de mes lunar se *incrementaría*. La luna tendría más distancia angular para viajar y llegar a la nueva posición de la luna en conjunto con la Tierra y el Sol cada mes, ¡de 29½ actualmente a 30 exactamente[35]!

Otra Razón Por La Que La Gran Tribulación No Puede Ser 7 Años

Otra manera de probar que la Tribulación no puede ser de siete años es usando los 1290 días de Daniel 12, los cuales no hemos tocado aun:

> **Daniel 12:11-12** (VRV) – [11] Y desde el tiempo que sea quitado el continuo sacrificio hasta la abominación desoladora, habrá mil doscientos noventa días. [12] Bienaventurado el que espere, y llegue a mil trescientos treinta y cinco días.

1. **Daniel 9:27** dice que habrá un pacto por 7 años y luego a la **mitad del período** los **sacrificios** serán quitados y una abominación se levantará en una ala del templo (el mismo día aparentemente) por el Príncipe que vendrá (el Anticristo).

2. **Daniel 12:11** confirma que los sacrificios serán quitados y la abominación tomará lugar el mismo día, agregando el detalle de que esta es exactamente 1290 días desde el final de los 7 años, que de hecho es en el medio (no en el mismo día, por supuesto).

3. En **Mateo 24:13**, Jesús dice que la abominación hablada por Daniel se levantará (Mr 13:14) en el Lugar Santo inmediatamente anterior a la GT.

4. Por lo tanto la GT tiene que ser menor que o igual a 1290 días de duración y no a 7 años de duración debido a que empieza después de la Abominación que se dice que viene en medio de los 7 años.

Esto confirma que la GT es a lo mucho 1290 días o aproximadamente 3½ años de duración. Entonces, ¿por qué este mito de una tribulación de 7 años persiste? Pareciera ser que viene del supuesto de que el AC, como el jinete de blanco del 1º sello, hace un "pacto por siete años con Israel" para dejarlos construir el templo. Como se dijo anteriormente ahí, nada de esto tiene un verso literal evidente para respaldarlo así como muchos de sus proponentes están dispuestos a admitir. Ningún verso indica que la confirmación del pacto es hecha por el AC como parte de una ofensa pública. Tampoco hay una tribulación que a la mitad del camino se convierta en *gran* tribulación. Daniel 7:25 dice por el contrario que el Anticristo oprime, o causa tribulación a los santos, por 3½ años solamente. Jesús también dijo que solo después de la AD habría GT.

1260 Días vs. 1290 Días - ¿Por qué la Diferencia de 30 Días?

Usted habrá notado anteriormente que Daniel 12 da 1290 días desde la AD hasta el fin, mientras que Jesús dice que la AD proclama la GT y Apocalipsis 11:3 dice que los Dos Testigos profetizan exactamente por 1260 días. En otras palabras, al principio los 1260 y 1290 días pareciera que están hablando acerca de la duración de la GT. ¿Por qué entonces, hay una diferencia de 30 días?

La razón por la que los Dos Testigos predican por 1260 días y no 1290, y los Gentiles hoyan por solo 42 meses y no 43 meses, etc., puede deducirse fácilmente. Si Jesús instruyó a los creyentes a huir de Judea hacia el lugar seguro montañoso preparado para el remanente justo (Mt 24:15-16 = Ap 12:14), entonces, debe de haber *algún* tiempo asignado para llevar a cabo esa huida. Por lo tanto, pareciera que tenemos que deducir que la GT es de hecho solamente de 1260 días de duración. **Inicia en el punto del día 1260, exactamente 30 días después de que los sacrificios sean quitados y se levante la AD**. Esto funciona porque Jesús nunca dijo específicamente que la GT sería "en ese día" cuando usted vea la Abominación, sino que "en ese *tiempo* habrá gran tribulación." Él dejó por fuera el detalle de cuánto tiempo exactamente tenemos para huir, el cual fácilmente podemos extrapolar al comparar Daniel y Apocalipsis.

1335 Días – Desde el Mismo Punto Final, No del Punto de Inicio

Por cierto, la observación anterior de que los 1290 días empiezan antes de los 1260 días es la razón por la que yo concluyo que el conteo de los 1335 días también comparte el mismo *punto final*, en lugar de que sea el mismo punto de inicio. El supuesto de un punto de inicio común tiene a Dios diciéndonos que seríamos bendecidos si solamente esperáramos hasta 45 días después de que la GT termine (o 30 días después de que el Milenio empiece). ¿Por qué tendría Dios que darnos *algunas* instrucciones específicas al día de hoy en profecía en que hacer el 30º día del Milenio cuando Jesús estará reinando, Satanás estará encadenado y la voluntad de Dios fluyendo libremente?

Por el contrario, el tener instrucciones ahora y bendiciones para seguirlas, encaja mejor cuando el Anticristo está en el proceso de convencer y engañar al mundo para instalarse como rey. La mayoría de creyentes ya estarán en Jerusalén, el lugar donde fueron reunidos justo antes de que Ajenjo pasara en una comunidad liderada por un profeta (Mt 24:15-16). A partir del sermón de Jesús en el Monte de los Olivos sabremos que el Anticristo vendrá pronto a rodear Jerusalén con ejércitos (Lc 21:20) y la tomará justo antes de que él establezca la Abominación – la cual Jesús dijo que era la fecha límite para escapar de Judea. Por lo tanto, se entiende que estaríamos preocupados de permanecer ahí una vez que el Anticristo se esté levantando. Puede ser que deseemos salir de Judea prematuramente y viajar al lugar en el desierto preparado para la Mujer por la duración de la GT (Ap 12:14). Creo que este éxodo masivo, o segunda reunificación (Sof 2:1) hacia Edom, Moab, y Amón (Dn 11:41) puede muy bien comenzar al inicio de los 1335 días. Por lo tanto, yo especulo que la bendición de esperar hasta entonces, puede ser que usted sea parte del grupo y/o un testigo de milagros inspiradores u otros eventos que Dios ha planeado para el final. Pareciera que Dios siempre le ha gustado hacer las cosas de cerca. Para que un grupo grande viaje posiblemente a pie desde Jerusalén hasta Jordania, pareciera que 45 días son suficientes para el traslado.

2300 Tardes y Mañanas

A pesar de que Daniel 8 habla acerca de un cumplimiento pasado de un rey de Grecia (Antíoco Epifanio IV), también implica que es una profecía doble para ser "sellada porque se refiere a muchos días" (v.26) incluyendo el "tiempo del fin" (v.19). Esta profecía pareciera que se refiere a los sacrificios continuos que la Torá manda a hacer en el Templo y el altar.

Daniel 8:11,13-14 (VRV) – [11] Aun se engrandeció contra el príncipe de los ejércitos, y por él fue quitado el continuo sacrificio, y el lugar de su santuario fue echado por tierra… [13] Entonces oí a un santo que hablaba; y otro de los santos preguntó a aquel que hablaba: ¿Hasta cuándo durará [los eventos de] la visión del continuo sacrificio, y la prevaricación asoladora entregando el santuario y el ejército para ser pisoteados? [14] Y él dijo: Hasta dos mil trescientas tardes y mañanas; luego el santuario será purificado."

Aparentemente, los 2300 días empiezan con la abominación y terminan cuando los sacrificios se reanudan. Cuando los 2300 fueron primeramente cumplidos por las acciones de Antíoco durante el tiempo de los Macabeos, el altar fue restablecido el 25 de Kislev (que es lo que Hanuka conmemora). Es razonable esperar que ese patrón se repita con el Altar que el Anticristo profana. Si se repite, entonces los 2300 terminarían 1010 días (2300 – 1290) después de que la Tribulación termine el 1 de Tishrei, asumiendo que la cuenta empieza con la AD.

Mientras que anteriormente en el verso 11 se habla acerca del rey removiendo el sacrificio continuo, solamente se menciona aquí "el sacrificio continuo" como el inicio de la cuenta de los 2300. Esto puede que sea para darle campo a un cumplimiento posterior para contar desde cuando los sacrificios empiezan nuevamente lo cual es un evento importante por si solo dada su ausencia desde el año 70 DC con la destrucción del templo. Esta pareciera ser la mejor respuesta pero si me preocupa que la Torá siempre ordene la ofrenda continua así como "en la mañana y en la tarde", mientras que aquí el orden se invierte. También, desearía que los registros de lo que sucedió históricamente para cumplir los 2300 días fueran más concretos (algunos dicen que en realidad fueron 1150 días, y no 2300).

El siguiente cuadro muestra como todos los conteos de la Biblia que cubrimos anteriormente se relacionan.

Tabla 2: 1260, 1290, 1335, 2300 días

1335 días "Bienaventurados Los Que Esperan Hasta…"			*15 de Tishrei* – El Milenio
16 de Tevet	**1290/2300** Abominación Desoladora		***Fin de los 2300 días***
	1 de Adar	**1260** Gran Tribulación	*21 de Kislev (¿o 25?)*
		1 de Nisan	*1 de Tishrei* – Rapto

Entendiendo "Nadie Sabe El Día Ni La Hora"

Habiendo cubierto el significado de los 1290 días, ahora podemos entender apropiadamente la aplicación errónea más común de la frase de Jesús en profecía. Muchos cristianos han creído que la frase "ningún hombre conoce el día ni la hora" (Mt 24:36) significa que nunca sabremos cuando Jesús viene antes de que él venga. Algunos incluso señalan esto como una prueba de que no podemos entender la profecía antes de que suceda y por lo tanto no deberíamos estudiarla. En relación a esto está la frase de Jesús "vengo como ladrón en la noche" (Ap 3:3; 16:15; Mt 24:43) que pareciera probar una doctrina de "inminencia" o la idea de que Jesús puede venir en cualquier momento. Es tiempo de considerar cuidadosamente estas frases en su contexto bíblico completo para ver los problemas con interpretaciones comunes y averiguar lo que estas frases realmente significan.

¿Nunca Sabremos Cuando Es Que Viene Jesús?

Primero, note que esta frase está en tiempo presente, y no en tiempo futuro. Este detalle es importante cuando usted nota que Jesús muy a menudo usa tiempo futuro en otras partes en el mismo Sermón del Monte de los Olivos. Si la intención de Jesús fue de hecho un límite absoluto, deberíamos preguntar ¿por qué él no usó el tiempo futuro aquí, también? Esto me indica que él dejó la puerta abierta a propósito para saber la fecha hasta cierto punto más cercana de su venida.

Además, cada vez que Jesús declara esto, él nunca dice "por lo tanto, no se molesten por estudiar profecía o tratar de averiguar lo que ustedes pueden hacer con respecto al tiempo" como a menudo se concluye. Por el contrario, su punto es que debido a que no se conoce cuando es que él viene, debemos de cuidarnos de no desviarnos y de ser sorprendidos por él (Mt 24:39,42, 44, 50-51, Mr 13:32,36). Nos arriesgamos a perder nuestro galardón si fallamos en prestar atención a su advertencia (Mt 24:51).

Los Hijos de la Luz Sabrán Al Menos 1290 Días Con Anticipación

¿Qué y si no prestamos atención a su advertencia? Encontramos que la amenaza de Jesús de "venir como ladrón" sobre nosotros es *condicional* en que si nos desviamos (Ap 3:3; 16:15; Mt 24:43). Igualmente, Pablo dijo que a diferencia de aquellos que están en tinieblas, aquellos que sigan siendo hijos de la luz no tendrán a Jesús viniendo sobre ellos como un ladrón (1 Ts 4:16-5:6). Así que tenemos una clara indicación de que los justos no se sorprenderán en la venida de Jesús.

Y ya vimos anteriormente cuando los justos sabrán de la venida de Jesús, *al final*. De seguro, **una vez que la AD suceda, sabremos que 1290 días más tarde Jesús regresará.** Y en ese punto no habrá razón para retener esa información de nosotros. Para entonces los líderes de Dios se habrán reunido y dirigirán a sus siervos fieles al lugar preparado para nosotros durante la GT de acuerdo a Apocalipsis 12. Estarán fuera del mundo y en el campamento de los justos y por lo tanto no serán ya más susceptibles a caer en tentaciones de las que Jesús advirtió les costaría sus coronas. Del mismo modo, cuando Noé fue sacado del mundo y entró en la seguridad del arca, no había manera de que él fuera tentado a desviarse mientras el diluvio bramaba afuera por más de un año.

Por cierto, yo solía transmitir una explicación enseñada por Michael Rood de que esta frase de que "nadie sabe" era una expresión idiomática aludiendo a la Fiesta de Trompetas, el único día de fiesta en el calendario que puede llegar de sorpresa debido a la duración variable del mes lunar (algunas veces 29 días, algunas veces 30). Si bien aún estoy seguro de que el rapto será en la Fiesta de Trompetas, nunca pude encontrar documentación acerca de la teoría de la expresión idiomática. Esto empezó a incomodarme. Más tarde vi que en otros casos donde Jesús dijo que no sabíamos cuando él viene, por lo general incluía una advertencia para permanecer alerta por esa misma razón. Así que esta teoría de Jesús diciendo "nadie sabe" para que *supiéramos* contradice su razón para decir que debemos de estar alerta. Por último, como ya hemos cubierto, cuando Jesús regrese, el mes lunar se alargará a 30 días consistentemente, eliminando cualquier duda en cuanto a cuando cualquier día futuro de Trompetas caerá. Por lo tanto, por todas estas razones, ya no enseño más esa explicación de la expresión idiomática. Estoy orgulloso de admitir mi error anterior como un ejemplo de la necesidad de todos nosotros de estar dispuestos a siempre actualizar nuestras creencias cuando nos enfrentamos con Escritura clara que las contradicen.

Primera Mitad de las 70 Semanas

La GT está bien establecida como solo la segunda mitad de las Semana 70. Entonces, ¿qué dice la Escritura acerca de la primera mitad? Como vimos, los 1335 días vierten 45 días en la primera mitad (sin decirnos específicamente lo que sucede en ese día). Aparte de eso, como el mapa lo muestra, podemos sospechar que la primera mitad se cumplirá con desarrollos que directamente harán que la GT sea posible. Esto gracias a la conspiración del Anticristo y a los Diez Reyes que dan inicio a los siete años completos. Ellos probablemente realizarán o harán posible la Guerra Nuclear del Medio Oriente, el pasaje devastador de Ajenjo (manteniéndolo como una sorpresa a través del control de los medios de comunicación), la III Guerra Mundial Nuclear y la destrucción de Norteamérica. Solo después de esa serie de eventos tendremos el escenario listo con un Tercer Templo para que el Anticristo "se siente y muestre que él es Dios" y un mundo hambriento caótico lo suficientemente desesperado para creerle y aceptarlo.

Ya vimos que los 1290 días y los 2300 días tienen que ver con la suspensión de los sacrificios continuos. Estos sacrificios fueron suspendidos por última vez en el año 70 DC con la destrucción del Segundo Templo. Naturalmente, se deben reanudar de nuevo en algún momento en el futuro antes de la AD. Probablemente la continuación será en la primera mitad de la Semana 70 después de que los Musulmanes sean vencidos en la Guerra Nuclear del Medio Oriente, quizás con la destrucción del Domo de la Roca, que descansa sobre el Lugar Santísimo del Templo de Salomon[36].

La Primera Mitad No Es el "Tiempo de Angustia De Jacob"

Por años pensé, así como fui enseñado, que la primera mitad de la Semana 70 era lo que se refería al "Tiempo de Angustia de Jacob".

Jeremías 30:6-9 – [6] Inquirid ahora, y mirad si el varón da a luz; porque he visto que todo hombre tenía las manos sobre sus lomos, como mujer que está de parto, y se han vuelto pálidos todos los rostros. [7] !!Ah, cuán grande *es* aquel día! tanto, que no hay otro semejante a él; *es* el tiempo de angustia para Jacob; pero de ella será librado. [8] En aquel día, dice el SEÑOR de los ejércitos, *que* yo quebraré su yugo de tu cuello, y romperé tus coyundas, y extranjeros no lo volverán más a poner en servidumbre [esclavizarlo a él], [9]

> sino que servirán al SEÑOR su Dios y a <u>David su rey</u>, a quien yo les <u>levantaré</u>.

Tiempo de Angustia de Jacob = La Ira de Dios

Sin embargo, hoy veo que no hay respaldo para esta conclusión en la única mención de la frase de Jeremías. Por el contrario, veo muchas similitudes en ese pasaje de Jeremías que calzan con otras descripciones del tiempo de la Ira de Dios. Note como ambos extrañamente hablan de los hombres estando como en dolores de parto, sus caras y manos aludidas como mostrando su angustia:

> **Isaías 13:6-10** – [6] Aullad, porque <u>cerca está el día del SEÑOR</u>; vendrá como asolamiento del Todopoderoso. [7] Por tanto, <u>toda mano se debilitará</u>, y desfallecerá todo corazón de hombre, [8] y se llenarán de terror; <u>angustias y dolores se apoderarán de ellos</u>; <u>tendrán dolores como mujer de parto</u>; se asombrará cada cual al mirar a su compañero; ***sus rostros, rostros de llamas***. [9] He aquí el día del SEÑOR viene, terrible, y de indignación y ardor de ira, para convertir la tierra en soledad, y raer de ella a sus pecadores. [10] Por lo cual las estrellas de los cielos y sus luceros no darán su luz; y <u>el sol se oscurecerá al nacer, y la luna no dará su resplandor</u>.

Lo que Jeremías dice acerca del cese de Jacob sirviendo entre otras naciones y su regreso a servir a David a cambio, es consistente con lo que sabemos acerca del período de la post-tribulación llamado el Milenio. Del mismo modo, se menciona aquí que el Sol y la Luna se oscurecerán lo cual, lo puede hacer usted recordar que esto antecede el rapto y la resurrección (Mt 24:29). Esto es cuando el Rey David y los otros santos serán resucitados en cuerpos glorificados y luego la ira de Dios inicia por diez días terminando con el Día del Señor. El reinado del Mesías y los santos, incluyendo al Rey David, empieza después de eso. Luego muchas profecías declaran que las Diez Tribus Perdidas que constituyen a "Jacob" o Israel serán reunidas de todas las naciones a las cuales han sido dispersadas. Nada de esto puede pasar antes de la GT, así que el Tiempo de Angustia no puede encajar ahí.

Capítulo 8

La Destrucción de Estados Unidos en la III Guerra Mundial

Si usted tuviera que describir el escenario del paso de Ajenjo de Apocalipsis a un extraño en la calle, él probablemente diría que suena como el fin del mundo, o lo que se imagina de cómo será Armagedón. De hecho, la gran película de Hollywood llamada *Armagedón* es acerca de un cometa en curso de colisión con la Tierra. Suena como la prueba final de la humanidad, una vez más, vamos a respirar un suspiro de alivio, antes de regresar a nuestra existencia normal, cómoda, libre de preocupaciones, así como en las películas.

Desafortunadamente, el paso de Ajenjo es solo la *estrella* de las mayores tragedias en el Mapa de Apocalipsis. Lo que claramente sigue a Ajenjo en el Libro de Apocalipsis son tres trompetas más. Menos claro es el hecho de que entre estas trompetas hay una Guerra Mundial nuclear que trae consigo la destrucción de Norteamérica y una "invasión extranjera" junto con la esclavización de todo el mundo por un dictador mundial satánico que engaña a todos haciéndoles creer que él es Dios mismo. La única diferencia notable entre estas calamidades y Ajenjo es quizás en sus orígenes. Si bien Ajenjo es esencialmente un desastre de la Naturaleza, estos otros problemas serán causados directamente por el Hombre y Satanás. Aun así, la unión de estos conflictos es tan desolada que ninguna película que yo conozca ha concebido una visión tan distópica de nuestro futuro. Para poder aproximarse se tendría que mirar al menos cuatro películas juntas: *Armagedón* (1998) acerca del impacto de un cometa, *El Día Después de Mañana* (2004) acerca de una era de hielo repentina, *El Día Después* (1994) acerca de la derrota de Norteamérica por Rusia en una guerra nuclear, y *1984* (1956) acerca de una sociedad completamente controlada, y quizás algunas otras.

El Plan de Escape de Dios Aplica Aquí, También

Sin embargo, entienda que **lo mismo que aplicó para Ajenjo aplica para estas calamidades**. Dios tiene un plan para salvar a aquellos que le pertenecen y no tenemos que preocuparnos de quedar fuera de su plan si sinceramente buscamos a Dios empezando hoy. Y **ningún rapto pre-tribulación** es necesario para alcanzar esto, así como Dios no necesitó un rapto para proteger a su pueblo en Egipto mientras Él derramaba las Diez Plagas.

También, no necesitamos temer el perdernos de su plan como algunos se imaginan que puede suceder para ellos. Para algunos, la mala interpretación de la Parábola de las Diez Vírgenes aviva su temor. Pocos se dan cuenta que la parábola no fue inventada por Jesús para ilustrar el día de su venida sino que está basada en la costumbre real del momento de la fiesta nupcial donde se esperaba juntos la llegada del novio, incluso si se tomaba varios días. El problema no era que ellas estuvieran durmiendo, sino que cinco simplemente no habían hecho lo que se requería para estar preparadas *antes* de que se durmieran. Ellas escogieron no tomar en serio la parte de ellas en la boda. Así que el mensaje de la parábola no es que nos podemos perder de lo que formalmente deseamos participar si olvidamos una preparación necesaria. Cuando el profeta de Dios venga a advertirnos de que es tiempo de irnos, tendríamos que escoger conscientemente ignorarlo. Sería como el Éxodo donde todos los que estaban dispuestos podían ir cuando el anuncio vino sin ninguna preparación previa necesaria. Por supuesto, las noticias de un traslado de ese tipo son más difíciles de aceptar sin alguna advertencia por adelantado, así que el leer este libro le puede dar más tiempo para prepararse mentalmente para eso. Con eso dicho, vamos a proceder a la evidencia acerca de lo que sigue después del final del escenario de Ajenjo de la 4° trompeta: **la destrucción de Estados Unidos**.

"Estados Unidos No Se Menciona En La Profecía Bíblica"

Los mismos maestros que enseñan la Escritura de última hora de la doctrina del rapto pre-tribulación también suelen enseñar una idea que podría decirse es incluso más absurda: la idea de que Estados Unidos de Norteamérica no se encuentra en la profecía Bíblica. Estos maestros de profecía son sin duda conscientes del hecho de que la profecía Bíblica predijo las acciones o los desenlaces de todos los grandes imperios que afectaron el curso de la historia antigua, incluyendo Babilonia, Persia, Egipto, y Roma. Y aun así entretienen de alguna manera la noción que el destino de la nación más grande en la historia queda de alguna manera fuera de la profecía de los tiempos finales.

Sin embargo, esta equivocación es entendible. La identidad de Norteamérica en la Biblia está tan bien escondida que incluso la Biblia la etiqueta de un "misterio". A diferencia de aquellas naciones mencionadas anteriormente que sus símbolos eran a menudo explícitamente claros más adelante en la profecía (como el carnero y el macho cabrío de Daniel 8), Norteamérica se describe de una manera que es fácil de pasar por alto y de dudar. Lo sé, porque he tenido la experiencia de tratar de compartir la identidad de Norteamérica en la Biblia con muchas personas y siempre lo he hallado frustrante, incluso con gente que tienen un poco más de entendimiento acerca de la profecía Bíblica.

Muchas Alusiones Negativas Con Respecto A Esto

Agregando a la dificultad, **los dos lugares principales donde Estados Unidos aparece en la Biblia también describen su destrucción repentina, aterradora**. Es difícil creer que la nación más destacada y la supuesta "última superpotencia" pueda caer de esa manera cuando ninguna nación militar pareciera ser capaz de hacerlo realidad. No tiene sentido.

Si bien es cierto que nadie quiere oír que su país de origen será derrotado militarmente y quedará en ruinas al final, los Norteamericanos también tienen un mito de la invencibilidad y la grandeza de su país que hace incluso más difícil que ellos acepten este escenario. Esto es en parte porque, por ejemplo, la gente en general cree en la teoría de conspiración no corroborada del Reporte de la Comisión del 9-11 de lo que sucedió – porque la "teoría de conspiración" alternativa que calza con los hechos objetivamente les requeriría aceptar que nuestro grandioso, y noble país pudo haber sido cómplice de la muerte de sus propios ciudadanos[37]. Es un concepto inconcebible para la "tierra de los libres y la casa de los valientes" donde idealmente "nunca se escucha una palabra desalentadora". Además, debido a estos mitos, el optimismo norteamericano abunda lo suficiente para mantener nuestra economía basada en el consumismo a flote. El mercado de valores siempre repercute y no podemos imaginar que haga algo menos que eso.

Con todo y lo grandioso que sea, no olvidemos que Estados Unidos es solo un país. ¿No es mucho más inconcebible que Dios permitiera que la devastación tan terrible de Ajenjo sucediera a *toda* la Tierra? Sin embargo, Dios permitirá que ambos desastres sucedan para sus propósitos. Veremos luego que la inconcebible III Guerra Mundial nuclear que da como resultado el fin de los Estados Unidos, también se describe como permitida por Dios, y entenderemos la razón y el tiempo relativo de la misma.

El Misterio de Babilonia la Grande

Las primeras profecías que miraremos son aquellas que se refieren a Estados Unidos de varias formas con el nombre de "Babilonia" (Is 13), incluyendo "El Misterio de Babilonia" (Ap 17-18) y la "Hija de Babilonia" (Jr 50-51, Is 47). (Y así como cubriremos más tarde, estas profecías tienen otro cumplimiento que incluye Un Gobierno Mundial Babilónico que reemplaza a La Babilonia de Estados Unidos después de que ella es destruida).

Se podría escribir todo un libro acerca de este tema cubriendo toda la evidencia y revelando todas las imperfecciones en los argumentos a causa de otras interpretaciones de esta Babilonia. De hecho, ya un libro se ha escrito de este tema que yo recomiendo para aquellos que aun no están convencidos después de la evidencia que les presento (aunque a este punto tengo otra prueba más fuerte que incluso ese libro no cubre). El libro es *América La Babilonia* de Rick Coombes[38]. En él, el autor cubre todas las profecías en detalle y cómo solo Estados Unidos calza con cada una y señala los problemas insuperables de las teorías alternativas. (Note que no estoy de acuerdo con su conclusión de *quienes* serán los conquistadores de Babilonia).

La clave para este argumento, como siempre, es leer todos los versos cuidadosamente y *literalmente*, tal como lo hemos hecho exitosamente con otras partes de Apocalipsis en este libro. Si usted empieza a alegorizar cualquier parte de ese pasaje, o simplemente a ignorar un versículo clave relacionado, usted estará propenso a caer en cualquiera de las interpretaciones alternativas que son comunes tales como Roma, el Vaticano, el Irak actual o una organización como las N.U.

Tiempo Relativo de la Caída de Babilonia en Apocalipsis 14

Mi enfoque en hacer un pequeño punto en Estados Unidos es en usar la única profecía que en realidad nos da el tiempo relativo de la caída del Misterio de Babilonia. Esta profecía no está mencionada en ningún otro libro de profecía que yo haya visto, incluyendo *América la Babilonia*, a pesar de que es extremadamente útil para la identificación y la construcción del Mapa. Se encuentra en los versículos de Apocalipsis 14 inmediatamente después de los versículos que describen los 144,000 sellados en el Monte de Sión para empezar <u>su misión</u> de predicar el Evangelio como un testigo a todas las naciones (Mt 24:14):

> **Apocalipsis 14:6-9** (VRV) – ⁶ Vi volar por en medio del cielo <u>a otro ángel</u>, que <u>tenía el evangelio eterno para predicarlo a los moradores de la tierra</u>, a toda nación, tribu, lengua y pueblo, ⁷ diciendo a gran voz: Temed a Dios, y dadle gloria, porque la hora de su juicio ha llegado; y adorad a aquel que hizo el cielo y la tierra, el mar y las fuentes de las aguas. ⁸ <u>Otro ángel</u> le siguió, diciendo: Ha <u>caído</u>, ha <u>caído Babilonia, la gran ciudad</u>, porque ha hecho beber a todas las naciones del vino del furor de su fornicación. ⁹ Y el <u>tercer ángel</u> los siguió, diciendo a gran voz: Si alguno <u>adora a la bestia y a su imagen, y recibe la marca en su frente o en su mano</u>…

Hay muchas cosas importantes que se pueden notar en este pasaje:

1. **Los Mensajes Son Comunicados Por los 144,000 Empezando Después Der Sellados En el 6º Sello**: Tal como lo explica el Misterio de la Desunión, los ángeles no están comunicando estos mensajes a los humanos (en contra del precedente bíblico), sino a los 144,000 que luego van predicándoles, tal como Jesús envió 72 a predicar (144,000 / 72 = 2000 o 1000 pares). Esta es la razón por la que este pasaje inmediatamente sigue la descripción de su reunión después de ser sellados en el Monte de Sión. El primer mensaje que los 144,000 predicarán es el mismo "evangelio eterno" que Mateo 24:14 dice que será predicado a todo el mundo como un testigo antes de que venga el fin. Esto establece el inicio del mensaje del primer ángel sin ser antes del 6º sello, o la 4º trompeta probablemente, dado que todo el rango del 6º sello – 4º trompeta empieza en sucesión rápida como un resultado del pasaje de Ajenjo.

2. **Tres Mensajes Separados, Consecutivos**: Los tres ángeles entregan los tres mensajes uno detrás del otro en orden. Así como los sellos, las trompetas y las copas numeradas solo tienen sentido al estar en serie, debemos de aceptar el significado simple de estos estando en orden, especialmente cuando dice que el segundo y el tercer ángel "siguieron" al ángel anterior en vez de que Juan dijera que él presenció tres ángeles todos juntos en el mismo momento en el inicio de su descripción.

3. **La Marca de la Bestia Viene** *Después* **De Que Babilonia Cae**: El tercer mensaje del ángel es una severa advertencia acerca de no recibir la marca. Sin embargo, esto viene después del segundo anuncio del ángel de la destrucción de Babilonia. Esto es un problema cuando usted considera que Babilonia se identifica claramente con el imperio que gobierna las naciones y sobre la que el juicio de Dios es derramado al final de los tiempos (Is 14) la cual en Apocalipsis 13 también es llamada la Bestia, la misma Bestia que introduce la Marca de la Bestia. La solución será presentada después de la próxima sección.

En cuanto al tiempo se refiere, podemos concluir que el Misterio de Babilonia cae después de la 4° trompeta cuando Ajenjo ha pasado, y antes de que la 5° trompeta cuando la GT empieza y la Marca de la Bestia se extienda por primera vez.

Cuando y Porqué Babilonia Cae

La pregunta es si este tiempo de post-Ajenjo / pre-tribulación de la caída de la Hija de Babilonia ¿es solamente una coincidencia o es consecuencia? De todos modos, ¿cómo cae Babilonia y exactamente por qué? Afortunadamente, las respuestas se encuentran en Apocalipsis 17 donde el Misterio de Babilonia la Gran Ramera que cabalga la Bestia con diez cuernos se describe:

Apocalipsis 17:1-18 (VRV) – [1]...Ven acá, y te mostraré la sentencia contra la gran ramera, la que está sentada sobre muchas aguas; [2] con la cual han fornicado los reyes de la tierra, y los moradores de la tierra se han embriagado con el vino de su fornicación. [3] ...y vi a una mujer sentada sobre una bestia escarlata llena de nombres de blasfemia, que tenía siete cabezas y diez cuernos. ...[5] y en su frente un nombre escrito, un misterio: BABILONIA LA GRANDE... [9] Esto, para la mente que tenga sabiduría: Las siete cabezas son siete montes, sobre los cuales se sienta la mujer... [12] Y los diez cuernos que has visto, son diez reyes, que aún no han recibido reino; pero por una hora recibirán autoridad como reyes juntamente con la bestia. [13] Estos tienen un mismo propósito, y entregarán su poder y su autoridad a la bestia. [14] Pelearán contra el Cordero... [15] Me dijo también: Las aguas que has visto donde la ramera se sienta, son pueblos, muchedumbres, naciones y lenguas. [16] Y los diez cuernos que viste en la bestia, éstos aborrecerán a la ramera, y la dejarán desolada y desnuda; y devorarán sus carnes, y la quemarán con fuego; [17] porque Dios ha puesto en sus corazones el ejecutar lo que él quiso: ponerse de acuerdo, y dar su reino a la bestia, hasta que se cumplan las palabras de Dios. [18] Y la mujer que has visto es la gran ciudad que reina sobre los reyes de la tierra.

Este pasaje nos dice que Babilonia cae porque la Bestia que ella está cabalgando, o dominando y previniendo de gobernar la tierra en su lugar, se levanta en contra de ella con la ayuda de diez reyes. De hecho, los diez reyes que desean gobernar la tierra con la Bestia *odian* a la Ramera y con gusto entregan su soberanía a la Bestia de manera que ellos puedan alcanzar la destrucción de ella con fuego y puedan reinar juntos. Nótese que esta mujer no puede estar refiriéndose a una organización, iglesia, a una pequeña nación o una mera ciudad.

Entonces, Si Yo Le Preguntara ¿Cual Nación Importante Al Día De Hoy...

1. Califica por ser la que está encima de todas las naciones, o como la gran nación más influyente (vss. 1, 9, 15, 17)?

2. Históricamente tiene la forma de otros imperios, que incluye Rusia, Alemania e Inglaterra (que conforman la Bestia que ella monta de acuerdo a los símbolos de los animales – ver más abajo) para dominar o controlar la tierra – siendo representada por ella sentada en la Bestia con los diez cuernos (vss. 3, 7, 9-10)?

3. Es abiertamente despreciada no solo por el imperio de la Bestia sino por muchos otros incluyendo sus aliados (vs. 16)?

4. Ha influenciado las naciones del mundo con sus valores pecaminosos y su cultura? (vss. 2, 5; sin importar si ella ha bendecido al mundo en otras maneras. Recuerde, a los ojos de Dios, las buenas obras no compensan el pecado, solo el arrepentimiento del pecado lo hace).

… ¿Cuál sería su respuesta intelectual honesta inmediata, además de los *Estados Unidos de América*?

Hay otros aspectos de esta profecía que pareciera que no calzan con Norteamérica al principio, por ejemplo, como Babilonia es culpable de la sangre de todos los santos y los muertos de la tierra (Ap 18:24; compare Mateo 23:34-35 = Lucas 11:46-51 para que el extraño precedente haga que esta culpa sea posible a los ojos de Dios). Voy a dejar de hablar de ellas aquí ya que pueden ocupar muchos capítulos, pero ya hay respuestas sólidas para cada una de estas objeciones en *América La Babilonia*.

III Guerra Mundial en Apocalipsis 14 – Estados Unidos versus Rusia, China y Otros

Lo que hay que señalar, también, es que si el Misterio de Babilonia es Norteamérica, se necesitarían varias naciones juntas para vencerla, tal como lo implican los diez reyes o reinos. Y, ¿cómo llamaría usted a una guerra que lleve a la destrucción de Estados Unidos en manos de muchas naciones que no sea la "**III Guerra Mundial**"? Esta es de hecho la siguiente guerra mundial profetizada como la Guerra Nuclear del Medio Oriente, siendo regional y rápida, no calificará como una guerra mundial. Por otra parte, la 6° trompeta de la guerra mundial obviamente viene después de la 5° trompeta que para ese tiempo ya la caída de Babilonia ha sucedido.

¿Quién conseguirá la derrota del poderoso Estados Unidos? Obviamente deberíamos mirar a los enemigos de Norteamérica al día de hoy, aquellos que "odian a la ramera" y que literalmente pueden "quemarla con fuego". También, Apocalipsis 18 dice que la derrota será ardiente y alcanzada en un día, incluso en una hora. Esto obviamente apunta a un ataque nuclear de misiles el cual incineraría literalmente las ciudades de Norteamérica y haría explotar incendios por todo lado. Probablemente sea más fácil preguntar cuales enemigos de Norteamérica no tienen armas nucleares al día de hoy (si Irán no está en esa lista aun, pudiera estarlo pronto).

Aunque la mayoría de gente no lo puede concebir debido a la brillantez orquestada por el "Colapso del Comunismo", hay suficiente evidencia de desertores y otras fuentes que Rusia es aún comunista hasta el tuétano. Ella ha estado planeando y continúa planeando una confrontación nuclear contra los Estados Unidos. Rusia tiene una alianza militar visible con China y ha contribuido en el problemático programa nuclear de Irán. Rusia está ayudando a Corea, Irán, Cuba y otros países comunistas, dictaduras, y organizaciones terroristas para armarse y convertirse en espinas al lado de Norteamérica. Estos grupos no están interesados en tener una democracia tipo centro comercial como la de EE.UU. Ellos odian Norteamérica, la policía del mundo, y desean verla fuera del camino. Cuando pensamos que los comunistas y terroristas son como nosotros que solo quieren paz y prosperidad también, no podemos entender que tan motivadamente malos son verdaderamente, ni podemos ver sus verdaderas ambiciones.

"Pero Rusia y China Tienen Mucho Que Perder"

Algunos argumentan que ni Rusia ni China atacarían alguna vez a Norteamérica cuando ella concentra tanto dinero en sus economías a través del comercio y ayuda. Estoy de acuerdo que matar la gallina de los huevos de oro suena descabellado. Sin embargo, eso es solamente cierto siempre y cuando los huevos de oro sigan viniendo. Eso no impide que ellos ataquen a Norteamérica el día después de que la economía mundial se caiga y no tengan nada que perder – tal como después de que la Estrella de Ajenjo llegue, la cual como vimos, ¡es el tiempo bíblico para la caída de Norteamérica!

Para cualquiera que no ha visto la verdad acerca de las intenciones de Rusia, sugiero que empiecen su estudio en el pagina web de análisis geopolítico de Jeff Nyquist[39]. Él ha estado observando a Rusia y China por años e incluso ha entrevistado a desertores militares de alto rango de Rusia que cuentan acerca del plan de Rusia de destruir Norteamérica. Él concluye de su investigación (sin ninguna ayuda de la profecía Bíblica) que Rusia y China irán a la guerra contra Estados Unidos un día y probablemente ganarán, porque el "régimen de centro comercial" de Norteamérica evita los valores e ideas que son necesarios para prepararse y para ganar esa guerra. Él hizo un video persuasivo acerca de su investigación llamado "*Los Planes de Guerra Soviéticos Ultra secretos para Norteamérica*" los cuales también recomiendo[40]. Usted puede incluso escuchar tomas de audio gratuitas en la página web ahora mismo[41].

Los Diez Reyes No Son Exactamente Diez Naciones

Una cosa que debemos de tener claro es que los diez reyes o "gobernantes" no equivalen exactamente a jefes de estado de diez naciones. Ellos parecieran ser diez hombres poderosos, influyentes, probablemente de la misma simiente de Satanás (como lo es el Anticristo[42]) que pueden dirigir las naciones a través de su influencia. Estos son aquellos a quienes Satanás continuó dándoles el poder sobre los reinos una vez que Jesús rechazó su "oferta del reino" durante los 40 días de ayuno. Estos hombres eligen quienes son los sustitutos que llenarán los puestos de jefes de estado y a quienes controlarán. El infame *Iluminati* puede que sea el grupo denominado más cercano que tenemos que concuerde con estos diez gobernantes. Tenga en cuenta que no estoy diciendo que estos "reyes" no pueden ser literalmente reyes alguna vez. Es solo que Apocalipsis 17:12-13 nos dice que ellos son hombres de poder y autoridad que *no* han recibido aun posiciones por encima de un reino. Las recibirán cuando ayuden al Anticristo y él a cambio les permitirá reinar por debajo de él.

Profecía Doble de Dos Babilonias: Madre e Hija

Anteriormente observamos una aparente contradicción en la caída del Misterio de Babilonia antes de que su propia Marca de la Bestia aparezca. La solución para esto se da a entender en las muchas veces que se dice que Babilonia ha "caído…caído". Se podría descartar fácilmente esta repetición como poética e insignificante, pero cuando se repite en tres lugares diferentes a través del Antiguo y Nuevo Testamento (Is 21:9, Ap 14:8; Ap 18:2) demanda atención. Dios no repite nada a menos que sea importante. La pista en esto es que hay dos caídas para Babilonia y por lo tanto se habla de dos Babilonias (la caída de Babilonia siempre se describe como el final de ella como nación para siempre, entonces no puede ser la misma nación cayéndose, levantándose y cayéndose de nuevo). Esta idea está verificada por Jeremías que nombra explícitamente una Babilonia *Hija* y su Babilonia *Madre* que la engendró a ella. La madre se queda separada con vida pero humillada después de la destrucción de su hija:

> Jeremías 50:12 (NVI) – <u>Vuestra madre</u> se avergonzó mucho, se afrentó <u>la que os dio a luz…</u>

Por supuesto, Norteamérica comenzó como la colonia de Gran Bretaña hasta su Guerra Revolucionaria y su Declaración de Independencia del Rey de Inglaterra. Norteamérica al día de hoy es una de las pocas naciones que tiene una patria prominente y visible con la que ella también tiene lazos muy cercanos y una alianza. Pero para que esto sea cierto, Gran Bretaña, como la Babilonia Madre, tendría que convertirse de alguna manera en la gran Bestia de Apocalipsis 13 que cae después de Estados Unidos en la Batalla de Armagedón. ¿Hay confirmación de esta transformación en algún otro lado? La siguiente sorprendente profecía que miramos confirma los lazos cercanos y la relación madre-hija entre la nación de Babilonia que permanece para ser la que emite la marca de la Bestia después de que la primera Babilonia cae. Aun mejor, provee la identidad de cada uno de los símbolos de los animales bien conocidos usados al día de hoy.

Estados Unidos En Daniel 7

La segunda profecía clave acerca de Estados Unidos es Daniel 7. Aquí se describen cuatro bestias que también se nos interpretan como cuatro reinos:

Daniel 7:1-7 (VRV) – [1] En el primer año de Belsasar rey de Babilonia tuvo Daniel un sueño, y visiones de su cabeza mientras estaba en su lecho; luego escribió el sueño, y relató lo principal del asunto. [2] Daniel dijo: Miraba yo en mi visión de noche, y he aquí que los cuatro vientos del cielo combatían en el gran mar. [3] Y cuatro bestias grandes, diferentes la una de la otra, subían del mar. [4] La primera era como león, y tenía alas de águila. Yo estaba mirando hasta que sus alas fueron arrancadas, y fue levantada del suelo y se puso enhiesta sobre los pies a manera de hombre, y le fue dado corazón de hombre. [5] Y he aquí otra segunda bestia, semejante a un oso, la cual se alzaba de un costado más que del otro, y tenía en su boca tres costillas entre los dientes; y le fue dicho así: Levántate, devora mucha carne. [6] Después de esto miré, y he aquí otra, semejante a un leopardo, con cuatro alas de ave en sus espaldas; tenía también esta bestia cuatro cabezas; y le fue dado dominio. [7] Después de esto miraba yo en las visiones de la noche, y he aquí la cuarta bestia, espantosa y terrible y en gran manera fuerte, la cual tenía unos dientes grandes de hierro; devoraba y desmenuzaba, y las sobras hollaba con sus pies, y era muy diferente de todas las bestias que vi antes de ella, y tenía diez cuernos.

¿Por qué las imágenes bestiales extrañas en vez de nombrar cuales son las naciones? Aprendemos al final de Daniel 12 que Dios eligió ocultar el significado para sellarlo hasta los tiempos finales. Pero debido a que estamos en los tiempos finales ahora como se describe en Daniel 12:4 ("sella el libro hasta el tiempo del fin... la ciencia se aumentará") debemos de ser capaces de entenderlas claramente.

¿Tiempos Finales o Tiempos Modernos?

Debido a que esta profecía tiene 2600 años de antigüedad, cualquiera se preguntaría si ya se habrá cumplido miles de años atrás. En efecto, la mayoría de intérpretes identifican estas bestias como las naciones antiguas de Media-Persia, como las mismas naciones que se pueden encontrar comprendidas en la estatua de oro de Daniel 2 del sueño de Nabucodonosor. Ellos erradamente asumen que esta visión es simplemente un paralelo de esa. Sin embargo, continúe leyendo Daniel 7:

Daniel 7:8-14 (VRV) – [8] Mientras yo contemplaba los cuernos, he aquí que otro cuerno pequeño salía entre ellos, y delante de él fueron arrancados tres cuernos de los primeros; y he aquí que este cuerno tenía ojos como de hombre, y una boca que hablaba grandes cosas. [9] Estuve mirando hasta que fueron puestos tronos, y se sentó un Anciano de días… [11] Yo entonces miraba a causa del sonido de las grandes palabras que hablaba el cuerno; miraba hasta que mataron a la bestia, y su cuerpo fue destrozado y entregado para ser quemado en el fuego. [12] Habían también quitado a las otras bestias su dominio, pero les había sido prolongada la vida hasta cierto tiempo. [13] Miraba yo en la visión de la noche, y he aquí con las nubes del cielo venía uno como un hijo de hombre, que vino hasta el Anciano de días, y le hicieron acercarse delante de él. [14] Y le fue dado dominio, gloria y reino, para que todos los pueblos, naciones y lenguas le sirvieran; su dominio es dominio eterno, que nunca pasará, y su reino uno que no será destruido.

Sabemos a partir de muchos otros lugares en la Biblia tal como de Apocalipsis 13 que el Anticristo va a gobernar todas las naciones del mundo por 3½ años. Aquí también hemos descrito lo mismo con respecto a la vida de estas naciones; con el Anticristo aquí identificado como el "pequeño cuerno" (el Anticristo tiene muchos otros nombres a través de la Biblia además de ese). Incluso nos dice que ellos van a ceder su dominio al Anticristo a cambio de continuar por un poco más de tiempo con él. Esto está empezando a confirmar que esta es de hecho una profecía de los tiempos finales, a pesar lo que le enseñen a usted la mayoría de libros de profecía.

Yendo más lejos, esto se hace innegable, cuando una interpretación de las anteriores se nos da en el texto mismo, revelando la identidad de aquel que quita el dominio de las naciones y el pequeño cuerno:

Daniel 7:15-27 – [15] Se me turbó el espíritu a mí, Daniel, en medio de mi cuerpo, y las visiones de mi cabeza me asombraron. [16] Me acerqué a uno de los que asistían, y le pregunté la verdad acerca de todo esto. Y me habló, y me hizo conocer la interpretación de las cosas. [17] Estas cuatro grandes bestias son cuatro reyes que se levantarán en la tierra. [18] Después recibirán el reino los santos del Altísimo, y poseerán el reino hasta el siglo, eternamente y para siempre. [19] Entonces tuve deseo de saber la verdad acerca de la cuarta bestia, que era tan diferente de todas las otras, espantosa en gran manera, que tenía dientes de hierro y uñas de bronce, que devoraba y desmenuzaba, y las sobras hollaba con sus pies; [20] asimismo [también quise saber] acerca de los diez cuernos que tenía en su cabeza, y del otro que le había salido, delante del cual habían caído tres; y este mismo cuerno tenía ojos, y boca que hablaba grandes cosas, y parecía más grande que sus compañeros. [21] Y veía yo que este cuerno hacía guerra contra los santos, y los vencía, [22] hasta que vino el Anciano de días, y se dio el juicio a los santos del Altísimo; y llegó el tiempo, y los santos recibieron el reino. [23] Dijo así: La cuarta bestia será un cuarto reino en la tierra, el cual será diferente de todos los otros reinos, y a toda la tierra devorará, trillará y despedazará. [24] Y los diez cuernos significan que de aquel reino se levantarán diez reyes; y tras ellos se levantará otro, el cual será diferente de los primeros, y a tres reyes derribará. [25] Y hablará palabras contra el Altísimo, y a los santos del Altísimo quebrantará, y pensará en cambiar los tiempos y la ley; y serán entregados en su mano hasta tiempo, y tiempos, y medio tiempo. [26] Pero se sentará el Juez, y le quitarán su dominio para que sea destruido y arruinado hasta el fin, [27] y que el reino, y el dominio y la majestad de los reinos debajo de todo el cielo, sea dado al pueblo de los santos del Altísimo, cuyo reino es reino eterno, y todos los dominios le servirán y obedecerán.

Claramente, todas estas bestias están en la tierra en la Segunda Venida de Jesucristo, incluyendo obviamente la cuarta bestia gobernada por el Anticristo que Jesús reemplaza como Rey de la Tierra. Debido a que estamos en la última generación de los tiempos finales que verá la venida de Jesús, estas cuatro bestias son naciones modernas presentes al día de hoy que por lo tanto debemos ser capaces de identificar.

Identidad del León Con Alas

Águila Calva de la parte trasera del Billete de Un Dólar Americano

¿Cuáles naciones modernas literalmente calzan con estos animales que son usados para representar los reinos? Hay naciones modernas prominentes que tienen símbolos de animales que coinciden con estas mismas bestias. La más fácil de identificar y la que tiene que ver en profecía con Estados Unidos es el león con alas de águila. El león y el águila son símbolos nacionales familiares, que se encuentran en diccionarios y enciclopedias y son usados comúnmente en los medios de comunicación.

1. **León = Gran Bretaña**: El león es un símbolo de animal bien conocido del pueblo Británico, y por supuesto del que fue una vez un imperio mundial, aun prominente al día de hoy. La universidad heráldica también usa el león para Inglaterra.
2. **Las Alas de Águila = Estados Unidos**: Se encuentra en el Gran Sello de los Estados Unidos y más comúnmente visto en la parte de atrás del Billete de Un Dólar[43]. Los Estados Unidos dominan el mundo al día de hoy.

El leopardo y el oso son más inciertos para mí (como es el significado del oso comiendo tres costillas o el leopardo que tiene cuatro cabezas). De acuerdo a la misma universidad heráldica, ellas serían Alemania y Francia, respectivamente. De acuerdo a otros, serían Rusia y quizás Alemania, respectivamente. Yo me inclino hacia la anterior porque Apocalipsis 13 describe aquí a la misma cuarta bestia "terrible" como una amalgamación del león, del oso, y del leopardo, menos las alas del águila (explicado más adelante) y se asocia con el Anticristo. Más adelante hablaremos de un hombre que está vivo al día de hoy, que sus logros heráldicos describen a esta misma bestia amalgamada y que su linaje es de Emperador Romano de Inglaterra, Francia, y Alemania como se muestra con el león, el leopardo y el oso.

Pero de vuelta a la primera bestia. No debemos de pasar por alto el hecho de que la Babilonia Antigua usaba un león con alas de águila como su **símbolo de animal** y eso de su diosa principal Ishtar[44]. Es increíblemente elegante como Dios se las ingenió para qué EE.UU y el Reino Unido como Babilonia hija y madre respectivamente terminaran usando símbolos de animales que calzan juntos para coincidir con el símbolo antiguo de Babilonia e identificarlos colectivamente como Babilonia, ¡tal como Isaías y Apocalipsis se refieren a ellos! Incidentemente, una razón por la que muchos incorrectamente concluyen que Daniel 7 se refiere a imperios antiguos en vez de a imperios de los tiempos finales es porque el león con alas fue utilizado por Babilonia Antigua.

León Con Alas de Babilonia

El Significado de las Alas de Águila Siendo Desplumadas

Algunos comentaristas creen que el desplume de las alas representa la Declaración de Independencia en 1776. Pero hay problemas con esto:

1. Cuando las alas son removidas de un animal, el animal puede concebiblemente seguir viviendo pero **las alas morirán** separadamente de su anfitrión. Ellas no pueden vivir por sí mismas y desaparecerán.
2. En Apocalipsis 13 donde los mismos símbolos de animales se usan para describir al Gobierno Mundial de la Bestia como en Daniel 7, las **alas del águila** siguen desaparecidas y completamente fuera de la imagen, en vez de estar desprendidas o como un **águila completa separada** como deberían de estar.
3. El león que pierde las alas no muere o simplemente vive sin cambiar, sino que al parecer sufre una gran transformación después representándolo de pie como un hombre. ¿Cómo cumplió Gran Bretaña esto después de 1776, esencialmente cambiando de un león a un hombre? ¿No calza mejor aun con una transformación radical futura que vendrá sobre ella, significando que el desplume de las alas es aun en el futuro y no hablando de 1776? La única buena conclusión es que el desplume de las alas del águila es el mismo evento de la destrucción de la Babilonia Hija descrito, como sucede antes de que se nos advierte de la Marca de la Bestia en Apocalipsis 14. La transformación del león que cubriremos a continuación también confirma este tiempo.

Significado de la Transformación del León Después de Perder sus Alas

¿Cuál entonces es el significado del león sin alas que está siendo levantado sobre la tierra, que está de pie como un hombre, recibiendo la mente de un hombre, o el corazón de un hombre – como otras versiones más literales lo presentan?

Daniel 7:4 (HCSB versión en inglés) – La primera era como un león pero tenía alas de águila. Mientras yo miraba, sus alas le fueron arrancadas, <u>fue levantada del suelo y puesta sobre dos pies, como un hombre, y le fue dado una mente de hombre.</u>

Daniel 7:4 (VRV) La primera *era* como león, y tenía alas de águila. Yo estaba mirando hasta que sus alas fueron arrancadas, y <u>fue levantada del suelo y se puso enhiesta sobre los pies a manera de hombre, y</u>

---

le fue dado corazón de hombre.

También, ¿hay alguna importancia al hecho de que el león es la primera bestia mencionada y también posee la posición prominente de estar ubicada a la cabeza de esta Bestia final?

Apocalipsis 13:2 (VRV) – Y la bestia que vi era semejante a un leopardo, y sus pies como de oso, y su boca como boca de león. Y el dragón le dio su poder y su trono, y grande autoridad.

Yo creo que todo esto apunta al Reino Unido siendo el lugar que el gobierno del Orden Mundial de la Bestia iniciará o donde el Anticristo se levantará o controlará primeramente. Por supuesto, Daniel dice que el Anticristo se levantará de un pueblo que vino y destruyó el segundo Templo (Dn 9:26), o el Imperio Romano. El Reino Unido fue una parte definida del Imperio Romano cuando eso sucedió en el año 70 DC. Hoy día vemos al Imperio Romano reuniéndose nuevamente a través de la Unión Europea, el cual, pertenece nuevamente el Reino Unido.

Por cierto, ¿le suena a usted familiar el "corazón/mente" de un hombre? ¿Alguna vez ha notado una declaración similar acerca de la Bestia y un hombre?

Apocalipsis 13:18 – Aquí hay sabiduría. El que tiene entendimiento, cuente el número de la bestia, pues es número de hombre. Y su número es seiscientos sesenta y seis.

Hay más de esta similitud suelta que conecta el Anticristo a Inglaterra. La evidencia que tenemos de la identidad del Anticristo apoya más allá esta conexión.

¿Viene el Anticristo de Inglaterra?

Si el candidato principal, que calza literalmente por mucho con las profecías del Anticristo fuera un líder máximo en Inglaterra al día de hoy, entonces eso ciertamente apoyaría la teoría de que el Anticristo se levantaría de Inglaterra. ¿Qué pasaría si este hombre estuviera directamente asociado con una **imagen literal del león sin alas que estuviera levantado puesto sobre sus pies como un hombre**?

Escudo de Armas del Príncipe de Gales

El Príncipe Charles de Gales (PC) es dicho hombre. Este es su currículum *parcial* de Anticristo:

1. Su nombre oficial "Príncipe Charles de Gales" suma 666 en Inglés usando la antigua gematría Hebrea cuando se adapta al usar una asignación natural secuencial de uno a uno de los valores del alfabeto Hebreo al alfabeto en Ingles (A/alef = 1, B/bet= 2, C/gimel =3, etc.)
2. Su nombre Hebreo oficial en los periódicos transliterado como *Nasich Charlmes mem Wales* también suma 666 usando la antigua gematría Hebrea.

Tabla 3: Gematría en Inglés

Hebreo	Valor	Inglés	Hebreo	Valor	Inglés	Hebreo	Valor	Inglés
א aleph	1	A	ט tet	9	I	פ phe	80	Q
ב bet	2	B	י yud	10	J	צ tsadi	90	R
ג gimel	3	C	כ kaph	20	K	ק quph	100	S
ד dalet	4	D	ל lamed	30	L	ר resh	200	T
ה he	5	E	מ mem	40	M	ש shin	300	U
ו vav	6	F	נ nun	50	N	ת tav	400	V
ז zayin	7	G	ס samek	60	O		0	W-Z
ח chet	8	H	ע ayin	70	P			

Tabla 4: "Prince Charles of Wales" = 666

PRINCE	CHARLES	OF	WALES
70 + 90 + 9 + 50 + 3 + 5	3 + 8 + 1 + 90 + 30 + 5 + 100	60 + 6	0 + 1 + 30 + 5 + 100
227	237	66	136
666			

3. Su escudo de armas oficial muestra una bestia sin alas como de león parándose sobre sus dos pies como un hombre, como Daniel 7 lo describe.
4. Una exanimación más cercana revela que esta bestia solo tiene una cabeza y una boca de león mientras que el resto de ella armoniza con los pies de oso y el cuerpo de leopardo de la bestia de Apocalipsis 13.

Note que los puntos 3 y 4 no se contradicen necesariamente entre ellos. Como se muestra en Daniel 7, el Reino Unido ha terminado su transformación personal pero no ha sido asimilado aun en la cuarta bestia, espantosa y terrible, que incorpora al león y los otros animales (menos el águila) gobernando al mundo entero. La heráldica de Charles muestra esa cuarta bestia mundial, pero el hecho de que esta bestia se muestre *de pie* y *se mire más como un león* es muy importante y nos está diciendo que Inglaterra será más prominente en este imperio, sin duda alguna, ya que es la base de poder del Príncipe Charles.

Hay más evidencias disponibles acerca del Príncipe Charles si usted está interesado, al punto que algunos dicen que hay más evidencia para identificarlo como el Anticristo de lo que hay para probar quienes somos nosotros. Un artículo en mi sitio web escrito por Monte Judah (el hombre que descubrió el Numero de la Bestia en el nombre del Príncipe) explica más de esto[45]. Si usted quiere la evidencia más completa, yo recomiendo *El Anticristo y una Copa de Té* por Tim Cohen[46].

Estatua del Príncipe Charles de Planificación de Brasil

¿La Imagen de la Bestia?

Interesantemente, ya hay una estatua "humilde" del PC hecha por Brasil describiéndolo como un semidiós con alas y calificada como el "Salvador del Mundo" en agradecimiento a él. No estoy diciendo que esta es la estatua de la Imagen de la Bestia que trae la Abominación Desoladora[47], pero el hecho de que ya exista una estatua de adoración como esta es simplemente asombroso. La otra cosa extraña acerca de la estatua es la forma en que retrata el rol exacto que el futuro Anticristo tomará después de Ajenjo, el de un salvador semidiós. Más allá, y más sorprendente son las alas angelicales en él considerando como el Libro de Apocalipsis revela que el Anticristo no será humano sino un híbrido de ángel/humano o nefilim[48]. Esta estatua no prueba que el PC será el Anticristo, pero es preocupante que el príncipe estaba "profundamente conmovido" al gesto, en lugar de rechazar la sugerencia de ser él mismo como el Salvador del Mundo, un título reservado para Jesucristo.

¿Podría estar equivocado acerca del Príncipe Charles?

Para muchos, esta teoría del PC siendo el principal candidato para ser el Anticristo es la idea más descabellada en este libro. ¿Apostaría mi vida que el PC es el AC? De ninguna manera. De hecho, ni siquiera había planeado mencionarlo. Decidí hacerlo solo después de haber visto como Daniel 7 apunta al AC viniendo de Inglaterra y como su bestia de cabeza de león aparece en el escudo de armas de Charles estando de pie tal como Daniel lo describe. El que el Anticristo esté vivo y mayor al día de hoy nos da el único buen indicador de que tan cerca estamos de la GT que yo sepa. Si usted tiene problemas con esta teoría, simplemente ignórela. No *necesitamos* saber quién es el AC o que tan cerca está el fin (debido a que Elías nos lo dirá). Sin embargo, hay algunas objeciones comunes a esta teoría que debo señalar.

Objeciones Comunes al Príncipe Charles

La objeción que se levanta más a menudo es que el "PC" es "cobarde", con una reputación menor que estelar. No me sorprende recibir esto más a menudo por parte de los lectores Británicos, dado el comentario de Jesús acerca de que ningún profeta es acepto en su propia tierra (Lc 4:24). Sin embargo, su reputación actual o lo que subjetivamente esperamos que este personaje malvado infame sea debe de ser puesto de lado. Lo que importa es si él calza con el criterio dado en la Biblia, y PC pareciera que lo hace. Y no deje pasar por alto que cualquiera que se convierta en el AC debe morir primero y resucitar (Ap 13:3). Una muerte y resurrección de buena fe de alguien tan famoso sería sin precedentes e impresionante. Imagínese la reacción del mundo si de repente este individuo comenzara a decir que él es Dios y empezara a hacer milagros. La gente aceptaría que Dios tomó control de su cuerpo muerto e ignorarían por completo su reputación anterior.

Los Británicos les gusta señalar también que su nombre no es Charles, el Príncipe de Gales sino que "Charles Philip Arthur George Windsor, Príncipe de Gales". Ya que la Biblia no dice el "nombre de nacimiento" o el "nombre real" no estamos limitados a usar esos (que casi nadie conoce). Es muy razonable irse por el apodo a través del cual podría decirse que él es la persona más conocida en el mundo.

Otra objeción que escucho todo el tiempo es que él está muy viejo (60 en este escrito) y si Jesús demora su venida hasta el 2030, el PC tendrá 82 años. Esta preocupación olvida muchas cosas. En primer lugar, él obviamente tiene buenos genes ya que su abuela la Reina Elizabeth vivió 101 años y su madre la Reina Elizabeth II está saludable a sus 80 años. En segundo lugar, si será resucitado y tendrá el poder de Satanás (Ap 13:3; 2Ts 2:9), ¿qué importa su edad?

¿Qué hay del Príncipe William?

La gente muy a menudo sugiere que el bien parecido hijo del PC, el Príncipe William calza mucho mejor. Esto desafortunadamente no está basado en el criterio de la identificación bíblica del Anticristo, sino en el criterio subjetivo de lo que la gente naturalmente asume de cómo será un futuro líder mundial. El Príncipe William no calza con la prueba del nombre del 666 ni se iguala a la imagen de la Bestia tal como lo hace el escudo de armas de su padre. Él debería ser rechazado como un candidato por no cumplir las palabras claras de las profecías, independientemente de la forma en que apela a nuestra susceptibilidad.

Profecía del Destino del Anticristo

A pesar de que no miro al Príncipe William o a su hermano el Príncipe Henry encajando con la profecía del Anticristo, puede que ellos estén mencionados en otra parte en la profecía. Si su padre el Príncipe Charles se convierte en el Anticristo al detener los sacrificios y al levantar la AD, entonces podemos saber ya su futuro también. La profecía de Isaías 14 del Rey de Babilonia de los tiempos finales (Anticristo) incluye una predicción que podría impedir que los chicos William y "Harry" vivan para ver el Milenio:

> **Isaías 14:18-22** VRV – [18] Todos los <u>reyes</u> de las naciones, todos ellos yacen con honra cada uno en su morada; [19] <u>pero tú echado eres de tu sepulcro como vástago abominable</u>, como vestido de muertos pasados a espada, que descendieron al fondo de la sepultura; como cuerpo muerto hollado. [20] <u>No serás contado con ellos </u> en la sepultura; porque tú destruiste tu tierra, mataste a tu pueblo. <u>No será nombrada para siempre la descendencia de los malignos.</u> [21] <u>Preparad sus hijos para el matadero</u>, por la maldad de sus padres; <u>no se levanten, ni posean la tierra, ni llenen de ciudades la faz del mundo.</u> [22] Porque yo me levantaré contra ellos, dice el Señor de los ejércitos, y raeré de Babilonia el nombre y el remanente, hijo y nieto, dice el Señor.

Ellos serán puestos a muerte por Jesús tal como Salomón sabiamente puso a muerte sus enemigos cuando él tomó el trono (1Re 2). Sin embargo, la razón de esto puede que sea complicada. Si su padre es lanzado al Lago de Fuego como un nefilim junto con los demonios al final de esta era, sus hijos puede que sean nefilines también. Todos los espíritus malvados serán destruidos con todas las cosas que "causen ofensa" al final de la era (Mt 13:40-42)[49].

Cómo el Anticristo Toma Realmente Control

Hay tanta especulación desenfrenada de cómo el Anticristo llega al poder. Algunos piensan que se puede comparar a los "tres años y medio del ministerio" de Jesús en todos los sentidos para ser una falsificación perfecta. Otros esperan que sea una figura carismática ya en el poder evidente en la actualidad. Tales ideas suenan razonables hasta que usted entiende los cumplimientos literales de Ajenjo y la caída que viene de Babilonia que da origen al Anticristo. Desde la Primera Guerra Mundial, heredamos la Liga de las Naciones, que fracasó para obtener suficiente poder para hacer algún bien. Después de la Segunda Guerra Mundial concebimos las Naciones Unidas, que sin duda ha tenido más poder, pero no el poder de detener guerras, y mucho menos resolver los problemas del mundo. De hecho, la profecía nos dice claramente que la Tercera Guerra Mundial se acerca. Pero esta vez, algo se levantará como resultado directo que toma suficiente poder para detener guerras y también trae muchas soluciones al mundo – a un precio muy alto. La ruptura de la civilización a causa del paso de Ajenjo combinado con los estragos de la Tercera Guerra Mundial creará al final una emergencia de supervivencia extrema de la raza humana que la mayoría de las naciones consentirán ser gobernadas por un gobierno mundial. Este gobierno, conocido como la Bestia, tendrá el poder de obligar a todos a marcarse para negociar y como una promesa de lealtad y adoración a la cabeza de este gobierno que dice ser Dios en la tierra.

La afirmación de ser Dios junto con la prueba en forma de milagros, señales y maravillas, por supuesto que es el detonador. Sin embargo, se desprende de la guerra de la sexta trompeta y la mención en Daniel 11 de que el Rey del Norte es turbado por noticias del Norte (Rusia) y Oriente (China), que el Anticristo no tendrá control total, aunque claramente si tendrá control de una mayoría de naciones al principio. Rusia, China y sus aliados como herederos de la corona de Estados Unidos, serán los que tengan más que perder al someterse al Anticristo y buscarán no hacerlo sin una pelea, que ellos perderán. Con los Estados Unidos destruido y luego Rusia y China derrotados, nadie será capaz de resistir al Anticristo hasta que el Mesías venga.

Capítulo 9

Ciclos del Año Sabático y las 70 Semanas de Daniel
La Revelación del Año Sabático Para Precisar Confiablemente La Cronología de los Eventos Proféticos

Para mí, este es uno de los descubrimientos más emocionantes de la profecía Bíblica. No muchos triunfos son capaces de reducir la lista de los posibles años de cumplimiento para hitos proféticos, tales como el inicio de la GT, por una séptima parte. Esto es posible por el hecho que la Semana 70 de Daniel escrituralmente debe terminar en un año Sabático. Consecuentemente, esto significa que:

- Jesús *debe* de regresar en un año Sabático.

- El rapto (post-tribulación) *solo* sucede en un año Sabático.

- La GT debe de empezar en el año 4; el año medio de un ciclo de Año Sabático (Dan 9:27 = Mt 24:15).

- Ajenjo debe de venir muy pronto antes de eso, probablemente en el año 3 de un ciclo de Año Sabático.

- Debido a que el Misterio de Babilonia cae entre el paso de Ajenjo (año 3 del ciclo) y el inicio de la Tribulación (año 4), el momento de la caída de Estados Unidos también puede ser fácilmente descartado con muchos años de antelación en cualquier punto del tiempo, lo cual trae gran confort a los observadores de la profecía.

Además, **ninguno de estos eventos puede suceder en "cualquier año ahora"**, pero en realidad solo puede suceder en un año de los sets determinados de siete años.

¿Suena Demasiado Bueno Para Ser Cierto?

Muchos piensan que Dios nunca nos permitiría saber su plan *tan* detalladamente porque "nadie sabe el día ni la hora." Otros dicen que saber estas cosas viola la "soberanía de Dios". O quizás Dios nos tiene que mantener adivinando acerca de cuándo es el fin para que no empecemos espontáneamente a "golpear a los criados y a las criadas" una vez que sepamos de seguro que hay un retraso de X años (Lc 12:45).

Bueno, ya hemos cubierto <u>anteriormente</u> que la frase "nadie sabe el día ni la hora" no iba a aplicar para siempre para los siervos de Dios. La soberanía de Dios de hecho nos limita de saber muchas cosas ahora, pero está claro que la línea de tiempo de los tiempos finales no es una de ellas porque Dios declara en Daniel y Apocalipsis que él quería que sus siervos sabios en los tiempos finales entendieran lo que él estaba revelando, incluyendo muchas <u>figuras del tiempo</u> contenidas en ambos libros. En cuanto a la tendencia humana a reincidir cuando el juicio de Dios parece lejano, eso es solamente un problema cuando alguien no está plenamente comprometido con el estilo de vida de Dios. La compresión de que los eventos de los tiempos finales no son inminentes solamente los libera de su voluntad de una falsa sensación de urgencia que los puede mantener artificialmente rectos. Esto es una progresión necesaria para su crecimiento en un caminar cercano con Dios cuando estén listos.

Además, tal como Daniel 12:10 habla acerca de cómo los impíos no entenderán, es poco probable que cualquier persona que se tope con esta información, la entienda y vea su importancia a menos que ellos crean en la Biblia y tengan un caminar cercano con Dios. Está escondida, es radical y requiere un alto nivel de conocimiento práctico bíblico para ver, algo que los Cristianos seculares o casuales, tibios o nominales no poseen aún. Se miraría como locura o simplemente como otra especulación subjetiva para ellos.

Años Sabáticos en la Torá

La mayoría de Cristianos no han estudiado la Torá o el AT detalladamente, así que ellos no están familiarizados con los años Sabáticos (Heb.: *shmittah*), y relacionados con el año del Jubileo (Heb.: *yobel*). Similar a como el ciclo de siete días por semana termina en el Shabbat (sábado), los ciclos de los años Sabáticos son un grupo de siete años que terminan en un año Sabático especial. A Israel le fueron dadas instrucciones específicas con respecto a estos años, la principal fue para los agricultores de no cultivar o cosechar sus tierras, dejándola para que solamente los pobres comieran.

Éxodo 23:10-11 (VRV) – [10] Seis años sembrarás tu tierra, y recogerás su cosecha; [11] mas el séptimo año la dejarás libre, para que coman los pobres de tu pueblo…así harás con tu viña y con tu olivar.

Levítico 25:2-7 (VRV) – [2]…la tierra guardará un Shabbat para el Señor. [3] Seis años sembrarás tu tierra, y seis años podarás tu viña y recogerás sus frutos. [4] Pero el séptimo año la tierra tendrá descanso, Shabbat para el Señor… [5]…no lo segarás, y las uvas de tu viñedo no vendimiarás… [6] Mas el Shabbat de la tierra te dará para comer a ti, a tu siervo, a tu sierva, a tu criado, y a tu extranjero que morare contigo; [7] y a tu animal, y a la bestia que hubiere en tu tierra, será todo el fruto de ella para comer.

Más tarde, estos requisitos incluyeron la liberación de las deudas y de los esclavos:

Deuteronomio 15:1-2, 12 (VRV) – [1] Cada siete años harás remisión. [2]…perdonará a su deudor todo aquel que hizo empréstito de su mano, con el cual obligó a su prójimo [12] Si se vendiere a ti tu hermano hebreo o hebrea, y te hubiere servido seis años, al séptimo le despedirás libre.

Dicho sea de paso, la razón por la que el Reino del Sur de Judá fue exiliado por 70 años está ligado al quebrantamiento de este mandamiento. Ellos fueron enviados al exilio un año por cada año Sabático que ellos quebrantaron durante un periodo de 490 años. Cuando la pena de los 70 años se cumplió, Ciro el Rey de Persia, liberó a los Judíos en un cambio repentino de corazón.

Años Relacionados al Jubileo y Su Ciclo de 49 Años (*no de 50*)

En relación con esto está el año del Jubileo, el otro único año especial que se repite en las Escrituras. Es básicamente una semana de años Sabáticos, en el mismo patrón del día de Shabbat y de los ciclos de años Sabáticos, con una diferencia:

Levítico 25:8-10 (VRV) – [8] Y contarás siete semanas de años, siete veces siete años, de modo que los días de las siete semanas de años vendrán a serte <u>cuarenta y nueve</u> años. [9] Entonces harás tocar fuertemente la trompeta en el mes séptimo a los diez días del mes; el día de la expiación haréis tocar la trompeta por toda vuestra tierra. [10] Y <u>santificaréis el año cincuenta</u>, y pregonaréis libertad en la tierra a todos sus moradores; ese año os será de jubileo, y volveréis cada uno a vuestra posesión, y cada cual volverá a su familia.

Este pasaje confuso lo deja pensando si el ciclo del que se habla es de 49 o 50 años de largo. La mayoría de gente lo entiende como si fuera 50, pero esta perspectiva en realidad quebranta la Escritura: del requisito que los Jubileos siguen cada séptimo año sabático. Un ciclo de Jubileo de 50 años se sale de la sincronización del ciclo del año Sabático ya que *50 no es un múltiplo de siete*. Cae en el lugar correcto para el primer Jubileo pero con cada ciclo de Jubileo subsecuente, cada vez se deriva un año más. Solo un Jubileo en un ciclo de 49 años permanece sincronizado (7 x 7 = 49). En el cuadro de abajo se puede ver los años sabáticos en gris y directamente después de cada 7° año sabático puede ver marcas negras para los Jubileos de 49 años. El supuesto Jubileo de 50 años en rojo se puede encontrar en las marcas de los 50 y 100 años. El primero coincide con el Jubileo de 49 años pero note la brecha entre el segundo Jubileo de 50 años (en la marca de 100 años) y el 7° año sabático. Esa brecha quebranta la Escritura.

Tabla 5: 49 versus 50 Años de Ciclos de Jubileo Con Años Sabáticos

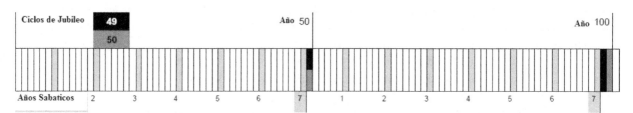

Entonces ¿por qué la Biblia se refiere al Jubileo como un año 50? Es así cuando usted cuenta de la manera en que se le indica, y no desde el último Jubileo como lo hacen los partidarios del ciclo de años 50, sino del año uno del ciclo del Jubileo usando un cálculo completo (como es típico en la Biblia.) Contar desde un punto de inicio equivocado quebranta la manera en que la Escritura nos dice como contar los Jubileos. Esto significa que cada Jubileo es realmente el primer año del primer ciclo del año Sabático del siguiente ciclo de Jubileo. En otras palabras, el año del Jubileo no interrumpe el ciclo del año Sabático, sino que es siempre seguido por el segundo año del ciclo del año Sabático. De esta manera cada Shabbat queda separado por un múltiplo de siete años de cualquier otro año Sabático en la historia.

La Distorsión: Como el Año del Jubileo es Como el Día de Pentecostés

Esto nos lleva a la pequeña diferencia que me referí anteriormente. Si el Jubileo fuera a seguir exactamente el patrón del día Shabbat y los ciclos de los años Sabáticos, entonces el Jubileo ocurriría en el 7° año Sabático, o en el mismo **año 49**, como un "año sabático de los años sabáticos". Por el contrario, hace que el *siguiente* año, el año 50, sea especial, en efecto dándole un año Sabático doble cada siete veces (los campos caen en los años 49 *y* 50). Es por esto que se enfatiza el número 50, para diferenciarlo del año 49 que lo precede – ¡no porque sea un "ciclo de 50 años"!

Por cierto, esto refleja el ciclo del "conteo del omer" de Pentecostés de la Tora. Después de contar siete semanas desde la mañana después del Shabbat que cae durante la semana de la Pascua, usted termina con dos días de descanso en esa semana cuando cae Pentecostés: el **día 49** siempre es Sábado o el día de Shabbat y el día 50 de Pentecostés siempre es un Domingo. Además, no hay ninguna instrucción de manera similar para reiniciar el ciclo del Shabbat después del día de Pentecostés. En otras palabras, el día de Pentecostés siempre está seguido por el Lunes, y no por un segundo Domingo o primer nuevo día de la semana que está a ocho días del primer día de la última semana. Con este testigo paralelo adicional podemos estar seguros que el ciclo del año Sabático, como el ciclo del día Sabático, es una **secuencia ininterrumpida** de años y múltiplos de siete años separados el uno del otro. Asimismo, el Jubileo debe de ser cada **49 años**, no 50.

El Discernimiento Para Ahorrar Tiempo

Por cierto, ya por entender correctamente el Ciclo del Jubileo, usted se puede ahorrar mucho tiempo cuando tenga que considerar otras líneas de tiempo y cronologías que hay. Simplemente averigüe si están basadas en un ciclo de 50 años. Si es así, hay pocas posibilidades de tener un error tan grande que pueda llegar a conclusiones correctas. E incluso si se utiliza un ciclo de 49 años, *aun* estará incorrecto probablemente si se utiliza el Jubileo para predecir el retorno de Jesús, como veremos a continuación.

Demostrando que las 70 Semanas de Daniel Son Ciclos de Años Sabáticos
El Día del Señor es al Final de la Semana 70

Expliqué todo esto para que podamos discernir mejor –cuando la Biblia menciona un "año" especial– si se está refiriendo a un Shabbat o a un año de Jubileo. Una vez que usted pueda hacer eso, es muy fácil demostrar que la Semana 70 de Daniel no es simplemente cualquier grupo de siete años contiguos en el tiempo, sino que se alinean al *ciclo del año Sabático* (y no tiene nada que ver con el Jubileo) y por lo tanto termina en un año Sabático. Podemos demostrar esto con evidencia interna y externa.

Las profecías acerca del Día del Señor, el día cuando Jesús regresa a juzgar, a vengar a los justos (Ap 6:10) y a reinar, dan confirmación. Este día está establecido en la Biblia para que venga en Yom Kippur, nueve días después del rapto (Trompetas), el cual viene justo cuando la GT ha terminado. Jesús claramente dijo que la GT era la segunda mitad de la Semana 70 de Daniel, empezando con la AD (Mt 24:15, 21, 29). Muchos versos dan fe que su Segunda Venida en Yom Kippur no solo ocurre en un día especial, sino que también en un *año* especial.

El Día del Señor en la Semana 70 es un Día y un Año Especial

Isaías 61:1-2 (VBA) – [1]El Espíritu del Señor DIOS está sobre mí, porque me ha ungido el SEÑOR para traer buenas nuevas a los afligidos; me ha enviado para vendar a los quebrantados de corazón, para proclamar libertad a los cautivos y liberación a los prisioneros; [2] para proclamar el año favorable del Señor, y el día de venganza de nuestro Dios; para consolar a todos los que lloran,

Isaías 63:3-4 (VRV) – [3] He pisado yo solo el lagar…los pisé con mi ira, y los hollé con mi furor; y su sangre salpicó mis vestidos, y manché todas mis ropas. [4] Porque el día de la venganza está en mi corazón, y el año de mis redimidos ha llegado.

Isaías 34:8 (VRV) – Porque es día de venganza del Señor, año de retribuciones en el pleito de Sion.

El año en que viene el día de venganza de Dios, se describe por Isaías tres veces como un año del favor, de la recompensa y de la redención de Dios. El Shabbat y el Jubileo eran años donde el favor de Dios le permitía a la gente subsistir de las plantaciones de años anteriores. La palabra "redención" podría apuntarle en la dirección del Jubileo, ya que era un año cuando las tierras enajenadas eran devueltas a sus dueños originales, algo que no pasaba en el año Sabático. Sin embargo, los esclavos tenían su redención en el año Sabático también.

No obstante, si el último año, o el 7° año de la semana 70 es llamado un año de favor, entonces esto sugiere que es un año Sabático en vez de un año de Jubileo. El Jubileo nunca es un 7° año, sino un 50° o en lo que respecta a años Sabáticos, un 8° o 1° (dependiendo como usted lo vea). Esta idea sería confirmada si pudiéramos ver que ese último año, el 7° de las otras 69 semanas, fuera también considerado año especial, incluso año Sabático específicamente.

La Semana 69 También Termina en un Año Especial

Resulta que Jesús citó Isaías 61:1-2 al inicio de su ministerio. Llamó la atención a ella como una profecía doble que se cumplió parcialmente en su primera venida y que más tarde se cumpliría por completo en su Segunda Venida. De manera significativa, Daniel dijo que la Primera Venida de Jesús ocurriría exactamente después de un máximo de 69 x 7 años o al final de 69° semanas (7 + 62 semanas), con él muriendo después de que pasara la 69° semana.

> **Daniel 9:25-26** (VRV) – [25] Sabe, pues, y entiende, que desde la salida de la orden para restaurar y edificar a Jerusalén hasta el Mesías Príncipe, habrá siete semanas, y 62 semanas; se volverá a edificar la plaza y el muro en tiempos angustiosos. [26] Y después de las 62 semanas se quitará la vida al Mesías

Yo creo que esta venida del "Mesías" fue reconocida no desde su nacimiento o desde su "entrada triunfal", sino desde el año que él empezó oficialmente su ministerio como Mesías. Esto sucedió claramente después de su 30° cumpleaños y su bautismo por Juan y empezó a predicar en pleno poder del Espíritu Santo. Su primer anuncio público después de su bautismo y ayuno llegó poco después en la sinagoga en Nazaret como lo registra Lucas:

> **Lucas 4:16-21** (VBAV) – [16] Llegó a Nazaret, donde se había criado, y según su costumbre, entró en la sinagoga el día de Shabbat, y se levantó a leer. [17] Le dieron el libro del profeta Isaías, y abriendo el libro, halló el lugar donde estaba escrito: [18] El espíritu del Señor esta sobre mí, porque me ha ungido para anunciar el evangelio a los pobres. Me ha enviado para proclamar libertad a los cautivos, y la recuperación de la vista a los ciegos; para poner en libertad a los oprimidos; [19] para proclamar el año favorable del Señor. [20] Cerrando el libro, lo devolvió al asistente y se sentó; y los ojos de todos en la sinagoga estaban fijos en El. [21] Y comenzó a decirles: Hoy se ha cumplido esta Escritura que habéis oído.

Note como Jesús lee este pasaje al inicio de su ministerio con la afirmación de que, "hoy se ha cumplido esta Escritura delante de ustedes." Para que esta declaración sea verdadera, el año que él lo leyó también tenía que ser un año especial del favor de Dios, o año Sabático, o de Jubileo. De lo contrario el "año favorable" no se hubiera cumplido. Note también como él se detuvo de leer Isaías 61 justo antes de la parte acerca del "día de venganza de nuestro Dios". Él no pudo anunciar que era un "día de venganza" así como había anunciado con respecto al "año favorable". Ese día de venganza solo se cumplirá cuando él regrese en el Día del Señor para pelear la Batalla en *otro* "año favorable" o año Sabático. Si él hubiera leído esa sección del verso, él hubiera invalidado su afirmación de lo que acababa de leer que se había cumplido en la reunión de ese día.

La citación de Jesús de Isaías 61 es increíblemente importante y útil. Nos dice que el último año de la **Semana 69°** que él declara haber cumplido parcialmente y el último año de la Semana 70°, la cual él vendrá nuevamente a cumplir "por completo", **son ambos un "año favorable"**. Esto hace que sea más probable que ambas fueran años Sabáticos, por ser 7° años, y menos probable que estos dos 7° años sean de alguna manera años 50° o años de Jubileo.

Identificando El Shabbat Histórico y Los Ciclos del Año de Jubileo

Debido a que los años de Jubileo ocurren solamente una vez o dos veces en la vida, debemos de ser capaces de revisar la historia y ver si el ministerio de Jesús comenzó cerca de un Jubileo. Lo pongo de esta manera por que los eruditos no están de acuerdo de cuando Jesús nació, fue crucificado, o cuando comenzó su ministerio. Sin embargo, hay límites para teorías razonables. Todos dicen que su ministerio comenzó a pocos años del 29 D.C. Sin embargo, todos están lo suficientemente cerca que si el Jubileo pudiera conocerse con alguna exactitud y si ningún Jubileo cae cerca del 29 D.C., entonces podemos descartar un Año de Jubileo para la semana 69º. Identificar el Shabbat Histórico y los Ciclos del Año de Jubileo no es tan difícil como parece. Como especificamos anteriormente, cada año Sabático debe de ser un múltiplo de siete años de cualquier otro, tal como cada año de Jubileo debe de ser un múltiplo de 49 años de otros. Así que, si usted tiene pruebas suficientes para dichos años a través de la historia, es fácil deducir el ciclo correcto. Establecer suficientes Shabbats históricos y años de Jubileo para hacer esto, requiere un estudio minucioso detallado en la historia antigua, que no es mi especialidad. Por supuesto, mi investigación fue simplificada grandemente por el conocimiento de que el ciclo del Jubileo escritural es de 49 años y no de 50. Afortunadamente, la mayoría de la investigación allá afuera se basa en un ciclo de 50 años, siguiendo el punto de vista tradicional de la mayoría del Talmud[50] por lo que esto me ahorró mucho tiempo.

Destrucción del Templo en 70 D.C. – Año Sabático

La mejor investigación del ciclo de Jubileo de 49 años que he encontrado es de Qadesh La Yahweh Press, el cual está disponible gratis en su sitio para descargarlo[51]. En lo que respecta a los años Sabáticos, su investigación coincide exactamente con la investigación del cronista Cristiano Eugene Faulstich. Todas las demás fuentes académicas que verifiqué estaban a 6 meses de lo que Eugene Faulstich y Yahweh.org concluyeron separadamente para los años Sabáticos (simplemente porque ellos afirman que los años Sabáticos comienzan en el otoño en vez de la primavera, tal como afirman es el caso, tal como afirma que es el caso para años bíblicos normales).

Entre muchos otros años de prueba examinados, ambos concluyeron que el año de la destrucción del Segundo Templo en el 70 D.C. fue de hecho un año Sabático. También ambos dataron la Fiesta de Sukkot de Nehemías 8 como 456/455 A.C. (otros académicos a menudo la datan un año antes. Note que debido a que los años bíblicos empiezan en la primavera, siempre abarcan dos años Gregorianos que figuran juntos con una barra inclinada). Este año es seleccionado a menudo porque Nehemías 8 registra que la Torá fue leída en voz alta durante la Fiesta de Sukkot, algo que la Torá ordenó a hacerse cada 7º vez – en el año Sabático.

A pesar de que no están de acuerdo en el año del Jubileo, ninguno de sus ciclos ubica un año de Jubileo cerca del 29 D.C., **descartando un año de Jubileo a lo que el "año favorable" de Isaías 61:1-2 se refiere.**

28/29 D.C. También es un Año Sabático Histórico

Nuestro caso sería incluso más fuerte si supiéramos en que año empezó Jesús su ministerio. Jesús leyó de Isaías en Nazaret a principios de su ministerio, el cual comenzó poco después de que cumpliera 30 (Lc 3:23). Gracias a la evidencia astronómica debido a donde estaba la estrella de Belén y cuando apareció[52], podemos estar muy acertados de que Jesús nació el 11 de Setiembre, del 3 A.C. la cual pareciera ser la Fiesta de Trompetas. Esto haría que él cumpliera 30 en el Otoño, el 28 D.C., y "alrededor de 30 años" a principios del 29 D.C.

Si Jesús se bautizó, ayunó por 40 días, y llegó a Nazaret a seis meses de su cumpleaños, entonces su anuncio del "año favorable" debió haber sido durante el año bíblico del 28/29 D.C. (Primavera, del 28 – Primavera, del 29 debido a que los años bíblicos empiezan en la primavera, no al finalizar el invierno). Si esto es correcto entonces 28/29 sería un año Sabático. ¿Lo demuestra así la historia?

De acuerdo a la investigación presentada anteriormente, si 456/455 A.C. fue un año Sabático, **entonces 28/29 D.C.**, unos 69 ciclos de años Sabáticos más tarde, sería en efecto un año Sabático (-456 + 7 x 69 + 1 para ningún año cero). Si Jesús proclamó un año Sabático para cumplir Isaías 61 al final de la Semana 69°, entonces podemos razonablemente esperar que él cumpla esa profecía por completo en otro año Sabático al final del Semana 70°.

La Primera Semana, El Decreto Correcto de Nehemías

Por cierto, esto también implica que el año Sabático de 456/455 A.C. fue el año del decreto correcto de Daniel 9:25, que dio inicio al conteo de las 70 Semanas. Esta sería la palabra de Artajerjes I Rey de Nehemías (en Nehemías 2:5-8) para específicamente regresar y reconstruir Jerusalén (algo que los otros dos primeros decretos popularmente considerados, no mencionan específicamente, como Daniel 9:25 requiere. La ciudad estaba aun en ruinas cuando Esdras y Nehemías llegaron, 100 años después del primer retorno).

El Próximo Año Sabático Es...

Entonces, ¿cuándo es el próximo año Sabático para nuestros tiempos? Usted puede darse cuenta al sumar repetidamente siete a cualquier año Sabático confirmado. Si usted parte del 70 D.C., sume siete 277 veces antes de llegar al primer año Sabático venidero. Ese próximo año Sabático el cual tiene una posibilidad de cumplir la profecía será en el **2016/2017**[53]. Si la Semana 70° no empieza con ese ciclo, entonces lo antes que puede empezar después de eso será el **2023**. Refiérase al cuadro de la Hoja de Ruta de Apocalipsis para ver que eventos y que años pueden acontecer estas cosas basados en esta explicación del año Sabático.

¿O Tal Vez No?

Algunos que han estudiado los años Sabáticos pueden estar en desacuerdo con mi conclusión del 2016. A ellos les diría que, puede que estén en lo correcto. Aun así, por favor note que descifrar correctamente el ciclo del año Sabático no es importante para *Conocer el Futuro*. Los sellos, las trompetas y las copas de Apocalipsis nos dan la secuencia de los eventos y no dependen del ciclo del año Sabático. Sabemos a partir de esta secuencia que ningún evento profético principal puede suceder, incluyendo Ajenjo o la GT, antes de que Elías venga y nos reúna para estar seguros. Así que, aun sin conocer el próximo año Sabático, siempre podemos saber que tenemos un par de años seguros que seguirán hasta que Elías aparezca y nos diga lo contrario.

Capítulo 10

La Hoja de Ruta

Lo Que Hace Que Esta Línea De Tiempo Sea Especial

Este capítulo contiene el cuadro de la Hoja de Ruta de Apocalipsis con la sincronización de los años Sabáticos de todos los eventos proféticos ya explicados en los capítulos anteriores. Varios aspectos hacen que esta línea de tiempo sea especial:

- **Interpretación Literal:** Utilizada exclusivamente para cumplir con los requisitos que Jesús propuso que el sentido llano de las Escrituras no puede ser quebrantado, una regla que la interpretación alegórica ignora. Esto se hace para que las explicaciones que son capaces de resistir al escrutinio puedan ser identificadas como correctas por cualquiera, algo que nunca se puede hacer con una alegoría inventada por el hombre. La importancia de esto se demuestra constantemente a través de este manuscrito. Una vez más, para que conste en actas, a pesar de que "Ajenjo" puede traducirse como "Chernóbil" en la Biblia de Ucrania, eso aun así, no nos da permiso para hacer que la palabra normal traducida "estrella" haga metamorfosis en una "ciudad de una fuga de un reactor nuclear en la tierra". Para ello, se aleja del uso de la interpretación literal para usar la interpretación alegórica – y quebranta la Escritura (Juan 10:35). Y si Chernóbil es correcto, ¿cómo podríamos saber de manera absoluta si todo está terminado si no lo podemos verificar con la Escritura?

- **Días De Fiesta Proféticos:** Jesús dijo que incluso la Torá (que no suele ser considerada profética) se cumpliría (Mt 5:18) y cualquier línea de tiempo que muestre una falta fundamental de consciencia de lo que él quiso decir con eso, le está faltando una de las principales claves de interpretación del Libro de Apocalipsis. Esta línea de tiempo tiene los 5 Días de Fiesta restantes no cumplidos señalados.

- **Los Ciclos de los Años Sabáticos:** A diferencia de la doctrina convencional de que el rapto o la venida de Jesús puede suceder "en cualquier momento" (también conocido como inminencia), la Escritura revela que ambos ocurren en un año Sabático (véase el capítulo anterior). Por lo tanto, usar el ciclo histórico conocido del año Sabático para proyectar años es confiable y muy superior a suposiciones subjetivas basadas en sueños, tipología, profecía de los Salmos, códigos Bíblicos, e incluso los Ciclos de Jubileo (que no tienen relación alguna con la importancia central de las 70 Semanas de Daniel).

- **Elías de los "Tiempos Finales":** Jesús dio a entender que Juan el Bautista fue solo un cumplimiento intermedio del Elías prometido por Malaquías 4 y que Elías vendría y "cumpliría las profecías" (Mt 17:11 en arameo). Considerar a Juan como el cumplimiento completo de Malaquías 4, no dejaría un camino para explicar de manera respaldada y con un precedente como los 144,000 y la mujer de Apocalipsis 12 serían guiados literalmente a donde Apocalipsis dice que irán. (Véase *El Misterio de la Desunión* para una explicación completa).

- **Dos Guerras de Gog y Magog, y No Una:** Ni Ezequiel 38 ni 39 calzan con un tiempo de pre-tribulación como comúnmente se supone. Solamente funcionan literalmente como dos guerras tipo 'sujeta libros' para el Milenio. Esto es evidente a partir de una simple comparación de Ap 19=Ez 39 y Ap 20=Ez 38. Las he catalogado como las guerras de Gog y Magog I y II.

- **Cinco Guerras Importantes Restantes Profetizadas Incluyendo la III y la IV Guerra Mundial:** Estas guerras se confunden a menudo la una con la otra y no son reportadas en otras líneas de tiempo. Estas incluyen la Guerra Nuclear del Medio Oriente, La III Guerra Mundial Nuclear, entre Estados Unidos y una alianza entre Rusia y China, La IV Guerra Mundial entre el Anticristo y la alianza Rusa-China, "Armagedón"/Gog y Magog #1 en Jerusalén, y Gog y Magog #2 después del Milenio.

- **Dos Misterio de Babilonia / Dos Caídas:** Pocos reconocen que cuando la Biblia dice "Ha caído, ha caído" no solo una vez sino que tres veces, es un claro indicativo que es una *profecía doble* (Is 21:9; Ap 14:8; Ap 18:2). Esto resuelve el dilema en Apocalipsis 14 que los ángeles anuncian una caída de Babilonia *antes* de que la Marca de la Bestia se convierta en un problema. Ambas caídas de Babilonia están marcadas en mi línea de tiempo (como #1 y #2).

- **"La Segunda, …*Tercera, y Cuarta Venida de Jesús*":**La "Segunda Venida de Cristo" es un nombre poco apropiado por que el Sermón del Monte de los Olivos y el Libro de Apocalipsis tiene a Jesús apareciendo, aunque sea brevemente, tres veces más, siendo su última aparición la duradera que inicia su reinado de 1000 años. Esto hace que la "Segunda Venida" sea en realidad la *cuarta* venida si las cuenta todas. Cada una de estas tres apariciones viene en el cumplimiento de un día de fiesta profético señalado en el cuadro: Pentecostés, Trompetas, y el Día de Expiación.

Como Leer la Línea del Tiempo

Por favor note los siguientes puntos acerca de cómo interpretar el cuadro:

- **Eventos Agrupados:** Estos eventos pueden ser el mismo evento bajo diferentes nombres en libros proféticos diferentes o puede que todos pasen en dicha sucesión rápida que aparecen como el mismo evento.

- **Orden Secuencial:** Con unas pocas excepciones marcadas con un signo de interrogación (?), ningún evento en la lista puede escrituralmente/legalmente suceder antes de que los eventos anteriores en la lista hayan sucedido.

- **Fechas del Calendario Bíblico:** Algunas veces el día exacto de un evento se puede saber porque está cumpliendo directamente uno de los días de fiesta profético de Levítico 23. Estos están anotados en cursiva con el nombre tradicional del mes Judío (a pesar de que los meses escriturales se nombran por su número, es decir, "el mes séptimo", no *Tishrei*).

- **Ajustando Su posición acerca del Rapto:** Incluso si usted no mantiene la posición del rapto post-tribulación incorporado dentro del cuadro, la información del tiempo en él aun puede que lo beneficie. Dado que Jesús debe de regresar en un Año Sabático al final de la Semana 70° de Daniel y se conocen los años Sabáticos, se puede calcular el año del rapto para otras posiciones del rapto al restar 7 años antes de la tribulación, o 3½ años a mediados de la tribulación desde el año del regreso de Jesús.

- **Años:** No hay fechas o años establecidos en la línea de tiempo porque la Biblia no nos dice el día ni la hora con tanta antelación. Lo mejor que podemos hacer es ver los eventos que son requisitos indispensables como la guerra Nuclear del Medio Oriente en el contexto de los ciclos de los años Sabáticos para ver cual puede cumplir finalmente la Semana 70° de Daniel. Siendo ya demasiado tarde para el 2009-2016, las próximas dos ventanas posibles de 2016-2023 y 2023-2030 están registradas en la línea del tiempo lado a lado. Si nada profético ha pasado para el 2016, entonces los números basados en el 2016 se descartan. Si no ocurre nada en el 2023, entonces se suman siete años a esos números y así sucesivamente. Si tuviera que adivinar, yo escogería 2023-2030 como la Semana 70° porque son 2000 años del año 30 D.C. cuando finalizó la Primera Venida de Jesús. Esta brecha de 2000 años podría ser lo que Juan 4:40,43 este aludiendo al enfatizar que Jesús estuvo con los gentiles por "dos días". (Pero esto solamente es especulación y definitivamente no es una predicción.)

La Hoja de Ruta de Apocalipsis

Tabla 6: Interpretación Literal de la Línea de Tiempo de Los Tiempos Finales y de los Ciclos de Años Sabáticos

Tiempo/Evento	Descripción
¿Para el 2016/2023? **¿Primavera?** • **Guerra Nuclear del Medio Oriente** • **Damascos convertida en un Montón de Ruinas** • **Jordania, Irán, y otros derrotados**	Una confederación Árabe/Musulmana atacará Israel como se describe en Salmo 83, Zac 12, Is 17, Jr 49, y otros. Israel ganará de manera decisiva en un día con la ayuda de Dios como en las guerras pasadas (Is 17:13-14) al sacar las cabezas nucleares en "La Opción de Sansón" en contra de los ejércitos Islámicos y ciudades del alrededor, antes de que Estados Unidos y Rusia puedan incluso involucrarse. Esto cambiará al Medio Oriente y hará que ciertas cosas descritas más adelante sean posibles tal como reuniones en el Monte del Templo y la construcción del Tercer Templo. **No está claro si esto viene antes o después del inicio de la Semana 70°.** El programa nuclear de Irán bajo Ahmadinejad *puede* que se lleve a cabo.
La Semana 70° de Daniel Empieza	
2016/23 *1 de Tishrei (Sept/Oct)* *(Año Sabático)* • **Semana 70 de Daniel** • **"Confirmación del Pacto"/El Anticristo Hace un Pacto Secreto Con los 10 Reyes**	Sorprendentemente, en ningún lado Daniel dice que el pacto se confirma con Israel o incluso en un evento público. A juzgar por los resultados del pacto dentro de los 3½ años – la destrucción de Estados Unidos y la toma de Israel – el ajuste natural es el pacto de Apocalipsis 17 que los diez gobernantes que odian a Estados Unidos hacen con el Anticristo para quemarla con fuego a cambio de tener dominio con el Anticristo cuando él reine desde Jerusalén. (Dan 9:27=Ap 17:12-13,16-17)
¿? • **Revés Económico (no un Colapso Económico de Estados Unidos)**	Incierto, pero Is 17:4 puede indicar después de la Guerra del Medio Oriente habrá una interrupción de prosperidad, estabilidad y tranquilidad que disfrutamos hoy en día. **Nota**: Mirar el *Epílogo* en lo que respecta a la caída del dólar.
Para el 2018/25 • **El Elías de los Tiempos Finales Aparece en Jerusalén** • **Se da el llamado a los Santos a Reunirse en Jerusalén**	La llegada del profeta Elías de los tiempos finales prometido por Malaquías, llenando las necesidades de alguien que advierte y guía a la gente a ir a Jerusalén antes de Ajenjo. Él quizás venga durante los tiempos malos en algún momento después de la Guerra del MO para ser uno de los Dos Testigos, de la misma manera que el Elías original se levantó durante el terrible reinado del Rey malvado Acab y la Reina Jezabel e hizo detener la lluvia por 3½ años. (Pero su llegada puede que sea en buenos tiempos, la Escritura no pareciera decirlo exactamente.)
2018/25 – 2019/26 • **Los Santos Son Reunidos en Jerusalén**	Los siervos de Dios incluyendo "la Mujer" y los 144,000 son guiados a Jerusalén por un profeta verdadero de Dios (¿Elías de Malaquías 4?) estableciendo una comunidad ahí que dura aproximadamente dos años, terminando posiblemente cuando los 1335 días empiecen. (Sof 2:1; primera "reunión")
2019/26, Pentecostés	Una vez que los 144,000 son sellados, empieza su misión de advertir a la gente de

• **Los 144,000 sellados y Jesús aparecen en el Monte del Templo juntos**	acuerdo a los tres mensajes de los ángeles de Ap 14. Van de dos en dos predicando el Evangelio eterno como un testigo a todas las naciones (Ap 14:6=Mt 24:14, véase *Misterio de la Desunión*) mientras permanecen ilesos incluso durante la Gran Tribulación.
2019/26, Pentecostés • **El Paso de Ajenjo/Planeta X** • **Gran Terremoto** • **Sol oscurece, luna con sangre** • **Lluvia de meteoros** • **El polvo oscurece el cielo** • **Cambio de polos, grandes vientos** • **Incendio por tormenta de meteoritos** • **Asteroide cae en el mar**	Grandes vientos a nivel mundial a causa del desplazamiento de los polos; Un gran terremoto que hace que la tierra cambie que requiere que se hagan mapas nuevos; el Sol se hace negro, la luna se llena de sangre, las estrellas caen del cielo, lluvia de meteoritos vista en todo lado, las estrellas se obscurecen por la nube de residuos/polvo luego todos se asustan y piensan de manera equivocada que el "Día del Juicio" ha llegado (pero no saben que el Día del Señor es cuatro años más tarde y mucho peor). Una tormenta de meteoritos prende fuego en todo lado quemando todo la hierba verde y una tercera parte de los árboles. Un asteroide del tamaño de una montaña golpea el océano y crea tsunamis devastadores destruyendo una tercera parte de las naves y de los peces en todo el mundo.(Ap 6:12-8:11).
2019/26, Inicio del Verano • **Pasó Ajenjo** • **"Fin del Mundo tal Como Lo Conocemos"** • **Crisis Mundial** • **Cambio del Calendario**	Una tercera parte del suministro de agua se hizo ajenjo, escases a nivel mundial; Un "invierno nuclear" de partículas en la atmósfera bloqueando el Sol; la Infraestructura Mundial de la civilización destruida; Hambruna a causa de la falta de sol y los cultivos quemados; la duración del año vuelve a los 360 días originales previo al diluvio y el mes lunar a 30 días. (Ap 8:12-13)
2019/26, ¿Otoño? • **III Guerra Nuclear Mundial – USA vs. Rusia** • **Rusia Gana,** • **EEUU es destruida** • **"Misterio de Babilonia Cae" #1**	Misiles nucleares Rusos literalmente incineran a EEUU con fuego atómico en un día y en una hora (Jr 50-51, Ap 17-18; Is 13; Is 47). Rusia probablemente tiene ayuda de una confederación comunista incluyendo la posibilidad de China, Corea, México, Cuba y Nicaragua. Ninguna nación sola podría vencer a EEUU y estas naciones ya socavaron y mostraron odio hacia Estados Unidos (Ap 17:12-18)
¿? (Pre-Tribulación) • **El Tercer Templo y el Altar son Construidos** • **Inician los Sacrificios en el Monte del Templo**	El Tercer Templo en el Monte del Templo debe de terminarse y los sacrificios continuos de animales empezarán casi 2000 años después de haberse detenido en el 70 D.C. (Ap 11; 2Ts 2:4) Nota: Tal como la venida de Elías, el tiempo exacto relativo para otros eventos no está claro excepto que es pre-tribulación. Una vez que el altar esté listo, los sacrificios se pueden dar y puede que empiecen antes de que el templo se termine.
Después de la III Guerra Mundial • **Anticristo presionando por una solución de Un Gobierno Mundial** • **El Falso Profeta, el Papa, en el poder**	El Anticristo probablemente empiece a ofrecer una manera de solventar la crisis de alimento y agua, de infraestructura, guerras, y el dominio mundial por el comunismo. El Papa, el Falso Profeta, probablemente está en escena apoyándolo incluyendo el resucitarlo de su herida mortal para ser aceptado como Dios.
2020/27, *15 de Tevet* (Dic./Ene.) • **Inician los 1335 Días** • **¿Los Santos Huyen de Jerusalén a Jordania?**	La bendición de "llegar a los 1335 días" es incierta, pero ya que es 45 días antes de la Abominación de la que Jesús habló de escapar absolutamente, podría ser el tiempo de cuando los justos se van como un grupo con mucho tiempo en vez de hacerlo en el último minuto al ver la Abominación. "La Mujer escapa al lugar preparado para ella en el desierto donde ella es sustentada por 3½ años" (Ap 12;

	Sof 2:1; 2° "reunión")
2020/27, Invierno • **Jerusalén Rodeada Por el Ejercito del Anticristo**	Lucas 21:20 – "Pero cuando viereis a Jerusalén rodeada de ejércitos, sabed entonces que su destrucción ha llegado." Debe de ser en invierno (Mt 24:20)
2020/27, Invierno • **Inician los 1290 Días** • **Abominación Desoladora** • **Los Sacrificios del Monte del Templo son quitados**	El Anticristo se revela públicamente como el Hombre de Pecado (2Ts 2) al usar su ejército para quitar el sacrificio continuo y levantar la Imagen de la Bestia demandando adoración como Dios. (Dn 12:11, 9:27; 11:31; Mt 24:15, Mr 13:14; 2Ts 2:4)
*Inicia La Gran Tribulación (**La Ira De Satanás**)*	
2020/27, *1 de Aviv* (Mar/Abr) • **Inician los 1260 Días del Ministerio de los Dos Testigos** • **La 5° Trompeta** • **La Gran Tribulación** • **Inician 42 Meses del Reinado del Anticristo** • **Decreto de la Marca de la Bestia** • **"Langostas" Ángeles Caídos Liberados**	30 días días después de que se levanta la Abominación y los sacrificios son quitados, la GT oficialmente inicia en una luna nueva de primavera (el 1 de Aviv, cuatro años después de que iniciara el último año Sabático). Dura por 1260 días/42 meses/3½ años. Ángeles caídos liberados del abismo empiezan a ejecutar el decreto de la Marca de la Bestia. Su aparición es de tipo alienígena para enmascarar su verdadera identidad y cumplir el engaño de su dictador que desea ser adorado como Dios con su Religión Mundial. Los Dos Testigos empiezan a predicar en Jerusalén alertando a la gente acerca de la verdad. (Ap 9:1-12; 11:1-6; 13:1-18; Mt 24:21)
2020/27 • **6° Trompeta** • **IV Guerra Mundial** • **"Noticias del oriente y Norte atemorizan al Anticristo**	El Anticristo debe de contender con China y Rusia ("este y norte" de Israel respectivamente) y sus aliados que no están tan dispuestos a renunciar al gobierno del mundo que acaban de luchar contra Norteamérica. El Anticristo gana con la ayuda súper natural de cuatro ángeles que son liberados del río Éufrates y establece su reino por unos tres años, pero una tercera parte de la humanidad muere en el proceso. (Ap 9:13-21=Dn 11:44)
2023/30, *27 de Elul* (Sept/Oct) (Año Sabático) • **Mueren los Dos Testigos**	3½ días antes del Día de Trompetas, en la mañana, probablemente alrededor de las 6 – 7AM, en un año Sabático.
2023/30 • **Los 7 Truenos**	Los Siete Truenos son en realidad la voz de Dios contándole al mundo su plan y el juicio que está por empezar (Ap 10:1-7, Sal 29). Esta explicación es tan completa que no fue escrita en la Biblia para mantener oculta la verdad excepto para los justos.
2023/30, Fiesta de Trompetas *1 de Tishrei* (Sept/Oct) • **7° Trompeta** • **Jesús aparece en el cielo con ángeles** • **Resurrección de los muertos**	"Porque el Señor mismo con voz de mando, con voz de arcángel, y con trompeta de Dios, descenderá del cielo; y los muertos en Cristo resucitarán primero. Luego nosotros los que vivimos, los que hayamos quedado, seremos arrebatados juntamente con ellos en las nubes para recibir al Señor en el aire, y así estaremos siempre con el Señor." (1Ts 4:16-17) "Después de la tribulación de aquellos días, él juntará a sus escogidos" (Mt 24:29-31) (Ap 11:11-15; 15:1-5)

• **Rapto de los Santos**	
Inicia La Ira de Dios / El Tiempo de la Aflicción de Jacob	
2023/30, Fiesta de Trompetas *1 – 10 de Tishrei* (Sept/Oct) • **Tiempo de la Angustia de Jacob** • **7 Copas de Juicio** • **Los Ejércitos se reúnen en el campo de Meguido**	Tal como en los días de Noé y Lot, una vez que los justos son sacados, la ira de Dios puede comenzar (Lc 17:26-36). (Ap 16:1; 12-16; Jr 30:7). Las bodas del cordero aparentemente suceden durante este tiempo en el cielo (Ap 19:6-9), o inmediatamente después del retorno del cielo (¿vs 17?).
2023/30, Yom Kippur *10 de Tishrei* (Sept/Oct) • **El Día del Señor** • **La 2° Venida de Jesús**	El Día del Señor es de hecho un día literal, el día de la mal llamada "Segunda Venida de Cristo" (Ap 19 = Lv 16).
2023/30, Yom Kippur *10 de Tishrei* (Sept/Oct) • **"Batalla de Armagedón" / I Guerra de Gog y Magog** • **La Bestia y el Falso Profeta Mueren** • **Satanás atado por 1000 años** • **"El Misterio de Babilonia Cae" #2**	Después de regresar, Cristo inmediatamente pelea La "Batalla de Armagedón". Es una denominación errónea ya que la Escritura indica que es una batalla en Jerusalén (Ap 19 = Ez 39 = Zac 14 = Is 13). Si bien 2/3 del mundo morirá durante la ira de Dios (Zac 13:8), la población será mucho menor a los 6.5 billones de hoy en día debido a Ajenjo, a la III y IV Guerra Mundial. Satanás es atado 1000 años en el Abismo que se abrió en la 5° trompeta. Él no muere para que él pueda ser liberado más tarde para probar la vulnerabilidad a su engaño (Ap 20:1-3 = Lev 16)
Termina La Ira de Dios	
2023/30, Fiesta de Tabernáculos *15 de Tishrei* (Sept/Oct) • **Reino Milenial de Jesús y los Santos** • **Israel es Reunida** • **Nuevo Pacto Inicia** • **7 meses enterrando gente** • **7 años quemando armas**	Jesús reina con sus santos por 1000 años. La Casa de Efraín y la Casa de Judá reunidas en Israel ("Éxodo Más Grande") y gobernado por el Rey David resucitado como en la profecía de los Dos Palos (Ez 37:15-28) el Nuevo Pacto prometido (Jr 31:31ff). Siete años de quemar las armas y siete meses de enterrar cuerpos (Ez 39:10,12)
3023/30 • **Satanás es liberado** • **II Guerra de Gog y Magog**	Dios libera a Satanás para demostrar que incluso con su verdad, su espíritu, y su gobierno, la gente aun puede ser engañada fácilmente como lo fueron Adán y Eva, eliminando así cualquier duda de que Satanás deba de ser destruido, y su objetivo ayuda a probar a través de la historia que solamente el camino de Dios funciona.
3???, El Último Gran Día • **2° Resurrección** • **Periodo del Juicio del Gran Trono Blanco**	Aquellos que murieron sin adoptar los caminos de Dios (la gran mayoría) son resucitados y se les da su primera oportunidad verdadera para conocerlos y probarlos sin el engaño de Satanás, sin la presión negativa de grupo, o persecución como pasó durante los primeros 6000 años del plan de Dios. Esto cumple el Último Gran Día. (Ez 37:1-14; Ap 20:5; Ap 20:11-15)[54]
????	El tiempo de los cuerpos físicos se termina porque no hay más dolor, tristeza o

• **Cielo y Tierra Nueva** • **La Nueva Jerusalén**	muerte, del cual solo los cuerpos glorificados espirituales pueden estar exentos (Ap 21).

Cómo Llegue A Todo Esto – Y Como Usted También Puede Hacerlo

Si usted no entiende inmediatamente mi razonamiento para estos eventos detallados, o su orden, no se preocupe: *puede* llegar a hacerlo y por una buena razón. *Aparte de algunas excepciones* en las áreas grises, todos los hitos anteriores y sus posiciones en la secuencia se basan en un sentido llano de la interpretación literal de la Escritura, en vez de adivinanzas. No se utilizan saltos cuánticos en el razonamiento basado en otras formas no confiables de interpretación de versículos. Así que no tiene que aceptar mi palabra para nada. Usted debe de ser capaz de referirse a los pasajes citados relacionados y encontrar la explicación de por qué he puesto las cosas de la manera que lo hice.

En general, llegué a esto al iniciar con los grandes conceptos claros tales como la Semana 70°, la GT, el calendario bíblico, y los días de fiesta proféticos para construir un marco seguro. A partir de ese fundamento luego intenté calzar las profecías más difíciles tales como Ajenjo, la AD y el día exacto del rapto y el Día del Señor. Una vez que tuve una interpretación literal para cada uno (eso no quebrantó ninguno de los muchos versos pertinentes) lo agregué al marco interpretativo confiable. Recuerdo **como al principio cualquier cosa parecía posible y poco parecía ser literal**. Los versos del Libro de Apocalipsis especialmente parecían que podían significar cualquier cosa. Estoy seguro que usted siente lo mismo a este punto. Pero a través de cada iteración, los significados válidos posibles de incluso los pasajes enigmáticos empezaron a reducirse para ajustarse a las palabras literales.

Ejemplo de Aprendizaje: 1260, 1290, y 1335 días

Un buen ejemplo de esto son los 1260, 1290, y 1335 días. Todavía recuerdo estar sentado en un estudio Bíblico de preguntas y respuestas en un día de Shabbat a principios de los 90's y escuché una pregunta que surgió de alguien que quería saber de que se trataban esos días. Nunca me imaginé haciendo esa pregunta yo mismo pero inmediatamente quise saber la respuesta, ¡también! Nuestro verdaderamente brillante y humilde pastor tuvo que admitir con una sonrisa, "No sé" (a pesar de que él tenía un entendimiento de escatología más acertado que el que tiene probablemente la mayoría de autores de profecía al día de hoy).

Gracias a los conocimientos del PX y de los Días de Fiesta Proféticos, de los tres, solo de los 1335 días no estoy tan seguro. Esto es simplemente porque no he encontrado un pasaje paralelo en la Biblia que lo ilumine, como lo hemos encontrado para los 1290 y 1260 días. Sin embargo, debido a la manera tan cercana en que calza el marco interpretativo literal después de muchos años, en realidad hay una o dos posibilidades de lo que suceda al inicio de los 1335 días que lo "bendice a usted para esperarlos e investigarlos".

Tenga Cuidado con las Predicciones del 2012

El 2012 no está en mi línea de tiempo porque está basado en el final del calendario Maya y otras especulaciones, y no en profecía Bíblica. Por lo tanto, como todas las fechas fijadas en la historia, podemos esperar con seguridad que fallará[55].

Parte 3:

El Misterio de la Desunión

El Entendimiento Profético Cambia Sus Doctrinas

Mi búsqueda por entender la profecía Bíblica tuvo un efecto secundario inesperado. Mejoró y cambió radicalmente mi entendimiento acerca del resto de la Biblia. Muchos lectores de ediciones anteriores de este libro reportan la misma experiencia y es muy probable que le suceda a usted también. Eso sucede porque la profecía Bíblica nos revela todo el plan de Dios para más o menos los primeros 7,000 años de la historia. Una vez que usted entiende ese plan de manera más completa, usted empieza a notar que la mayoría de las doctrinas y creencias enseñadas tradicionalmente por el Cristianismo acerca de Dios, lo que él está haciendo y porqué, *quebrantan la Escritura.*

Para el que anda buscando la verdad que quiere vivir solo de acuerdo a la palabra de Dios, este descubrimiento le pedirá que cambie su opinión acerca de los credos tradicionales, sin importar que tan bendita y que sagrada sea esa vaca. El proceso continúa luego hacia adelante en un efecto dominó a medida que se descubre otra creencia que ya no calza con su conclusión basada en la Escritura y también debe de ser cambiada. Y así sucesivamente según el proverbio, que aquel que es fiel en lo poco, debe de ser fiel en lo mucho, y aquel que se le da poco se le dará más. Si usted ama la verdad y *camina en cada fragmento nuevo recibido*, habrá más que viene en camino.

El siguiente libro ha sido calificado como "desafiante" por varios lectores. Esto es porque prueba que algunas enseñanzas Cristianas ortodoxas fundamentales están en contra de la Escritura y se encuentran con carencias. Ofrece alternativas justo de la boca de Jesús que usted estará sorprendido de haberlas pasado por alto durante muchos años. Si usted no ama la verdad por encima de la tradición, la investigación puede que lo moleste o lo ofenda. Sin embargo, mi propósito a la hora de escribir, no era para ser diferente, o escandalizar u ofender a alguien, sino más bien para responder algunas preguntas que el Cristianismo tradicional no tiene respuestas escriturales satisfactorias.

Para aquellos que aman la verdad, en adición a un entendimiento más profundo de lo que Dios quiere de nosotros al día de hoy, usted va a ser recompensado con varias ideas sorprendentes acerca de los misterios de los **Dos Testigos**, los **144,000**, los **setenta** *(-y dos)* **que Jesús envió**, "**la Mujer**" y el **Elías** de los "**tiempos finales**" que son simplemente impresionantes tal como algunos lectores lo describen. Estos misterios están más allá de la habilidad del Cristianismo de explicarlos adecuadamente, pero aquellos de nosotros que queremos la verdad para profundizar en la Biblia por nosotros mismos, podemos entender.

Tim McHyde
Agosto, 2006, Santa Ana, Costa Rica (www.EscapeAllTheseThings.com)

Capítulo 11

La Palabra de Dios o La Unidad: Escoja

¿Por qué Desunión de la Palabra de Dios?

Una de las fuentes más grandes de escepticismo hacia la Biblia es en como los que profesan seguirla están divididos en innumerables conflictos y a menudo en religiones, denominaciones y sectas *en conflicto*. Esta falta de unidad es irónica considerando como la Biblia es aceptada por ellos como revelación preservada de Dios para vivir rectamente que lleva a paz y unidad. Por supuesto, como incluso perciben los de afuera, la pregunta de cuál es exactamente la interpretación correcta del texto bíblico es altamente debatible, y esto es lo que lleva a la división con el tiempo. Hay eruditos buenos con argumentos buenos detrás de todas las interpretaciones famosas y convincentes que hay por ahí. Por lo tanto, vemos que a través de la historia la gente se ha dividido en grupos separados de creencias con fuertes pruebas académicas para apoyar su interpretación. Con el tiempo, cada división nueva puede evolucionar en una nueva religión, denominación o secta completa con su propio credo distinto basado en la Biblia. Obviamente, *todos estos grupos doctrinales en conflicto no pueden estar en lo correcto*. De hecho, es muy posible y probable que todos ellos estén equivocados. Todo lo que se necesita es que cada grupo se haya desviado solamente de algo significativo de lo que la Palabra de Dios realmente quería decir, lo cual no es difícil de imaginar.

Esto explica porque tenemos tantos grupos religiosos diferentes todos llenos de gente que creen que están siguiendo lo que la Biblia realmente dice. Esta mala fragmentación parece inevitablemente, tanto como lo es un divorcio. Pero en un matrimonio, si hay "diferencias inconciliables", o una o ambas partes no está dispuesta a cambiar cualquier comportamiento de manera que sea un buen matrimonio funcional, entonces un divorcio es una mejor solución a continuar con alguien que está en conflicto con usted[56]. Del mismo modo, el no ser capaz de estar de acuerdo con otros que le previenen de seguir sus convicciones acerca de la verdad de Dios es una justificación válida para la separación y la división. Así que esto es en realidad algo pragmático y necesario que la gente hace en ocasiones.

Después del rompimiento, la primera acción que un grupo recién formado por lo general va a hacer es exponer su punto de vista de lo que la palabra de Dios dice en lo que se denomina una declaración doctrinal. Esto tampoco es malo de por sí, pero muy necesario. Porque si su organización quiere ser capaz de responder a la pregunta de lo que creen y practican, ellos no pueden simplemente decir: "aquí, creemos esto" sosteniendo una copia de la Biblia. Es demasiado largo y ambiguo y requiere demasiada interpretación para servir como una respuesta definitiva para esta importante cuestión.

Abandonando la Palabra de Dios Por La Tradición

Pero el verdadero problema viene más adelante cuando estos grupos, que fueron formados inicialmente en la búsqueda y la preservación de lo que ellos tenían la convicción de lo que era la verdad, pierden su enfoque en buscar la verdad. Un nuevo enfoque en el simple instinto de conservación toma su lugar. Cuando se llega al punto de que ellos no van a cambiar sus doctrinas tradicionales fundamentales incluso después de haber sido presentados con nuevos hallazgos mostrándoles que ellos están en error (es decir, quebrantan la escritura), ahora lo que era originalmente noble se ha convertido en corrupto. Lo que inicialmente estaba basado en grandes ideales se ha convertido en otra organización que existe para promulgar su tradición en vez de revisar y cambiar constantemente su set doctrinal como parte de una búsqueda sin fin para un mejor entendimiento y aplicación de la Palabra de Dios. Jesús condenó la base de la tradición de la religión de sus días, el Judaísmo:

> **Mateo 15:1-9** – [1] Entonces se acercaron a Jesús ciertos escribas y fariseos de Jerusalén, diciendo: [2] ¿Por qué tus discípulos quebrantan la <u>tradición de los ancianos</u>? Porque no se lavan las manos cuando comen pan. [3] Respondiendo él, les dijo: <u>¿Por qué también vosotros quebrantáis el mandamiento de Dios por vuestra tradición?</u> [4] Porque Dios mandó diciendo: Honra a tu padre y a tu madre; y: El que maldiga al

padre o a la madre, muera irremisiblemente. [5] Pero vosotros decís: Cualquiera que diga a su padre o a su madre: *Es* mi ofrenda *a Dios* todo aquello con que pudiera ayudarte, [6] ya no ha de honrar a su padre o a su madre. Así habéis invalidado el mandamiento de Dios por vuestra tradición. [7] Hipócritas, bien profetizó de vosotros Isaías, cuando dijo: [8] Este pueblo de labios me honra; Mas su corazón está lejos de mí. [9] Pues en vano me honran, Enseñando *como* doctrinas, mandamientos de hombres.

Note que a pesar de que él estaba hablándole a los líderes del Judaísmo, sus palabras aplican a cualquier religión, denominación o secta que pretenda enseñar la Biblia. *Todas ellas* vienen al mismo punto donde deciden cual es su interpretación de la Palabra de Dios. Hacerlo de manera opuesta, crearía un ambiente más desafiante y fluido lo cual es menos atractivo para la mayoría de gente religiosa que busca estabilidad. Las organizaciones que cambian sus enseñanzas pierden miembros e ingresos, lo cual va en contra del instinto primordial de cualquier organización de la auto-preservación y crecimiento en números (en vez de "crecer en gracia y conocimiento").

Unidad de Denominaciones Solo A Partir de Declaraciones Doctrinales Fijas

A pesar de todo lo anterior, algo positivo que tienen estas organizaciones como resultado de su set doctrinal fijo, tradicional, es un alto grado de *unidad*. Cualquier persona que se una a sus grupos sabe a lo que va, sabe que esperaran ellos que él crea y haga. Todos los que están ahí aprenden a conformarse. Se mantiene el orden. Por otra parte, cualquier persona que más adelante no esté ya de acuerdo con estas tradiciones, se le muestra pronto la puerta en vez de que se le permita mostrar un desacuerdo en alguna especie de revolución doctrinal. Cualquier cambio doctrinal del medio, solo daría lugar a la salida de muchos otros que no quieren o que no están de acuerdo con un cambio de la situación actual. Un proverbio de la Biblia (y de una película famosa) que los religiosos han dominado es que "las necesidades de los muchos superan las necesidades de los pocos"[57].

Mis días en el IMD

Personalmente he experimentado esta unidad durante mi década de participación con la Iglesia Mundial de Dios (IMD). Era un gozo estar entre personas que usted sabía que tenían el mismo entendimiento y las mismas prácticas al adorar a Dios. Yo podía viajar a cualquier ciudad donde ellos tuvieran una congregación y saber cual tipo de gente con pensamiento similar encontraría ahí. Ellos estaban listos para darme la bienvenida en sus hogares sin siquiera haberme conocido. Guardábamos el mismo día de reposo (Sábado) y celebramos los mismos días de fiesta en el mismo día de fiesta programado[58]. Éramos capaces de reunirnos en estos tiempos, sacando tiempo libre del trabajo si fuera necesario. Tengo muchos buenos recuerdos de esos tiempos estando juntos.

Sin embargo, la IMD era una organización religiosa rara que en realidad se atrevía a interferir con sus doctrinas cuando estaban convencidos que estaban equivocados. Y como uno esperaría, tan pronto como ellos cambiaban radicalmente su set doctrinal, la *desunión* tomaría lugar. Era como que alguien jalara la alfombra de debajo de los pies de todos. Cada cambio sucesivo doctrinal (y hubo muchos) pondría un porcentaje de los miembros en la posición de estar en una organización con la que ya no podían estar de acuerdo. Muchos siguieron para encontrar o *encontraron* otro grupo con el que pudieran nuevamente estar de acuerdo, o, como yo, que me fui para quedarme por mi propia cuenta con la única persona con la que podría estar de acuerdo (bueno, excepto cuando, como parte de mi aprendizaje, ¡llego a ni siquiera estar de acuerdo conmigo mismo!).

Nuevamente, esta separación puede sonar como un evento triste. De ser así, deberíamos de acordarnos a nosotros mismos que cuando Dios nos llama, Él nos está llamando a Él, y no a un grupo particular o a un set de credos. Él usa grupos en el camino para enseñarnos cosas, pero nuestra lealtad primordial es siempre a Él y a su verdad como la entendemos, y no como un grupo la entiende. Porque ninguno de nosotros puede estar delante del trono en el Día del Juicio explicando sus acciones con la excusa de que solamente hicimos lo que nos dijo nuestro maestro, pastor, o rabino. Dios no nos está pidiendo que sustituyamos el juicio de nadie por el nuestro, sino que aprendamos sus normas de juicio como se revela en su Palabra. Jesús declaró esto como la norma:

> **Lucas 8:20-21** (VRV) – [20] Y se le avisó, diciendo: Tu madre y tus hermanos están fuera y quieren verte. [21] Él entonces respondiendo, les dijo: <u>Mi madre y mis hermanos son los que **oyen la palabra de Dios, y la hacen.**</u>

Si ese no es un verso aterrador al que hay que enfrentar, entonces no sé cuál verso sea. Si aceptamos este versículo por su valor aparente entonces, se requiere mucho más de nosotros de lo que nos han llevado a pensar. Para estar en la familia de Jesús debemos de basar nuestras acciones en lo que entendemos que la Palabra de Dios nos dice a nosotros. No hay un intermediario a confiar para que nos diga que hacer para agradar a Dios. En realidad debemos de basar nuestra relación con Dios haciendo lo que dice directamente su Palabra, y no lo que nos dice una autoridad religiosa humana. Si usted trata de operar de esa manera como parte de un grupo religioso de hoy en día, obviamente usted no va a durar mucho. Y una organización tratando de implementar esto, va a tener las correcciones continuas de curso que causarán que se rompa eso que IMD tenía.

Las Personas Pueden Seguir Con Éxito La Palabra de Dios

Afortunadamente, cuando usted está hablando de individuos que siguen la Palabra de Dios exitosamente, es una historia diferente que con las organizaciones. Cuesta menos que un individuo adopte esto. Esto puede sonar como una contradicción a las declaraciones anteriores acerca de cómo la Biblia es ambigua y difícil de entender con 100% de certeza. Sin embargo, es diferente. Es más difícil expresarle y probarle sus puntos de vista a alguien más que convencerse usted mismo. Hay muchos puntos que podemos concluir que la Biblia enseña que sería difícil probarles a otros. Afortunadamente, no necesitamos de la aprobación de nadie más para nuestras conclusiones. Muy por el contrario; necesitamos seguir nuestras propias convicciones y no confiar en la opinión de otros. Dios puso suficientes pruebas en la Biblia para cada uno de nosotros para tener convicción de lo que dice y para seguir eso e incluso para llevar a nuestras familias en esa vía hacia un gran éxito – si somos diligentes para profundizar en ella.

El individuo debe de estar dispuesto a hacer los sacrificios necesarios en construir su relación con Dios. Como se dijo anteriormente, uno de estos está dispuesto a separarse si fuera necesario de su grupo actual, de sus amigos, e incluso de su familia que generalmente no está para seguir la posición extrema de "solamente la Biblia." Jesús incluso señaló que esto se haría necesario para aquellos que tratan de vivir de esta manera, confirmando que esto era lo correcto a hacer:

Mateo 10:34-39 (VRV) – <u>[34] No penséis que he venido para traer paz a la tierra; no he venido para traer paz, sino espada.</u> [35] <u>Porque he venido para poner en disensión al hombre contra su padre, a la hija contra su madre, y a la nuera contra su suegra;</u> [36] <u>y los enemigos del hombre serán los de su *propia* casa.</u> [37] El que ama a padre o madre más que a mí, no es digno de mí; el que ama a hijo o hija más que a mí, no es digno de mí; [38] <u>y el que no toma su cruz y sigue en pos de mí, no es digno de mí.</u> [39] El que halla su vida, la perderá; y el que pierde su vida por causa de mí, la hallará.

Este es el precio de seguir la verdad en un mundo que generalmente hace lo que está correcto a sus propios ojos. Debemos de tomar nuestra cruz algunas veces para seguir a Dios. Sin embargo, con el fin de que usted no se desanime acerca de esto, recuerde la promesa que Jesús hizo con respecto a aquellos que siguen la Palabra de Dios en el mundo de división de al día de hoy:

Marcos 10:28-30 (VRV) – [28] Entonces Pedro comenzó a decirle: He aquí, nosotros lo hemos dejado todo, y te hemos seguido. [29] Respondió Jesús y dijo: De cierto os digo que <u>no hay ninguno que haya dejado casa, o hermanos, o hermanas, o padre, o madre, o mujer, o hijos, o tierras, por causa de mí y del evangelio,</u> [30] <u>que no reciba cien veces más ahora en este tiempo; casas, hermanos, hermanas, madres, hijos, y tierras, con persecuciones; y en el siglo venidero la vida eterna.</u>

Esa es una promesa confortante. Solo recuerde que no se dice cuanto hay que esperar pacientemente antes de recibirlo.

Unidad Para Los Grupos Nuevos

A falta de alguna solución forzada que abandona una base Bíblica (como la profetizada en Apocalipsis 13 en virtud de la Bestia y del Falso Profeta), es evidente que no habrá manera de sanar el cisma entre las religiones Judío-Cristianas hasta que el Mesías venga a establecerlas bajo *su* doctrina pura. El ecumenismo (la unidad entre las iglesias o denominaciones cristianas) y el universalismo ("todas las religiones son caminos iguales al cielo") ascienden a ignorar áreas de desacuerdo o dicen que no hay una verdad o un camino. Nunca traerán la unidad auténtica en la verdad. Lo más que usted puede adquirir de ellas es tolerancia y entendimiento. Un enfoque necesario en lo que se lleva a cabo solamente trae una verdad con un común denominador aguado.

Sin embargo, ¿qué hay de los grupos nuevos pequeños que tratan de mantener su integridad escritural al enfocarse en seguir solamente la Palabra de Dios? ¿Pueden tener ellos unidad? Hasta cierto punto, sí. Pero tan pronto como dos o más familias o individuos que desean seguir juntos la Palabra de Dios, el viejo problema de la ambigüedad de la Biblia pronto se levanta de nuevo para dividirlos.

La Zona de Conflicto: El Calendario de los Días Santos

Por ejemplo, miramos esto al día de hoy entre aquellos que quieren celebrar los días de fiesta bíblicos a pesar de que no son obligatorios (Hechos 15:19, 29; 21:25). Ellos han salido del Cristianismo o Judaísmo tradicional después de descubrir de manera dolorosa que estas religiones enseñan sus propias tradiciones en lugar de la Palabra de Dios. Ellos esperan ser diferentes. Estos grupos tratan de seguir las instrucciones de las fiestas que se encuentran en la *Torá*, o los mandamientos dados primeramente por Dios a Israel para hacerlos sabios y apartarlos de las naciones alrededor de ellos. Ellos lo hacen *no* porque crean que las obras de la Torá les hagan merecedores de la vida eterna, sino porque los mandamientos de Dios producen una vida más feliz y mas bendecida ahora, en esta vida. En pocas palabras, la Biblia dice que guardar sus mandamientos es agradar a Dios, y le muestra a Él su amor (Ex 20:6; Juan 14:15).

Aun así, ellos no están de acuerdo en cuál es la manera correcta para reconocer los días de estas fiestas en el calendario Gregoriano actual. Estas son algunas de las diferencias más grandes de opinión solamente acerca de este tema:

▪ **Días**: Algunos dicen que el día inicia en la puesta del sol, como lo observa el Judaísmo. Otros dicen a la salida del sol.

▪ **Shabbats**: Algunos dicen que es un ciclo del 7º día de Shabbat como lo observa el Judaísmo. Otros dicen que es un ciclo de Shabbat basado en la luna.

▪ **Meses**: Algunos inician en la luna creciente visible, otros la luna nueva astronómica, otros la luna *llena*, y el Judaísmo tiene su calendario que usualmente atrasa la luna creciente visible por un día (y algunas veces un mes antes).

▪ **Años**: Basado en la cebada Aviv (madura); basado en el equinoccio; o el calendario pre-calculado de Hillel II del Judaísmo.

Esos son muchos puntos de vista – todos a partir de leer la misma Biblia (y ni siquiera son todos). Sin embargo, algunos se estarán preguntando a este punto si las cosas podrían funcionar si simplemente se encuentra una asamblea con gente que ya esté de acuerdo con el calendario correcto, o digamos, si todos estuvieran de acuerdo en hacer los Diez Mandamientos.

¿Qué Hay Simplemente Acerca del Shabbat?

Bueno, vamos a tomar otro ejemplo para ilustrar como ni siquiera eso es suficiente. La observancia del día de Shabbat era parte de los Diez Mandamientos (el cuarto) y también dependía de esta cuestión del calendario. Así que, digamos que usted encuentra a un grupo que quiere observar el día de Shabbat de acuerdo al reconocimiento del séptimo día (en vez del Domingo, o de acuerdo al ciclo lunar, etc.). Grandioso, pero ¿en qué consiste guardar el día de Shabbat? Hay muchas preguntas en este tema solamente y aun así todos tendrán sus propias ideas, tales como:

▪ ¿Es una "santa convocación" que requiere que hagamos asamblea como se hace durante los Shabbats de santa convocación?

▪ Si es así, ¿se nos permite viajar para reunirnos usando automóviles que funcionan con motores de combustión interna o interpretamos Éxodo 35:3 como prohibir un fuego para el trabajo?

▪ ¿Se puede tener una fogata o hay que apagar el fuego?

▪ ¿Se nos permite usar nuestra computadora en Shabbat?

▪ ¿Se nos permite usar electricidad del todo en Shabbat?

▪ ¿Tenemos que preparar toda nuestra comida con tiempo de anticipación o podemos prepararnos un sándwich si quisiéramos?

▪ ¿Tenemos que hablar solamente acerca de Dios y la Biblia en Shabbat o ESTA BIEN que compartamos los unos con los otros detalles acerca de nosotros, del trabajo, nuestras vidas, nuestros problemas, etc?

▪ ¿Podemos jugar un juego de mesa o de computadora con la familia o amigos o es eso buscar sus propios intereses en el día de Dios o está bien siempre y cuando sea un juego de preguntas y respuestas Bíblicas?

▪ ¿Podemos mirar televisión o películas del todo o solo si son cristianas o bíblicas como *Veggie Tales* o *Los Diez Mandamientos*?

▪ ¿Podemos llevar dinero o intercambiar dinero con los creyentes en Shabbat o eso es "trabajo" prohibido?

▪ ¿Podemos ir a un restaurante o comprar comida en Shabbats ocasionalmente o eso está ilustrado como algo claramente prohibido en la historia de Nehemías 13?

▪ ¿Qué hay de la luna nueva? ¿Es también un Shabbat (Is 66:23)?

¿Comer en Restaurantes en Shabbat? ¡Ese Es Un Mal Ejemplo!

Algunos pueden leer esta lista y ver unos de ellos como "malos ejemplos" de asuntos debatibles porque "obviamente son prohibidos" – como ir a restaurantes en Shabbat. Aun así, esta reacción solo prueba el punto. ¡Es precisamente cuando usted ve en blanco y negro una cuestión escritural que otros encuentran debatible que usted no puede tolerar a otros que no lo ven como usted lo ve! Para esa persona, cualquiera que vaya a un restaurante en Shabbat no puede tener una defensa escritural de esa posición y solamente se está "negando a arrepentirse y a rechazar la autoridad de la Escritura." Por lo tanto, ¿cómo puede usted recibirlos en su grupo que guarda Shabbat si usted los vio como pecadores deliberados?

Mientras tanto, la persona que no ve malo ir a un restaurante ocasionalmente en Shabbat le puede dar un amplio razonamiento sobre por qué la Torá no prohíbe esto y como la decisión de Nehemías debe basarse por lo tanto en otros principios (como comprar alimentos en el mercado siendo parte del trabajo de uno de sostenerse a sí mismo durante la semana, etc.) Ambas partes creen que tienen la razón solamente, y por lo tanto están divididos de cómo guardar exactamente el Shabbat. Ninguno puede probarle al otro más allá de cualquier sombra de una duda que está equivocado. Tampoco pueden entender como alguien puede ver las cosas de manera diferente a como ellos las ven.

El Problema de No Ver el Problema

Para complicar más las cosas, luego, es el tema común de muchos ni siquiera darse cuenta de que la Biblia puede ser entendida de manera diferente a la forma que ellos personalmente la entienden. Por ejemplo, todos hemos escuchado a alguien discutir por su punto de vista en lo que la Biblia dice porque es "la clara enseñanza de la Biblia" o que "la Biblia es muy clara en este punto." Qué declaración más graciosa es esa para la persona que esta parada delante de ellos la cual se le hace tan claro como el barro. Por supuesto, si las enseñanzas de la Biblia fueran tan claras entonces no habría un desacuerdo regular sobre ellas. No es de extrañar que tengamos la división que tenemos el uno con el otro pensando que ellos ven la enseñanza "clara" de la Biblia (y aparentemente, ¿todo el que no lo ve es simplemente deficiente mentalmente?). Pero cuando otros se dan cuentan que otros pueden leer el mismo texto y llegar razonablemente a un entendimiento contrario, su paciencia y tolerancia por puntos de vista diferentes serán afectadas severamente. Se tiende a poner feo, tarde o temprano.

Por ejemplo, una vez puse en mi sitio web un artículo proponiendo que tomar la Marca de la Bestia no era el "tiquete seguro para ir al infierno", como a menudo se entiende en la Cristiandad[59]. Mostraba como escrituralmente se podía arrepentir alguien de la marca – después, por supuesto, de haber sobrevivido a las siete copas de la furia de Dios que tendría que enfrentar. Ahora, normalmente recibo un flujo constante de mensajes de correo electrónico de aprecio y gratitud a mi sitio web y un correo abusivo o de molestia solamente una que otra vez. Pero después de poner este artículo, ¡tuve el equivalente a un año de reserva de esos correos electrónicos en una semana! Me llamaron "falso maestro", un "falso profeta", y muchas veces me dijeron que me "arrepintiera" porque me estaba "uniendo al Anticristo." Sin embargo, en ningún lado sugerí que tomar la Marca de la Bestia fuera una buena idea, tal como lo hace el Anticristo. A juzgar por los correos electrónicos ardientes que he recibido, se podría pensar que yo lo había sugerido. Así de feo se puede poner a veces si usted sostiene y expresa un punto de vista contrario en un verso que todo el mundo asume muy claramente está diciendo otra cosa. Si habiendo leído este capítulo el lector no tiene idea de lo que estoy hablando, creyendo como algunos que la Biblia en su mayoría está clara "en las cosas que importan" entonces probablemente no hay nada que yo pueda hacer para cambiar eso. Lo que si sugiero es que vaya e ingrese a un grupo de Google o Yahoo y encuentre un grupo activo de discusión Bíblica. Proceda a decirle a la gente lo que usted mira como una enseñanza clara de la Biblia y vea las reacciones y abórdelos en discusión. Si usted hace esto por unas semanas, usted sin duda hará descubrimientos impresionantes acerca de que tan diferente otros entienden la Biblia de cómo la entiende usted.

Obviamente, esta situación no se resuelve fácilmente. A como están las cosas hoy en día, siempre habrá alguna cuestión de aplicación de la Biblia en la que no se vaya a estar de acuerdo. Hay una buena razón para esto: falta algo y en los próximos capítulos vamos a averiguar qué es y qué no es.

Capítulo 12

Intento de Unicidio

Sin duda, muchos encontrarán difícil aceptar la triste evaluación del capítulo anterior de nuestras expectativas de la unidad, siguiendo solo la Biblia. No tiene sentido para la mente natural que Dios sacara a la gente de este mundo para seguir su Palabra sin darles una manera de llegar juntos a su verdad, habitando en unidad para apoyarse los unos a los otros. Es simplemente contradictorio. Como resultado, la gente a menudo rechaza este concepto y sigue adelante con sus ideales de unidad en la actualidad.

¡El Salmo 133 Dice Que Debemos Luchar Por La Unidad!

Su razonamiento es que la unidad obviamente es la voluntad de Dios en las escrituras. Ellos a menudo citan este verso para respaldar su punto:

> **Salmo 133:1** – ¡Mirad cuán bueno y cuán delicioso *es* habitar los hermanos juntos en unidad!

Ellos entonces piensan, que a pesar de la presente realidad e historia, por el contrario, debemos de *luchar* por esta unidad. Se puede convertir en una búsqueda obsesiva para algunos, adquirir lo que ellos perciben que es la voluntad de Dios para ellos, al día de hoy.

Sin embargo, hay unos problemas con esto. En primer lugar, este verso en realidad ni siquiera dice "unidad." El Hebreo original en realidad dice, "morar incluso juntos." En segundo lugar, incluso si tomamos "habitar en unidad" como la traducción correcta, solamente dice que este habitar es bueno y delicioso, no dice abiertamente que es la voluntad de Dios que tengamos unidad *ahora*. Esto puede mirarse trivial, pero como Salomón dice, todo tiene su tiempo, y todo un propósito debajo del cielo (Ec 3). No todo lo que es bueno o delicioso es bueno para nosotros todo el tiempo o la voluntad de Dios para nosotros todo el tiempo. Nos podemos meter en muchos problemas si tomamos un verso de Biblia fuera de contexto y asumimos que nos está diciendo que hagamos algo al día de hoy para cumplirlo. En este caso, el contexto histórico del verso es el Israel Antiguo. Es uno de los "Salmo de Ascensos" que la mayoría está de acuerdo a que se refiere al peregrinaje a Jerusalén durante las fiestas anuales. Así que, si quisiéramos realmente tratar de cumplir este verso al día de hoy, entonces estaríamos todos yendo a Jerusalén con la familia para las fiestas anuales, algo que es prohibitivamente caro hacer tres veces al año si usted aun no vive en Israel (y vivir en Israel implica toda una serie de problemas hoy en día).

¡De Hecho Nuestro Grupo Tenía Unidad!

Algunas personas dan fe de que tenían o todavía tienen unidad con un grupo de células basadas en la Biblia al día de hoy. Ellos de manera madura, no hicieron un problema con esas pequeñas diferencias de opinión. Una familia me explicó como ellos tenían una media docena de familias que todas habían salido de IMD y que se reunieron de manera regular por siete años. Este grupo no tenía pastor u otro líder típico ni predicador principal. Por el contrario, se manejaba como una democracia. Cuando había asuntos por decidir, se discutían y se votaban. Cada persona era motivada a estudiar y a compartir su opinión y los hombres (solamente) se les daría una oportunidad de un turno para enseñar al grupo, en vez de que una persona controlara lo que se estaba enseñando y haciendo.

Esta consideración puede que contradiga mi punto de vista acerca de cómo la unidad no es posible. Sin embargo, debo de contarle el resto de la historia de este grupo. Este grupo resultó tener una unidad pasajera y frágil. Era solo cuestión de tiempo antes de que nuevos vientos de doctrina llegaran y dividieran a los miembros, una y otra vez. Este grupo en realidad tuvo muchas rupturas de miembros de mucho tiempo por desacuerdos doctrinales a través de los años. Así que en vez de crecer exitosamente de manera constante con el tiempo, el grupo continuó aproximadamente del mismo tamaño con una membrecía rotatoria. ¿Por qué no funcionó? Porque la regla acerca de la mayoría de votos no prueba cual punto de vista doctrinal es correcto. Por lo tanto, ninguna cantidad de consensos podría convencer a aquellos en desacuerdo para cambiar su opinión y no irse. Por esta razón, como veremos más adelante, la forma de gobierno de Dios no es una democracia y una unidad duradera verdadera no vendrá a través de una democracia. Alguien debe de ser capaz de probar cual es la doctrina correcta para la satisfacción de cada uno en el grupo que está buscando exactamente eso, por la instrucción de Jesús. Y él debe de tener el poder centralizado para hacer que todos caigan o sigan algo en vez de debatir o votar por algo.

El Llamado a una Unidad Mayor – En Lugar de Pelear

¿No hay solución aparente a este límite de tamaño de una unidad funcional? Como es el tema de este capítulo, algunos idealistas creen que la hay y siguen adelante con propuestas encaminadas a conseguir la unidad que ellos creen es nuestra primogenitura. Una de las motivaciones principales detrás de esto viene de la tremenda lucha interna que hay entre los pequeños grupos basados en la Biblia. Cuando los grupos se dividen por doctrinas, no siempre lo hacen de forma amistosa. Con demasiada frecuencia se da una tendencia asombrosa de "golpear a los criados y a los sirvientes" que el Mesías advirtió a la generación de los tiempos finales a la espera de su regreso. Muchos han sido testigos de cómo el Internet ha llevado esta serie de golpes a todo un nuevo nivel. Uno se pregunta al observar esta escena, como tantos que dicen seguir al Mesías, pueden olvidar lo que tienen en común y olvidan mostrar amor en como ellos manejan las diferencias.

La inevitable división y desunión sobre cosas doctrinales es una cosa, la decisión de uno de cómo manejarlo es otra cosa. Aquí es donde por desgracia tiende a ponerse feo. Muchos deciden que tienen una misión de Dios de señalarles a los demás lo malo, o en algunos casos, que tan "pecador" o que tan "rebelde" creen ellos que son los otros (ya sea si se les pidió o no su opinión). A pesar de que los ataques y las calumnias de estas personas causan mucho daño, hay que reconocer que por lo general son bien intencionados, ellos creen firmemente que le "están sirviendo a Dios". Irónicamente, entre más celosa sea una persona por Dios, es más probable que cometa este tipo de error. Simplemente es sorprendente como muchos que desean ser diligentes al seguir las instrucciones de Dios malinterpretan la mejor manera de llevar con amor a otros a hacerlas.

En respuesta a estas "sucias-payasadas", algunos se han venido de manera natural llamando a la unidad a gran escala, más allá de la pequeña unidad limitada de los grupos de células de las que hablamos en el último capítulo. Un boletín especial sagaz que recibí de Nehemiah Gordon muestra un entendimiento real de la causa de la situación y, como pronto veremos, incluso alude a la solución que evita la solución de la declaración doctrinal *hecha por el hombre* (el énfasis es mío):

Los profetas nos dicen que en el futuro el… Mesías vendrá y nos ensenará por la sabiduría del espíritu de YHWH (Is 11:2-3) y el Sumo Sacerdote se levantará con el Urim y Tumin y responderá todas nuestras preguntas difíciles (Esd 2:63; 2 Cr 15:3). Cuando eso suceda todos sabrán el significado verdadero de la palabra de YHWH. Hasta entonces, solo podemos hacer nuestro mejor esfuerzo con las herramientas que tenemos para alcanzar su Verdad. Es inevitable que al día de hoy en la Era del Exilio, mucha gente llegue a diferentes interpretaciones. Solo una opinión es la correcta, pero hasta que el Rey Ungido y el Sumo Sacerdote ungido vengan en los tiempos finales, no sabremos de manera segura. Hasta que eso suceda, ¡no debemos permitir que nuestras diferencias nos dividan!... Creo que aquellos que quieren seguir la Torá de YHWH no deben de estar divididos por sus diferencias para entender Su palabra. [Nosotros] creemos que la unidad puede y debe alcanzarse incluso cuando NO haya uniformidad. Esto requiere un cierto grado de madurez espiritual y humildad. Es de humanos que nos frustremos cuando otros no miran las cosas de la manera que nosotros las miramos. Pero debemos de ser humildes delante de YHWH y pedirle a Él que nos guíe en nuestro caminar con Él. Si nuestros compañeros guardadores de Torá se acercan a YHWH con la misma humildad entonces, no nos toca a nosotros juzgarlos. Lo que nos une es nuestro amor por YHWH y nuestro deseo de vivir por Su Torá. Esto no significa que [nosotros] no tengamos debates y discusiones acaloradas e intensas. Esto es una parte importante de tratar de pelar las capas de la tradición y el engaño para llegar al significado puro de la palabra de YHWH después de 2000 años de falsedad que nos ha mantenido en el Exilio. Esta búsqueda en las Escrituras es parte de nuestro viaje con YHWH que nos habla a través de Su palabra.

Escucho a muchas personas clamando por la "unidad" **pero lo que ellos realmente quieren decir es "uniformidad". Ellos claman por unidad y luego expulsan a todos aquellos que están en desacuerdo con ellos** de sus congregaciones y movimientos. **¿Es esto realmente la unidad?** Esto es como una democracia en la que todos los que no siguen la línea del partido, se les niega el derecho al voto. ¡Y luego los gobernantes del pueblo proclaman que hay unanimidad completa! ¿En que difiere esto de la Inquisición Española?

Propuesta de Unidad: Humildad, Madurez y Sin Expulsiones

El escritor cree que la unidad mientras se siga la claramente ambigua Palabra de Dios es posible al día de hoy incluso con nuestras diferencias. La solución que él propone es recordar humildemente que ninguno de nosotros sabe de seguro cual entendimiento es el correcto y poder tener la madurez de controlar nuestra respuesta a la frustración por el desacuerdo de los demás. Él no está de acuerdo con expulsar gente que no está de acuerdo como parte de la solución de la unidad.

Ciertamente, la situación actual de los que se atacan entre sí por diferencias doctrinales de debe a una falta de tolerancia. Si la gente fuera lo suficientemente madura y lo suficientemente humilde, reconocerían que no están en la posición de juzgar y atacar a aquellos quienes no están de acuerdo. Ellos se darían cuenta que el único camino por ahora es tolerarlos, ya que usted no puede cambiar a nadie excepto a usted mismo (suponiendo que usted no es el que tiene que cambiar). Sin embargo, hay grandes problemas con esta solución de la unidad. Creo que el escritor, que muestra claramente humildad y madurez en sus declaraciones, ¡está olvidando lo difícil que es para la mayoría de las personas alcanzar esas mismas cualidades! Estas cualidades no son algo que alguien pueda decidir tener y entonces obtener de la noche a la mañana. Deben de ser desarrolladas por mucho tiempo, por lo general, a una edad temprana gracias a una buena educación. Siempre habrá una falta de madurez y humildad entre los humanos especialmente con la mayoría de nosotros al día de hoy que venimos de hogares fracturados y de familias disfuncionales. ¡Debemos también pedirle a la gente que deje de pecar mientras estamos en esto!

El otro problema es que incluso si pudiéramos de alguna manera hacer que todos fueran maduros y humildes para no atacarse entre sí sobre sus desacuerdos, esto no cambiaría el hecho de que ellos fundamentalmente estén en desacuerdo. Si no pueden estar de acuerdo, entonces ellos no pueden estar juntos en unidad y deben de permanecer separados para mantener la paz. Entonces sería natural que busquen a otros que sí están de acuerdo con ellos sobre lo que consideren que es importante para Dios. Además, si más tarde una de estas personas cambia de parecer y perturba la unidad entonces, esto puede que requiera que se expulse a esa persona para mantener el orden, y así sucesivamente. Me identifico con el escritor que es un error expulsar a la gente cuando la tolerancia es una opción válida y no se escoge por la falta de madurez o humildad. Pero, como se señaló anteriormente, algunas veces es la única manera de mantener la paz y el orden, y de hecho es también una manera muy *escritural* de hacerlo como veremos en el próximo capítulo, mirando precedentes bíblicos para la unidad.

Por lo tanto, este llamado a la unidad no ofrece una solución práctica para nuestros días y realmente equivale a una llamada a la tolerancia apropiada. Esto es algo bueno que se debe considerar, que se supone que debe de haber obvia sabiduría y amor entre los Fieles. Él también está en lo correcto al señalar que la mayoría de estas cosas no se resolverán hasta que el Mesías regrese a reinar y a revelarnos la voluntad de Dios claramente. Sin embargo, ¿es cierto que no debemos esperar tener esta misma revelación divina a través de un representante de Dios hasta que el Mesías mismo venga? Vamos a ver esto más adelante.

Propuesta de Unidad: "Siga Mi Interpretación de Ezequiel 37/Hechos 15"

Otra propuesta provocativa comprende como "estar de acuerdo a no estar en desacuerdo" no es realmente unidad del todo. Por lo tanto, esto procura forjar un acuerdo entre aquellos que quieren diligentemente seguir la Biblia. Esto sugiere que la razón principal por la que hemos estado sin unidad entre los creyentes de la Biblia desde el Primer Siglo es porque hemos estado esperando que la profecía de los dos palos de Ezequiel 37 inicie su cumplimiento *hoy*. Ezequiel 37 habla acerca de la re-unión y la reunificación de las dos divisiones antiguas de Israel: La Casa de Efraín (las "10 Tribus Perdidas" o del norte) y la casa de Judá (Judá, Benjamín, Leví) para ser gobernadas bajo un rey nuevamente, el Rey David resucitado (Ez 37:15-28). ¿Qué tiene eso que ver con los creyentes de la Biblia, usted se preguntará? Hay unas pruebas muy interesantes que apuntan que las Diez Tribus Perdidas se habrían establecido en las tierras de las democracias Occidentales de hoy en día[60]. Si esto es cierto entonces la mayoría de la gente que cree en la Biblia al día de hoy, comúnmente llamados "Gentiles" o no-Israelitas, son en realidad descendientes de Israel sin saberlo (más sobre esto en el Capítulos 14). La mayoría de estos podrían llamarse de manera correcta Efraimitas, Josefinos, o Joes (en oposición a Judíos como el apodo de la actual Casa de Judá).

La propuesta sostiene que todos estos Joes deben de unificarse primero antes de que la reunificación con los Judíos pueda darse, de acuerdo a la profecía. La misma aboga por un camino a la unidad al seguir los cuatro requerimientos de Hechos 15 impuestos sobre los Gentiles que venían a la Fe en ese entonces – *más una docena de adiciones que no se encuentran en Hechos 15*. Esto incluye aceptar la "Doctrina de las Dos Casas", el "Regreso *Post*-Milenio del Mesías" y se requiere el uso de solamente los "verdaderos Nombres Hebreos de el Padre y el Hijo" y la circuncisión para los hombres.

El aspecto intrigante de esta propuesta es la forma en que se basa en la común (incorrecta) interpretación de Ezequiel 37, como si se estuviera cumpliendo al día de hoy la parte del palo de Judá a través de la fundación del Estado de Israel en 1948. Ofrece explicar quién es el palo de Efraín y lo que ellos deben hacer para seguir su ejemplo con un regreso a la tierra también. Por ello se puede afirmar que la unificación de Efraín bajo "representantes electos" posteriores es la voluntad de Dios ahora. Por lo tanto, cualquiera que continúe deseando seguir la Palabra de Dios que no apoye esta propuesta está en "rebelión y está *pecando*". Si no fuera por los requisitos doctrinales bizarros y la mezcla de la profecía, la identidad y el juicio, esta propuesta podría ser atractiva para mucha gente. Muchos están haciendo su mejor esfuerzo para entender y seguir la Palabra de Dios y desean liderazgo y comunidad para ayudar a guiarlos.

Problema #1: No hay Admisión/Reconocimiento de Falibilidad

Supongamos que la declaración doctrinal de la propuesta fue algo con lo que usted pudo estar totalmente de acuerdo. En ese caso, ¿puede ver el problema principal desde el inicio que esta propuesta de unidad aun mantiene? Como usted ya puede imaginarse, esta propuesta pareciera que no reconoce la realidad que causó la primera propuesta, de cómo no podemos saber con seguridad cual es la interpretación correcta de la Biblia al día de hoy sin un profeta o un sacerdote con el Urim y Tumin. Asume que ya tiene la aplicación correcta de Hechos 15 para nuestros días, dirigida a los creyentes de las asambleas del Primer Siglo en Asia. Se encuentra no solo cuatro requisitos para los creyentes de hoy sino un quinto requisito (de todos aprendiendo y haciendo Torá). Además se supone que es Escritural seguir adelante y añadirle a esa lista ya expandida, incluso *más* requisitos. No hay confirmación en nada de esto que estas interpretaciones podrían estar equivocadas y puede que necesiten ser cambiadas en el futuro con el interés de regresar a seguir la Palabra de Dios solamente, en vez de una declaración doctrinal de un hallazgo errado o seguir a los líderes que la crearon. En otras palabras, esta propuesta está condenada desde su inicio a no crecer en gracia y conocimiento con el público que es sincero que sigue la Biblia únicamente, que desea atraer.

Problema #2: Líder Confiable

Otro problema grande con esta propuesta es en la escogencia de un líder supremo sobre el grupo. De hecho, es cierto que se necesita un líder general si usted desea tener alguna posibilidad de orden y unidad en un grupo. Pero si pensamos en esto nuevamente, vamos a ver que esto requiere renunciar a seguir la Palabra de Dios eventualmente. La propuesta planea elegir a un líder supuestamente por todos los miembros. Eso suena justo y decente, por supuesto, a nuestra sensibilidad occidental. Sin embargo, ¿qué pasa si el líder que usted cree que es el mejor no es elegido?, ¿qué pasa entonces? O, ¿qué pasa si usted de verdad desconfía de este individuo elegido basado en sus acciones o palabras? O, digamos que la persona por la que usted votó *es* elegida. ¿Qué garantía tiene usted de que usted sabe lo que está haciendo al escoger a quien escogió? Recuerde, esta persona va a tener la última palabra en cuál es la manera correcta para seguir la Palabra de Dios y también tendrá la autoridad para decirle lo que es correcto. ¿Tendrá él la sabiduría para realmente saber y como puede usted estar seguro que la tiene?

Yendo más allá, vamos a asumir que de alguna manera él si tiene la sabiduría inicialmente. ¿Quién dice que él no se va a corromper más adelante como le pasó incluso al gran sabio Salomón (asumiendo que él no es corrupto desde el inicio)? ¿Está seguro que quiere renunciar a su privilegio como individuo para juzgar lo que la Palabra de Dios requiere de usted y entregárselo a un hombre elegido democráticamente, cuando usted tiene una opción en el tema? No veo como alguien en su sano juicio (o al menos con alguna experiencia que haya visto los efectos del poder de los hombres falibles) estaría de acuerdo en ser parte de este intento defectuoso en la creación de la unidad. A menos, por supuesto, de que estuvieran especialmente obsesionados con este concepto de la unidad y en pertenecer a un grupo para satisfacer su deseo de tener comunión. Debemos de ser cuidadosos porque incluso algo tan bien intencionado como encontrar unidad y comunión puede ser clasificado como un ídolo si ignoramos los hechos de que es perjudicial para nosotros y es algo que se busca continuamente.

Acepte la Desunión Presente

En su lugar, debemos enfrentar la realidad desagradable. Creer en la Biblia o incluso creer en seguir a Jesús no es suficiente para unificar. Es como Jesús dijo, que sus palabras serían una espada cortando familias, incluyendo familias de la iglesia (Mt 10:34). Tenemos casi 2000 años de evidencia que estamos perdiendo los ingredientes para la unidad entre aquellos a los cuales Dios ha llamado, a pesar de los diversos enfoques para el intento de la unidad. Todos los métodos para lograr la unidad mientras se sigue la Palabra de Dios fracasarán por la falta de estos ingredientes faltantes. Es tiempo de darnos cuenta de cuáles son esos ingredientes.

Capítulo 13

La Unidad Bíblica

Pregúntese: ¿Está Dios detrás de esto o no?

Después de examinar en el último capítulo las deficiencias de los intentos típicos por la unidad al día de hoy, usted puede que se esté preguntando donde nos deja esto. Usted puede que se pregunte si la unidad es la voluntad de Dios del todo y si se puede saber esto con certeza. De hecho, nunca debemos asumir que algo es la voluntad de Dios solo porque suena como una buena idea o porque fue su voluntad una vez. Puede que no sea su voluntad en algún momento o puede que simplemente no sea su voluntad al *día de hoy*. Para responder esta pregunta de una mejor manera, debemos comenzar por verificar la Biblia – la única fuente probable de revelación de Dios – buscando los *precedentes* que muestren si ha sido su voluntad antes, y, si es posible, busque *profecías* al respecto que sean su voluntad nuevamente. De lo contrario, puede que nos encontremos haciendo oraciones que nunca pasaran del techo. Peor aún, puede que terminemos actuando en contra de su voluntad y nos dirijamos hacia algunas "experiencias de aprendizaje". La prudencia ante esto es algo que incluso los líderes religiosos comprometidos en los días de Jesús entendieron:

> **Hechos 5:38-39** – [38] Y ahora os digo: Apartaos de estos hombres, y dejadlos; <u>porque si este consejo o esta obra es de los hombres, se desvanecerá;</u> [39] <u>mas si es de Dios, no la podréis destruir; no seáis tal vez hallados luchando contra Dios.</u>

El Ejemplo de Retirada de Gaza

Por esta razón, tuve el cuidado de verificar la Biblia primero cuando un amigo me pidió a inicios del 2005 que le ayudara a organizar una clase de campaña en Internet contra la Separación Israelí de Gaza prevista para ese verano. El supuesto era que Dios estaba en contra de que esto sucediera porque la Torá establecía el título de propiedad de Gaza a Israel y que nosotros por lo tanto, debíamos decir algo al respecto, poniéndonos en el rol de vigilantes de Ezequiel 33 para advertir a la gente del peligro. Tuve serias dudas acerca de la propuesta desde el principio. Yo ya entendía que había una condición para ese "título de propiedad" que la mayoría estaba olvidando mencionar. Esta condición era que Israel *obedeciera* la Torá. Israel al día de hoy no está siguiendo la Torá, y el precedente es que cada vez que ellos estuvieron en esta condición antes, les sucedieron cosas graves incluyendo la división de sus tierras. También, no vi seguro tomar un rol de vigilante como si Ezequiel 33 fuera dirigido no solo a Ezequiel, sino a cualquier otra persona que leyera sus palabras a través de la historia donde quiera que estuvieran, si ellos creyeron que vieron algo equivocado que otros no vieron.

Luego mire un poco más la cuestión al estudiar las profecías y descubrí que Dios planeó un juicio en los tiempos finales hacia los enemigos de Israel en Gaza al mismo tiempo aparentemente que Damasco sería juzgada por promover el terrorismo y la guerra contra Israel (Is 17 = Amos 1). Me parecía como que la retirada de Gaza era la manera de Dios de permitirle aprender al Israel desobediente una lección al mismo tiempo que Dios disponía las cosas para que los enemigos de ella recibieran su juicio profetizado más tarde en Gaza. Así que, en vez de esperar una guerra civil, o una oposición efectiva violenta de parte de los pobladores, o incluso Dios deteniendo la retirada así como los pobladores y los Rabinos estaban orando para que sucediera, yo esperé que la Retirada de Gaza sucediera como se planeó – lo cual sucedió[61]. Los precedentes bíblicos y las profecías me decían que esto era el resultado más probable de todos los escenarios.

Precedentes Bíblicos Para la Unidad – La Iglesia del Primer Siglo

Entonces, ¿qué encontramos en la Biblia acerca de la voluntad de Dios para la unidad para nosotros? Bueno, podemos confirmar en seguida, como ya la mayoría sabe, que la unidad entre los creyentes de la Biblia es de hecho algo que Dios desea, como Jesús lo expresó:

Juan 17:20-23 – [20] Mas no ruego solamente por éstos, sino también por los que han de creer en mí por la palabra de ellos, [21] para que todos sean uno; como tú, oh Padre, en mí, y yo en ti, que también ellos sean uno en nosotros; para que el mundo crea que tú me enviaste. [22] La gloria que me diste, yo les he dado, para que sean uno, así como nosotros somos uno. [23] Yo en ellos, y tú en mí, para que sean perfectos en unidad, para que el mundo conozca que tú me enviaste, y que los has amado a ellos como también a mí me has amado.

No hay una declaración más clara que esa. Sin embargo, mirando a su alrededor hoy en día, uno podría quedar preguntándose, ¿qué pasó con la oración de Jesús? Para encontrar el cumplimiento de su oración, usted tiene que mirar el registro de la Iglesia del Primer Siglo después de la muerte de Jesús – ¡y ser cuidadoso de no pestañear! Porque, desde ese momento, la historia ha sido una de desunión.

Vamos a revisar primero las barreras que nos han dejado para la unidad para los escogidos de Dios al día de hoy:

1. Usualmente no estamos seguros como interpretar la Biblia correctamente.

2. Incluso si estamos seguros acerca de cualquier punto de doctrina, no podemos a menudo probárselo a otros.

3. No tenemos líderes dados por Dios que podamos confiar para que guíen al grupo de manera sabia sin abusar del poder centralizado necesario para unificar.

Mediante el estudio de la asamblea que Jesús fundó, veremos cómo cada uno de estos problemas se resolvió de manera que la verdadera unidad se logró. Lea estos reportes acerca de la primera asamblea de creyentes en Jerusalén:

Hechos 1:14 (VRV) – Todos estos <u>perseveraban unánimes</u> en oración y ruego, con las mujeres, y con María la madre de Jesús, y con sus hermanos.

Hechos 2:1 (VRV) – Cuando llegó el día de Pentecostés, <u>estaban todos unánimes juntos</u>.

Hechos 2:42-47 (VRV) – [42] <u>Y perseveraban en la doctrina de los apóstoles, en la comunión unos con otros</u>, en el partimiento del pan y en las oraciones. [43] <u>Y sobrevino temor a toda persona; y muchas maravillas y señales eran hechas por los apóstoles.</u> [44] Todos los que habían creído estaban juntos, y tenían en común todas las cosas; [45] y vendían sus propiedades y sus bienes, y lo repartían a todos según la necesidad de cada uno. [46] Y perseverando unánimes cada día en el templo, <u>y partiendo el pan en las casas, comían juntos con alegría y sencillez de corazón,</u> [47] <u>alabando a Dios, y teniendo favor con todo el pueblo.</u> Y el <u>Señor añadía cada día a la iglesia</u> los que habían de ser salvos.

Hechos 4:32-35 (VRV) – [32] Y la multitud de los que habían creído <u>era de un corazón y un alma</u>; y ninguno decía ser suyo propio nada de lo que poseía, <u>sino que tenían todas las cosas en común</u>. [33] Y con gran poder los apóstoles daban testimonio de la resurrección del Señor Jesús, y abundante gracia era sobre todos ellos. [34] <u>Así que no había entre ellos ningún necesitado</u>; porque todos los que poseían heredades o casas, las vendían, y traían el precio de lo vendido, [35] y lo ponían a los pies de los apóstoles; <u>y se repartía a cada uno según su necesidad</u>.

Aquí tenemos un ejemplo dramático de cómo es la verdadera unidad del pueblo de Dios, y los buenos frutos que traía. Note como en vez de haber sido causa de burla y ser considerados hipócritas por el mundo alrededor de ellos, eran considerados con *favor*. Note como los creyentes estaban más bien contentos y eran sinceros a diferencia de cómo son al día de hoy, usualmente no más felices que el mundo alrededor de ellos (donde el porcentaje de divorcio es a menudo menor que en los grupos Cristianos). Note también como ellos iban creciendo rápidamente en vez de ir perdiendo asistencia. Con el tipo de unidad y de disposición atractiva que los creyentes retrataron, no es de extrañar que la gente quisiera unirse a ellos y quisiera encontrar la manera de seguir el mismo tipo de vida feliz.

Note también, que ellos tenían un acuerdo casi como lo que hoy se conoce como una comuna. La gente daba de sus posesiones para el bien de la comunidad, al punto que ninguno entre ellos estaba necesitado. A diferencia de una comuna, esto no parecía ser necesario, pero fue algo que se hizo por voluntad propia en ver la manera de llenar una necesidad.

¿Estaría usted dispuesto a hacer lo mismo entre un grupo de creyentes al día de hoy? ¿Se uniría usted a un grupo, vendería su casa y les depositaría el dinero a los líderes? ¿Sería posible que usted confiara en el liderazgo para usar los fondos sabiamente? Si usted es sabio o tiene experiencia viviendo con otras personas en un entorno compartido, probablemente usted rápidamente diría que no debido a todos los problemas que surgen en esta situación. Sin embargo, este grupo de personas aparentemente no experimentó esos problemas y confiaba lo suficiente en el liderazgo para entregar su riqueza. ¿Cómo se podían sentir seguros haciendo esto?

Liderazgo Ordenado Por Dios: Clave Para la Unidad

La respuesta es obvia. No podría haber duda para la gente de este grupo de que sus líderes eran *hombres íntegros directamente respaldados por Dios*. Estos hombres eran todos bien conocidos como los apóstoles a quienes Jesús escogió y enseñó él mismo. Y tal como él, ellos sanaron gente y realizaron otras señales y milagros para mostrar que Dios estaba también con ellos. Ellos no estaban haciendo señales para que la gente escuchara mentiras, sino para enseñarles las mismas cosas que Jesús les enseñó a ellos. Si alguna vez hubiera un liderazgo en el que usted pudiera confiar que se enseña lo correcto y se hace lo correcto, este sería ese liderazgo. Encontramos el mismo precedente en el caso de la "Iglesia en el Desierto" bajo Moisés y más tarde Josué. Dios le habló a Moisés en frente de toda la nación de Israel e hizo señales milagrosas a través de él tal como dice que fueron hechas por los apóstoles.

Por cierto, y esto es importante, estos no solamente eran hombres que decían que habían "escuchado una voz audible" o hayan tenido un sueño o una visión "de Dios". Ellos hicieron señales milagrosas como prueba de que Dios estaba con ellos, dándoles dirección, dándoles su palabra, y dándoles su autoridad. Si alguien dice tener cualquiera de estas cosas sin tener los mismos "certificados de autenticidad", contradice la escritura y sus declaraciones deberían de rechazarse.

Cuando alguien ha sido *realmente* puesto por Dios para guiar, como Pedro o Moisés, usted tiene por fin la solución para el obstáculo principal a la unidad en la Fe, es decir, ¡saber exactamente cual se supone que es la interpretación correcta de las palabras de Dios! Estos hombres no solo han sido enseñados directamente o indirectamente por Dios, sino que siempre tienen la habilidad de escuchar directamente de Dios para consultarle qué hacer con las nuevas situaciones que aún ellos no entienden. En otras palabras, ellos tienen *profecía*. Ellos pueden saber directamente de Dios cual es su voluntad y cuál es la interpretación correcta de las Palabras de Dios anteriores, también.

Profecía: La Clave Para Acabar con la Ambigüedad del Biblia, la Voluntad de Dios

Este punto es de *suma* importancia. Tendemos a pensar que la Palabra de Dios es perfecta, infalible y lo suficientemente completa en sí misma para permitirle a los individuos, como mínimo, poder ser capaces de conocer la voluntad y los caminos de Dios y guiar a sus familias en ellos. Pero en realidad, cuando se trata de unificar grupos, la Palabra de Dios es lamentablemente inadecuada. Como se señaló anteriormente, para efectos de que un grupo la siga en conjunto, necesitan estar en acuerdo con el significado. Sin profecía, ellos no pueden estar seguros a un 100% cual es la interpretación correcta ni pueden ser capaces de llenar los espacios para las muchas preguntas sin respuesta. Esto también es una lucha para el individuo que está tratando de entenderla también. Moisés fue el profeta más grande de todos los tiempos a quien Dios le dictó la Torá cara a cara. Además, él hablaba el lenguaje de la Torá de forma nativa. Sin embargo, incluso Moisés tuvo que consultar con Dios en varias ocasiones para conocer la voluntad de Dios (como lo hizo Josué preparado como su sucesor)[62].

Como mencioné antes, la solución de esta situación fue el propósito del Urim y el Turim dado al sacerdocio.

Aunque no está claro cómo funcionaban, sabemos que le permitían al sumo sacerdote consultarle a Dios en su voluntad. Incluso los apóstoles necesitaron consultarle a Dios para saber qué hacer cuando se trató de encontrar el remplazo a Judas:

> **Hechos 1:23-26** (VRV) - [23] Y señalaron a dos: a José, llamado Barsabás, que tenía por sobrenombre Justo, y a Matías. [24] Y orando, dijeron: Tú, Señor, que conoces los corazones de todos, muestra cuál de estos dos has escogido, [25] para que tome la parte de este ministerio y apostolado, de que cayó Judas por transgresión, para irse a su propio lugar. [26] Y les echaron suertes, y la suerte cayó sobre Matías; y fue contado con los once apóstoles.

Note que ellos no lo sometieron a votación ni se lo dejaron a alguien para que presidiera sobre los otros. Ellos usaron métodos escriturales para averiguar quién escogería Dios como el reemplazo para uno de los doce apóstoles. Esto no dejó campo para el debate. Todos lo aceptaron y lo siguieron porque para ellos era claro que Dios hablaba a través del echar suertes (como sea que eso trabajara). ¿Se imagina que esa herramienta estuviera disponible al día de hoy? Cualquiera que fuera la disputa doctrinal, le podríamos preguntar a Dios y averiguaríamos cual sería la voluntad de Dios en el asunto. Sería casi demasiado fácil. Como veremos más adelante, Dios no está proveyendo ahora a propósito esta herramienta, porque Él tiene un propósito mayor a que todos conozcan perfectamente su voluntad al día de hoy.

Pero, ¿qué y si alguna gente no le gustó la respuesta con lo que respecta a la voluntad de Dios? ¿Qué y si ellos no quieren vivir a la manera de Dios después de todo? Bajo esta situación, la verdadera agenda de ellos se haría más evidente para todos mucho más rápido. Ya nadie que busca su propia agenda podría dar la impresión de estar buscando la voluntad de Dios a través del argumento de que su entendimiento del significado de un verso fuera tan defendible como lo era el de cualquier otra persona. Hoy en día hay una duda razonable en mucho de lo que aparenta ser "la clara enseñanza de la Biblia" por sus defensores. Estando la profecía presente, las personas se alinearían con la enseñanza que claramente venía de Dios o enfrentarían las consecuencias. En tal situación, las reglas son muy diferentes de lo que estamos acostumbrados hoy en día, como lo demuestra otra historia de la Iglesia del Primer Siglo:

> **Hechos 5:1-11** (VRV) – [1] Pero cierto hombre llamado Ananías, con Safira su mujer, vendió una heredad, [2] y sustrajo del precio, sabiéndolo también su mujer; y trayendo sólo una parte, la puso a los pies de los apóstoles. [3] Y dijo Pedro: Ananías, ¿por qué llenó Satanás tu corazón para que mintieses al Espíritu Santo, y sustrajeses del precio de la heredad? [4] Reteniéndola, ¿no se te quedaba a ti? y vendida, ¿no estaba en tu poder? ¿Por qué pusiste esto en tu corazón? No has mentido a los hombres, sino a Dios. [5] Al oír Ananías estas palabras, cayó y expiró. Y vino un gran temor sobre todos los que lo oyeron. [6] Y levantándose los

jóvenes, lo envolvieron, y sacándolo, lo sepultaron. [7] Pasado un lapso como de tres horas, sucedió que entró su mujer, no sabiendo lo que había acontecido. [8] Entonces Pedro le dijo: Dime, ¿vendisteis en tanto la heredad? Y ella dijo: Sí, en tanto. [9] Y Pedro le dijo: ¿Por qué convinisteis en tentar al Espíritu del Señor? He aquí a la puerta los pies de los que han sepultado a tu marido, y te sacarán a ti. [10] Al instante ella cayó a los pies de él, y expiró… [11] Y vino gran temor sobre toda la iglesia, y sobre todos los que oyeron estas cosas.

Pureza del Grupo es Clave Para la Unidad

Esta historia acerca de la muerte de Ananías y Safira por mentirle a Pedro es bastante impactante para la sensibilidad de los cristianos y el concepto de la "Dispensación de la Gracia". Por ejemplo, a los Cristianos se les enseña comúnmente que la razón por la que Jesús no dejó que la mujer sorprendida en adulterio fuera apedreada (Juan 8) fue porque la "Ley de Dispensación" había terminado al igual que las sanciones severas como la lapidación. Sin embargo, aquí encontramos una pena de muerte ejecutada sobrenaturalmente por simplemente mentir. Es muy desconcertante e inquietante al principio.

Para entender la pena de muerte de Ananías y Safira, primero vamos a entender correctamente Juan 8. La verdadera razón por la que Jesús le negó a la multitud la pena de muerte está insinuada en su declaración, "El que de vosotros esté sin pecado, sea el primero en arrojar la piedra contra ella" (Juan 8:7). Si él estaba insinuando que nadie podía juzgar a nadie por sus crímenes a menos que estuviera completamente libre de culpa entonces, nunca se hubiera hecho ningún tipo de justicia. Obviamente, él se estaba refiriendo a algo más, un pecado más claro y presente. Si usted se va a los pasajes de la Torá que instruyen como lidiar con el adulterio en Israel, usted encontrará que se requiere que ambas partes sean puestas a muerte (Lv 20:10; Dt 22:22). Así que, al traer solamente la mujer a Jesús y al demandar que ella fuera puesta a muerte por adulterio, ellos mismos estaban quebrantando la ley, pecando y pervirtiendo la justicia.

Si las penas de muerte de la Torá no fueron eliminadas entonces Dios podría exigir la muerte para otras cosas también. Lo que la pareja mentirosa estaba haciendo en realidad era tratando de hacerse pasar por gente generosa tal como los otros antes de ellos, que habían entregado sus herencias. Ellos estaban dispuestos a mentir para verse bien mientras se dejaban lo que realmente era importante para ellos: su dinero. Su dinero era realmente su dios, en lugar del Dios verdadero que todos los demás en el grupo se unificaban en el seguimiento. Ellos eran lobos vestidos de oveja y esto tuvo que ser tratado de inmediato. Para que esto exigiera sus vidas, significa que ellos eran altamente *responsables* para comprender que Dios estaba llevando este grupo a través de los apóstoles y no tentando a Dios al poner en peligro la unidad y la pureza del grupo. La responsabilidad es mucho mayor y las reglas son muy diferentes cuando usted tiene profetas dados por Dios liderando el grupo.

Estos líderes demostraron su autoridad no solo con profecía sino que también a través de milagros:

> **Hechos 5:12-16** (VRV) – [12] <u>Y por la mano de los apóstoles se hacían muchas señales y prodigios en el pueblo</u>; y estaban todos unánimes en el pórtico de Salomón. [13] <u>De los demás, ninguno se atrevía a juntarse con ellos; mas el pueblo los alababa grandemente.</u> [14] Y los que creían en el Señor aumentaban más, gran número así de hombres como de mujeres; [15] <u>tanto que sacaban los enfermos a las calles, y los ponían en camas y lechos, para que al pasar Pedro, a lo menos su sombra cayese sobre alguno de ellos.</u> [16] Y aun de las ciudades vecinas muchos venían a Jerusalén, <u>trayendo enfermos y atormentados de espíritus inmundos; y todos eran sanados.</u>

Por lo tanto, este liderazgo dado por Dios con profecía y clara autoridad, ayuda a mantener al grupo puro y por lo tanto más capaz de lograr y mantener la unidad. De lo contrario, todos sabemos lo difícil que es mantener fuera los malos elementos o sacarlos una vez que se meten.

Para solucionar esto, el Antiguo Testamento está lleno de instrucciones en qué hacer con aquellos que escogen no conformarse con las doctrinas dadas a Israel. Ellos tenían que ser "cortados de su pueblo" por un juicio de intervención directo de Dios en respuesta (Ex 12:15; Ex 30:38; Ex 31:14). Como acabamos de ver, el NT también registra el incidente de lo que le pasó a Ananías y Safira quienes mintieron acerca de su ofrenda y de cómo fueron cortados de su pueblo en el acto.

Conclusión

Los precedentes bíblicos nos dicen, que para tener una unidad duradera funcional entre los Fieles restaurados a una escala significativa, necesitamos la restauración del profeta líder para el remanente. A juzgar por las Escrituras, es evidente que no tenemos un líder de Dios que quede al día de hoy. El patrón bíblico para la concesión de tales líderes es siempre el establecimiento de una línea de sucesión comenzando con un profeta. Moisés el profeta, puso sus manos sobre Josué y Josué a los ancianos después de él hasta que la línea terminó y luego los Jueces se levantaron cada uno a través de señales milagrosas. Del mismo modo, en el Nuevo Testamento, Juan el Bautista fue levantado como un profeta y él ungió a Jesús quien más tarde ungió a sus discípulos quienes ungieron a los líderes de la segunda generación. Esto continuó hasta que esa línea de profetas murió tal como le pasó a la línea de Moisés. Así, al igual que en el tiempo de los Jueces, nos hemos quedado con la falta de un líder de Dios y la desunión consecuente desde el Primer Siglo, y todo el mundo haciendo lo que es "correcto a sus propios ojos… porque no había rey en Israel" como el Libro de Jueces dice dos veces acerca de ese tiempo (Jueces 17:6; 21:25).

En otras palabras, si no hay nadie hoy en día que podamos rastrear de vuelta al tiempo de los apóstoles, como que hayan impuesto las manos sobre él para ordenarlo, entonces está claro que Dios no nos ha dejado con un líder que haya sido ordenado. La única solución a esta situación desde una perspectiva Escritural, es que un nuevo profeta se levante con señales y maravillas para que inicie otra línea de líderes. Si eso suena como que se está poniendo una barra muy alta poco realista para aceptar a alguien como un líder de Dios, entonces, quédese conmigo a medida que miramos como la profecía predice que aquellos que no se conforman con menos que eso, van a tenerlo pronto.

Capítulo 14

La Unidad de los 144,000 y la "Mujer"

¿Quiénes son los 144,000 de Apocalipsis?

Apocalipsis 7 presenta un misterio impresionante de gran interés para aquellos que quieren entender como la desunión de hoy en día entre los siervos de Dios será resuelta. Se trata del misterio de los "144,000" descrito en los versos 1-8:

> **Apocalipsis 7:1-5 –** [1] Después de esto vi a cuatro ángeles en pie sobre los cuatro ángulos de la tierra, que detenían los cuatro vientos de la tierra, para que no soplase viento alguno sobre la tierra, ni sobre el mar, ni sobre ningún árbol. [2] Vi también a otro ángel que subía de donde sale el sol, y tenía el sello del Dios vivo; y clamó a gran voz a los cuatro ángeles, a quienes se les había dado el poder de hacer daño a la tierra y al mar, [3] diciendo: No hagáis daño a la tierra, ni al mar, ni a los árboles, hasta que hayamos sellado <u>en sus frentes a los siervos de nuestro Dios.</u> [4] <u>Y oí el número de los sellados: ciento cuarenta y</u> <u>cuatro mil *fueron* sellados de todas las tribus de los hijos de Israel.</u> [5] De la tribu de Judá, doce mil *fueron* sellados. De la tribu de Rubén, doce mil *fueron* sellados; [12,000 por tribu]

Este breve pasaje nos da escasos pocos detalles acerca de este grupo unificado futuro y nos deja con grandes interrogantes. Aprendemos que son:

1. **144,000 siervos**: Pero, ¿puede este número pequeño realmente ser todo lo que quedó de los siervos de Dios a este punto o tiene Dios otros que no son parte de los 144,000 también en la tierra?

2. **Sellados con protección**: Los capítulos 6, 8, y 9 nos dicen de que necesitan ellos protección: terremotos mundiales, vientos, e impactos profundos destructivos, seguido de aguas envenenadas y un "invierno nuclear". Pero, ¿*dónde* son ellos sellados y *porqué* reciben esta protección especial a diferencia del resto de los siervos de Dios que pueda que existan? ¿Están ellos en una misión especial? Si es así, ¿cuál es?

3. **Israelitas divididos por igual entre todas las doce tribus de Israel** (menos Dan): Esto es más desconcertante teniendo en cuenta que la mayor parte de las tribus que se mencionan son las "Diez Tribus Perdidas" del norte. (El resto son las tribus del sur, Judá, Benjamín y Leví o los "Judíos") Por lo tanto, una predicción de una gran reunión de las doce de ellas es tan raro como que se reunieran los ciudadanos de la ciudad perdida de Atlantis en nuestros días.[63]

¿Literal o No?

Así, desde un punto de vista cristiano, este pasaje es imposible tomarlo en serio. Con una tercera parte del mundo siendo Cristiana al día de hoy, es difícil imaginar que solo 144,000 personas serán contadas como los siervos de Dios y dignos de protección en los tiempos finales. Como resultado, pocos aceptan que este pasaje signifique lo que dice claramente. Las interpretaciones resultantes varían, pero todas tienen una cosa en común: recurren al uso de cierto grado de interpretación metafórica o alegórica para resolver la contradicción entre el significado simple y el paradigma Cristiano. Cuando las limitaciones de la interpretación se anulan a través del uso de la alegorización, las interpretaciones que pueden resultar solo están limitadas por la imaginación de uno. Pareciera que siempre hay versos listos para ser sacados de contexto y apoyan tales interpretaciones. Esto incluye comúnmente decir que "Israel" no significa Israel sino que representa a la Iglesia Cristiana, la cual la ha reemplazado como un tipo de "Israel espiritual". Por supuesto, esto le permite a cualquier grupo de cristianos gentiles aplicarse la profecía a sí mismos. Y, ¿quién no va a tener la tentación de creer que su grupo es los 144,000 que Dios va a favorecer con protección y los va a llamar "sin mancha"?

Por ejemplo, los Testigos de Jehová creen que ellos serán los 144,000 al igual que la Iglesia de Dios Universal (IDU). La IDU tuvo incluso una vez el número de miembros no muy lejos de los 144,000. Pero para que cualquier denominación de iglesia encaje con esta profecía, se requeriría que ignore que se hable literalmente acerca de una recopilación de las tribus dispersas de Israel, reunidas en los tiempos finales.

Por el contrario, como se explicó anteriormente, el enfoque de este libro es resistir a la tentación de seguir este camino de interpretación, incluso cuando mis paradigmas preconcebidos me dicen lo contrario. La práctica común de interpretar pasajes literales para darles un significado diferente a lo que realmente dicen, equivale a romper la Escritura – a menos que el pasaje claramente diga o requiera ser interpretado de esa manera, tal como pasó con las parábolas de Jesús. Jesús dijo que ninguna Escritura puede ser quebrantada o contradicha (Juan 10:35) y Apocalipsis 7 no se presenta como una parábola, por lo tanto, por imposible que parezca, debemos tratar de dar sentido a su significado literal.

Vamos a ver, mientras continuamos, que este pasaje tiene sentido totalmente cuando se toma literal, y por lo tanto nos da información útil sobre el plan de Dios de traer a sus siervos a la unidad antes de la GT. De hecho, en vez de un rapto pre-tribulación, esta reunión para estar seguros en la Tierra es el plan real de cómo Dios salvará a sus siervos a través de esos 3½ años. Para verlo todo, solamente se requiere reunir todos los pasajes relacionados y analizarlos críticamente con cuidado de no interpretar nada dentro de ellos. Las áreas que cubriremos, incluyen los "otros" 144,000 de Apocalipsis 14, los doce y los setenta que Jesús envió durante su ministerio, la Mujer de Apocalipsis 12, los Dos Testigos de Apocalipsis 11, y el "Elías de los tiempos finales" de Malaquías 4. En otras palabras, vamos a entender la lectura literal del relato de los 144,000 a través de la conexión de otros grandes misterios de la Biblia (que también vendrán a ser literales en el camino). Cuando se lleve a cabo, vamos a entender claramente como Dios nos va a unir en los tiempos finales.

Apocalipsis 14, El *Otro* Capítulo de los 144,000

El primer pasaje relacionado a considerar es el otro y único capítulo que directamente habla acerca de los 144,000: el capítulo 14. La gente se pregunta muy a menudo si estos 144,000 son un segundo grupo, diferente de los 144,000. A medida que avanzamos, se hará evidente que solo un grupo de 144,000 en vez de dos, puede cumplir las profecías que requieren que los primeros frutos de los 144,000 sean enviados en su misión especial en los tiempos finales. También encontraremos al menos una de las preguntas creadas por el capítulo 7 resolverse aquí, pero no sin una consideración cuidadosa.

Apocalipsis 14:1-6, 12 – [1] … y he aquí el Cordero estaba en pie sobre el monte de Sion, y con él ciento cuarenta y cuatro mil, que tenían el nombre de él y el de su Padre escrito en la frente. [2] Y oí una voz del cielo como estruendo de muchas aguas, y como sonido de un gran trueno; y la voz que oí era como de arpistas que tocaban sus arpas. [3] Y cantaban un cántico nuevo delante del trono, y delante de los cuatro seres vivientes, y de los ancianos; y nadie podía aprender el cántico sino aquellos ciento cuarenta y cuatro mil que fueron redimidos de entre los de la tierra. [4] Estos son los que no se contaminaron con mujeres, pues son vírgenes. Estos son los que siguen al Cordero por dondequiera que va. Estos fueron redimidos de entre los hombres como primicias para Dios y para el Cordero; [5] y en sus bocas no fue hallada mentira, pues son sin mancha delante del trono de Dios. [6] Vi volar por en medio del cielo a otro ángel, que tenía el evangelio eterno para predicarlo a los moradores de la tierra, a toda nación, tribu, lengua y pueblo… [12] Aquí está la paciencia de los santos, los que guardan los mandamientos de Dios y la fe de Jesús.

Mientras que el capítulo 7 nos dice que los 144,000 siervos sellados de Dios están hechos 100% de descendientes de todas las doce tribus de Israel, no nos dice nada más acerca de donde están o para que propósito son sellados. Ahora, se debe tener cuidado de no asumir que si los vientos son detenidos sobre toda la tierra, que esto signifique que los 144,000 deben estar en todas partes al momento de ser sellados. Eso no es lo que dice. En su lugar, recuerde que un solo ángel que se levanta del Este sella a los 144,000 – no los cuatro ángeles que están sobre las cuatro esquinas de la Tierra. Esto apunta a que ya se reunieron en algún lugar en el momento de ser sellados, donde un ángel puede fácilmente sellarlos (recuerde que los ángeles no son omnipresentes como Dios y no pueden estar en todas partes al mismo tiempo tal como vemos el ángel que fue abstenido de llegar a donde Daniel por tres semanas – Dn 10:12-13). En contraste con esto, cuando el rapto o la recolección al cielo suceda "después de la tribulación de aquellos días", Dios envía varios ángeles a reunir a "sus escogidos" (definido como la "Iglesia", y no los "Judíos" como en otra parte -1 Pe 1:1-2; Col 3:12; Tit 1:1) porque ellos están esparcidos por toda la Tierra (Marcos

13:24,27). Vamos a ver confirmada esta condición de estar ya reunidos al momento de ser sellados cuando miremos otros versos más adelante.

¿Cuándo y Donde Están los 144,000 Sellados?

Casualmente, el capítulo 14 nos muestra que los 144,000 estarán todos juntos en el Monte de Sion en Jerusalén en algún momento. La pregunta es *cuando es*: ¿el inicio de su misión o quizás el final de su misión al final de la era con el Mesías como rey (representado por el Cordero en el verso 1)? Apocalipsis 14 se ha entendido generalmente que es la Segunda Venida. Sin embargo, esta interpretación tiene problemas, a saber:

1. El Mesías no va a regresar con solo los 144,000 que él selló estando vivos en los tiempos finales, sino que con todos los siervos de Dios que murieron en la fe y fueron resucitados en su venida como Apocalipsis 19 lo muestra.

2. Su regreso en Apocalipsis 19 también muestra que es con sus santos en el aire en contra de ejércitos en la tierra, en vez de 144,000 santos que están de pie en la tierra con el Cordero.

3. Apocalipsis 14:4 nos da una indicación encubierta pero explícita en cuanto a que día toma lugar esta reunión, y no es el día que Apocalipsis 19 indica que Jesús regresará a juzgar (el Día de Expiación):

> Ap 14:4 – …Estos fueron… *para ser* las primicias para Dios y para el Cordero;

Como lo explicó la Parte 1, este pasaje describe el cumplimiento futuro del ensayo profético de la Torá de los dos panes para ofrenda mecida, en *Pentecostés* (Lev 23:17). Todos los ensayos proféticos prescritos a realizarse anuncian acontecimientos en el plan de Dios que se cumplirán en el mismo día del calendario bíblico. Por ejemplo, Jesús se convirtió en el Cordero de la Pascua al ser sacrificado en el día de Pascua. Él también ascendió al cielo en la mañana del siguiente domingo para cumplir con la ofrenda mecida hacia el cielo de la gavilla de la cebada ordenada "el día después del sábado" (Lev 23:16). Del mismo modo, el mandamiento en Pentecostés de tener dos panes, representando las Dos Casas de Israel, se cumplirá en el mismo día de Pentecostés por los 144,000 de todas las tribus de Israel siendo presentadas a Dios y al Cordero. Y como se mencionó anteriormente, el regreso del Mesías para derrotar a sus enemigos, que incluye desterrar a Satanás, será el Día del Señor, para cumplir así el Día de Expiación que representa este mismo evento al desterrar al chivo expiatorio a un lugar donde nadie vive.

Podemos estar seguros que esta escena es al momento de ser ellos sellados en vez de al final de su misión cuando el Mesías regrese. Como veremos pronto, la misión de ellos consiste en ir por toda la tierra y predicar los mensajes sucesivos de los tres ángeles que se describen en los versos siguientes de Apocalipsis 14 (iniciando con el verso 6 citado anteriormente). De hecho, ellos nunca regresarán a Jerusalén en la carne para estar de pie juntos en el Monte de Sion porque su trabajo termina con el rapto de ellos al final de la GT[64].

La Misión de los 144,000 – Cumplir con Mateo 24:14

¿Cuál es la misión de los 144,000? Tenemos que admitir que el texto de Apocalipsis no dice directamente cual es la misión de los 144,000. Al igual que gran parte del libro de Apocalipsis lo hace, Apocalipsis 7 y 14 dejan vacíos que nos obligan a mirar en otra parte de la Biblia para rellenar. Como hemos visto, a menudo estos vacíos son rellenados por otras partes de la Biblia que eran confusos o misteriosos por sí mismos. Mediante la combinación de todas las piezas correctas en conjunto, ellas se explican entre sí, y le dan esa sensación de "¡Aja! ¿Cómo me no me di cuenta de esto antes y cómo pudo alguna vez significar algo diferente?" que hacen que estudiar la Biblia sea un deleite.

El primer pasaje clave en este sentido es una declaración profunda de Jesús durante el Sermón del Monte acerca de:

> **Mt 24:13-14** – [13] Mas el que persevere hasta el fin, éste será salvo. [14] Y será predicado este evangelio del reino en todo el mundo, para testimonio a todas las naciones; y entonces vendrá el fin.

Algunos pueden leer este pasaje y sostienen que el evangelio ya ha sido predicado a todo el mundo, ya sea en el Primer Siglo según el NT o por los ministerios cristianos en tiempos recientes. Sin embargo, la generación que escuchó el evangelio predicado, digamos antes del año 70 D.C., ha fallecido y fue reemplazada con gente que no lo ha escuchado. Además en la época actual con muchas dictaduras, países comunistas e islámicos, etc., es imposible que el evangelio del reino sea predicado en todo el mundo a todas las naciones solo por ministerios cristianos. Además, el contexto aquí es el puro final que debemos de perseverar hasta el fin, hasta que el Mesías venga, es decir, el momento de la GT, cuando el gobierno de la Bestia gobierne toda la Tierra y seamos aborrecidos de todas las gentes, en vez de cualquier otro momento antes de que llegue el fin. Esto es importante, cuando usted se da cuenta que el propósito de esta predicación es "para testimonio." No dice que es para salvar a todos, ni para hacer que vuelvan a Jesús ni para que se arrepientan. Es para servir como testimonio a todas las naciones justo antes de que venga el fin, así que, por lo que si hubo una predicación a todas las naciones en algún momento antes de esto, no serviría para cumplir con los testigos necesarios para la generación de los tiempos finales a la que le estaría llegando el fin.

¿Cuál es el propósito de este testimonio? En muchos casos cuando esta misma palabra "testimonio" se utiliza, la siguiente palabra "en contra" es incluida por los traductores, es decir, un "testimonio en contra" de alguien (Mt 10:18; Mr 6:11; 13:9; Lc 9:5; Santiago 5:3). Si eso aplica aquí, entonces esta predicación del evangelio debe de ser tan clara, completa y poderosa que pueda servir como un testimonio o testigo en contra del mundo por seguir a la Bestia. En la siguiente sección, veremos que esto es exactamente lo que la palabra traducida testimonio significa aquí, con la idea de predicar, que los hace responsables a aquellos que oyen y hacen caso omiso. El pasaje que veremos a continuación está ligado directamente a la predicación de Mateo 24:14 y a la misión de los 144,000.

También Cumple el Acto Profético de los Doce

¿Recuerda como durante su ministerio Jesús envió sus doce apóstoles y también más adelante sus otros setenta? Cuando él hizo eso, él les dijo lo mismo acerca de hacer esto "para testimonio *en contra* de ellos" como lo registra Marcos:

> **Marcos 6:7-13** – [7] Después llamó a los doce, y comenzó a enviarlos de dos *en* dos; y les dio autoridad sobre los espíritus inmundos. [8] Y les mandó que no llevasen nada para el camino, sino solamente bordón; ni alforja, ni pan, ni dinero en el cinto, [9] sino que calzasen sandalias, y no vistiesen dos túnicas. [10] Y les dijo: Dondequiera que entréis en una casa, posad en ella hasta que salgáis de aquel lugar. [11] Y si en algún lugar no os recibieren ni os oyeren, salid de allí, y sacudid el polvo que está debajo de vuestros pies, para testimonio a ellos. De cierto os digo que en el día del juicio, será más tolerable el castigo para los de Sodoma y Gomorra, que para aquella ciudad. [12] Y saliendo, predicaban que los *hombres* se arrepintiesen. [13] Y echaban fuera muchos demonios, y ungían con aceite a muchos enfermos, y los sanaban.

Hay muchos otros paralelismos entre los doce, setenta y los 144,000. Lea las historias paralelas y vea si puede encontrar algunas declaraciones extrañas que nunca se cumplieron en su tiempo. Estas declaraciones, por lo tanto, requieren un cumplimiento en los tiempos finales por otro grupo relacionado del cual los doce y los setenta solamente prefiguraron.

> **Mateo 10:5-23** – [5] A estos doce envió Jesús, y les dio instrucciones, diciendo: Por camino de gentiles no vayáis, y en ciudad de samaritanos no entréis, [6] sino id antes a las ovejas perdidas de la casa de Israel. [7] Y yendo, predicad, diciendo: El reino de los cielos se ha acercado. [8] Sanad enfermos, limpiad leprosos, resucitad muertos, echad fuera demonios; de gracia recibisteis, dad de gracia. [9] No os proveáis de oro, ni plata, ni cobre en vuestros cintos; [10] ni de alforja para el camino, ni de dos túnicas, ni de calzado, ni de bordón; porque el obrero es digno de su alimento. [11] Mas en cualquier ciudad o aldea donde entréis, informaos quién en ella sea digno, y posad allí hasta que salgáis. [12] Y al entrar en la casa, saludadla. [13] Y si la casa fuere digna, vuestra paz vendrá sobre ella; mas si no fuere digna, vuestra paz se volverá a nosotros. [14] Y si alguno no os recibiere, ni oyere vuestras palabras, salid de aquella casa o ciudad, y sacudid el polvo de vuestros pies. [15] De cierto os digo que en el día del juicio, será más tolerable el castigo para la tierra de Sodoma y de Gomorra, que para aquella ciudad. [16] He aquí, yo os envío como a ovejas en medio de lobos; sed, pues, prudentes como serpientes, y sencillos como palomas. [17] Y guardaos de los hombres, porque os entregarán a los concilios, y en sus sinagogas os azotarán; [18] y aun ante gobernadores y reyes seréis llevados por causa de mí, para testimonio a ellos y a los gentiles. [19] Mas cuando os entreguen, no os preocupéis por cómo o qué hablaréis; porque en aquella hora os será dado lo que habéis de hablar. [20] Porque no sois vosotros los que habláis, sino el Espíritu de vuestro Padre que habla en vosotros. [21] El hermano entregará a la muerte al hermano, y el padre al hijo *suyo*; y los hijos se levantarán contra los padres, y los harán morir. [22] Y seréis aborrecidos de todos por causa de mi nombre; mas el que persevere hasta el fin, éste será salvo. [23] Cuando os persigan en esta ciudad, huid a la otra; porque de cierto os digo, que no acabaréis de recorrer todas las ciudades de Israel, antes que venga el Hijo del Hombre.

Note la declaración anterior de que "seréis aborrecidos de todos por causa de mi nombre" dicha a los doce. No hay registro de que eso se haya cumplido para entonces, ni tiene ningún sentido ir por la tierra de Israel en su época, donde a las masas les encantaba el mensaje de Jesús y lo seguían (a pesar de los líderes del Judaísmo que consideraban a Jesús una amenaza). Por lo tanto, parece ser una declaración profética acerca de alguien más como los doce. De hecho, este mismo verso es citado como parte del Sermón del Monte en Lucas 21 acerca de los seguidores de Jesús en los tiempos finales:

Lucas 21:17-20 – [17] y seréis aborrecidos de todos por causa de mi nombre. [18] Pero ni un cabello de vuestra cabeza perecerá. [19] Con vuestra paciencia ganaréis vuestras almas. [20] Pero cuando viereis a Jerusalén rodeada de ejércitos, sabed entonces que su destrucción ha llegado.

Para ser aborrecido por todos por causa del nombre de Jesús es una situación muy extrema. Literalmente se requiere que todo el mundo esté bajo el dominio de Satanás y esté convencido que la gente que sigue a Jesús es problemática en oposición al salvador verdadero, la Bestia. Bueno, esto es exactamente la situación que esperamos durante la GT que señala el pasaje anterior (comienza con la AD mencionada en el verso 20, lo cual en realidad es un respaldo para explicar cuando inicia esta desgracia mundial para los siervos verdaderos de Dios.)

Una prueba más fuerte de que los doce tipifican los 144,000 viene de otra declaración claramente incumplida y profética hecha a los doce. Note anteriormente como de manera extraña dice que los doce no terminarán de recorrer todas las ciudades de Israel antes de que el Hijo del Hombre venga. Esto es una clara referencia de la Segunda Venida, sin embargo, los doce terminaron su misión mucho antes de que Jesús incluso se fuera para volver de nuevo. Esto, entonces, también debe ser una profecía que se cumple por los 144,000 que estarán en su misión mucho después de que el Mesías se vaya y justo antes de que esté por venir nuevamente al final del GT. A partir de esta profecía a los doce (pero nunca cumplida por ellos) podemos establecer que la misión de los 144,000, a quienes la profecía debe aplicar, va a durar a lo largo de la GT.

Y Cumplir el Acto Profético de los "otros setenta también"

Si usted aun no está convencido de la conexión de los doce y los 144,000, hay más evidencia en los setenta emisarios relacionados. Lucas tiene el único reporte de otros setenta enviados en una misión similar después de los doce:

Lucas 10:1-19 – [1] Después de estas cosas, designó el Señor también a otros setenta, a quienes envió de dos en dos delante de él a toda ciudad y lugar adonde él había de ir. [2] Y les decía: La mies a la verdad *es* mucha, mas los obreros *son* pocos; por tanto, rogad al Señor de la mies que envíe obreros a su mies. [3] Id; he aquí yo os envío como corderos en medio de lobos. [4] No llevéis bolsa, ni alforja, ni calzado; y a nadie saludéis por el camino. [5] En cualquier casa donde entréis, primeramente decid: Paz sea a esta casa. [6] Y si hubiere allí algún hijo de paz, vuestra paz reposará sobre él; y si no, se volverá a vosotros. [7] Y posad en aquella misma casa, comiendo y bebiendo lo que os den; porque el obrero es digno de su salario. No os paséis de casa en casa. [8] En cualquier ciudad donde entréis, y os reciban, comed lo que os pongan delante; [9] y sanad a los enfermos que en ella haya, y decidles: Se ha acercado a vosotros el reino de Dios. [10] Mas en cualquier ciudad donde entréis, y no os reciban, saliendo por sus calles, decid: [11] Aun el polvo de vuestra ciudad, que se ha pegado a nuestros pies, lo sacudimos contra vosotros. Pero esto sabed, que el

> reino de Dios se ha acercado a vosotros… [17] Volvieron los <u>setenta</u> con gozo, diciendo: Señor, aun los demonios se nos sujetan en tu nombre… [19] He aquí os doy potestad de hollar serpientes y escorpiones, y sobre toda fuerza del enemigo, y nada os dañará.

Dice setenta aquí en la VRV, pero esa no es la única lectura disponible. Resulta que la mitad de los manuscritos disponibles tienen el número setenta y dos aquí, lo cual es lo que la mayoría de traducciones modernas siguen[65]. Pero, ¿cuál está correcta? O, como un cristiano publicó en mi sitio web:

… en realidad no importa la diferencia entre setenta y setenta y dos, ¡es emocionante que Jesús tuviera a tantos para enviar a compartir las buenas noticias del evangelio! ¡Yo diría AMEN a eso!

Estoy en total desacuerdo con esta opinión. Detalles como este son registrados por una razón, así que, si hace una diferencia cual es la versión correcta. Con las claras declaraciones proféticas dadas a los doce y a los setenta (-dos) apuntando a los 144,000 puede que seamos capaces de resolver este asunto y ver que esto si importa. Si fuera cierto que los doce y los setenta (-dos) eran una sombra o un cumplimiento intermedio de los 144,000 entonces esperaríamos que haya una relación entre los números como lo hay en otras maneras. Encontramos una relación justo en los doce porque incluso se afirma explícitamente en Apocalipsis 7 que los 144,000 están divididos en **12 tribus** de **12,000** cada una. Muy bien. Pero, ¿qué hay de los setenta (-dos)?

Bueno, 144,000 dividido entre 70 = 2057.14 – no es exactamente un bonito número redondo. Sin embargo, 144,000 dividido entre 72 = **2000**. Por lo tanto, tiendo a coincidir con la erudición de las traducciones más modernas favoreciendo a setenta y dos como la traducción original. Esto significaría que estos números son de hecho significativos y si importan porque nos dan una pista para la conexión entre los 144,000, los setenta y dos y los doce y sus misiones muy similares.

¿Por qué Doce y Setenta y dos – Cuantos Naciones hay en Génesis 10?

Algunos se preguntarán porque Jesús envió a dos grupos aparentemente en la misma misión. Mi mejor conjetura es que refleja históricamente el orden verdadero del testimonio del evangelio del reino. Fue primero a las doce tribus de Israel, solo más tarde a todo el mundo. Pero el mundo está representado por las setenta naciones que figuran en Génesis 10, ¿cierto? Setenta y dos y setenta nuevamente no coinciden y parece que tenemos una falta de conexión.

Una vez más, la cantidad de naciones que figuran en Génesis 10 va depender de cual manuscrito lea. Ningún manuscrito que tenemos al día de hoy es exactamente fiel a la versión original y todos ellos varían ligeramente en sus lecturas de algunos pasajes, debido a errores de transcripción al copiar los manuscritos a lo largo de los siglos. Su Biblia entonces es solo una compilación de lo que los traductores decidieron que era probablemente el original entre las variaciones. La mayoría de Biblias van con el texto Masorético Hebreo y tienen setenta naciones en la lista. Sin embargo, está la Septuaginta que es más antigua (antigua traducción Griega) que coincide más a menudo con las citas en el Nuevo Testamento Griego del AT. ¡Y lo qué encontramos fue que la Septuaginta menciona setenta y dos naciones en Génesis 10! Así que, muy bien podría ser que los setenta y dos emisarios enviados representen como los 144,000 serán enviados a todas las naciones. Los setenta y dos originales que fueron enviados por un corto periodo alrededor de la Tierra Prometida una vez más no cumplieron esto, ya que no llegaron a todas las naciones. Realmente parecieran ser como los doce que son un precursor de los 144,000.

Que Esperar de los 144,000: Sanidades

Digno de mencionar es como los doce y los setenta y dos fueron enviados en parejas, de dos en dos. Si tomamos los 144,000 y los dividimos entre dos, obtenemos 72,000 pares, o 1,000 pares asignados a cada nación Bíblica en la tierra. Por supuesto, probablemente solo Dios sabe como las setenta y dos naciones bíblicas se asemejan a las actuales 195 naciones al día de hoy. Pero, podemos esperar que los 144,000 salgan de dos en dos también.

Además, todas las otras cosas que fueron dichas y hechas por los doce y los setenta y dos aplicarán probablemente a los 144,000. Esto incluiría la predicación de la verdad pura y señales de maravillas, sanidades y milagros. Cuando leemos en los Evangelios al día de hoy como todos los que creían en Jesús o en los apóstoles eran sanados, puede ser un poco decepcionante porque no solo nos falta la unidad al día de hoy sino que también nos faltan esas amplias sanidades (que no quiere decir que las sanidades no sucedan ya que me he sanado). Todos hemos conocido creyentes que han orado por sanidad para sus hijos (o para ellos mismos) desde ceguera, sordera, parálisis, enfermedad, dolor, etc., usualmente sin respuesta próxima. Esta falta de conexión entre los milagros fácilmente disponibles en ese entonces y su rareza hoy en día, puede poner a prueba la fe en Dios, si no se entiende que el ministerio de los doce fue por un tiempo y un propósito especial que terminó hace mucho tiempo, como veremos en este pasaje.

Provisión Sobrenatural Terminada

Lucas 22:35-38 – [35] … Cuando os envié sin bolsa, sin alforja, y sin calzado, ¿os faltó algo? Ellos dijeron: Nada. [36] Y les dijo: <u>Pues ahora, el que tiene bolsa, tómela, y también la alforja; y el que no tiene espada, venda su capa y compre una</u>…[38] Entonces ellos dijeron: … aquí hay dos espadas. Y él les dijo: Basta.

Jesús afirma que la provisión sobrenatural se termina en un clara alejamiento de lo que les fue dado cuando los envió antes. Los setenta y dos enviados se les dijo que no tomaran provisión sino que confiaran en el sustento sobrenatural de Dios que iba bien con los milagros, las sanidades, y los exorcismos que ellos llevarían a cabo entre las personas mientras predicaban el evangelio del reino. Pero fue solo temporal, al parecer para una tarea específica que se había terminado ya. Parece que parte de la razón de su misión fue entonces mostrarnos en los tiempos finales que esperar de los relacionados 144,000. Pero, independientemente, ahora los doce necesitaban asegurarse de asegurar con anticipación y aprovisionar para sus abastecimientos (y protección, en vez de vivir por el pacifismo como se supone de algunas de las palabras difíciles de Jesús en el Sermón del Monte). Jesús les dijo esencialmente que se valieran por sí mismos y que ganaran y portaran dinero (lo cual Pablo hizo como un "fabricante de tiendas" – Hechos 18:3).

La buena noticia es que cuando los 144,000 inicien su servicio similar, esos milagros fácilmente disponibles también comenzarán de nuevo. Esta toma de conciencia puede dar a muchos de los que oran por sanidad un poco de esperanza verdadera y aliento a no rendirse, sino a "perseverar hasta el fin" como se indica. Ellos aun puede que vivan para ver y conocer a unos de los 144,000 y recibir su sanidad… si una diligente oración ferviente de un justo no la trae antes como muchos de nosotros hemos experimentado en raras ocasiones.

Debemos de Trabajar y Ser Financieramente Responsables, Sin Mendigar

Muchos pierden este punto crucial a juzgar por cómo van y tratan de vivir de forma permanente al igual que lo hicieron temporalmente los doce y los setenta y dos. La gente toma sus *primeras* instrucciones, las aplican a ellos mismos como un principio de "salir en fe" para llevar a cabo la predicación del Evangelio. A pesar de que no disponen de suficientes medios para hacer esto, ellos deciden que van a ir a predicar el Evangelio y esperan que Dios los bendiga hoy tal como lo hizo antes. Por ejemplo, puede que den Biblias o enseñanzas de forma gratuita con el mantra, "de gracia recibisteis, dad de gracia" tal como se les dijo a los apóstoles, sin embargo olvidan que tienen que pagar por comida, renta, materiales, empleados, etc. para poder entregar estas enseñanzas gratuitas. Estos gastos fueron cubiertos de manera gratuita durante el entrenamiento de los apóstoles en virtud de Jesús. Por tanto, cuando las facturas se acumulan por estos gastos sin ningún tipo de provisión sobrenatural, por lo general, estos apóstoles y pastores auto nombrados empiezan a pedir donaciones "para la obra de Dios." Parece que se olvidan que nunca se ve a nadie en la Biblia mendigando de las disposiciones de la obra de Dios. Simplemente no hay precedente de este método de operación. De hecho, la Biblia caracteriza a la mendicidad como un acto de los malvados y nunca de los justos (Sal 109:10; 37:25).

Esto nos muestra donde estamos hoy para que podamos tener las expectativas adecuadas y sepamos la forma correcta de hacer las cosas. Jesús ciertamente nunca nos dijo que viviéramos a costa de los demás ni que mendigáramos por dinero para "la obra de Dios". Esta es una buena lección de la importancia de tener cuidado de no tomar partes de la Biblia fuera de contexto y aplicarlas a nosotros mismos.

El Tiempo de la Misión De "Las Advertencias de los Tres Ángeles"
La Primera Advertencia Cumple El Evangelio de Mateo 24:14

Una prueba más de los 144,000 que predicarán el evangelio a todas las naciones justo antes de que venga el fin se encuentra en Apocalipsis 14. Los versos que siguen inmediatamente los que ya examinamos anteriormente acerca de los 144,000 dicen:

Apocalipsis 14:6-10 – [6] Vi... a otro ángel, <u>que tenía el evangelio eterno para predicarlo a los moradores de la tierra,</u> a toda nación, tribu, lengua y pueblo, [7] diciendo a gran voz: Temed a Dios, y dadle gloria, porque la hora de su juicio ha llegado; y adorad a aquel que hizo el cielo y la tierra, el mar y las fuentes de las aguas. [8] Otro ángel le siguió, diciendo: Ha caído, ha caído Babilonia, la gran ciudad, porque ha hecho beber a todas las naciones del vino del furor de su fornicación. [9] Y el tercer ángel los siguió, diciendo a gran voz: Si alguno adora a la bestia y a su imagen, y recibe *la* marca en su frente o en su mano, [10] él también beberá del vino de la ira de Dios, que ha sido vaciado puro en el cáliz de su ira; y será atormentado con fuego y azufre delante de los santos ángeles y del Cordero.

Estas tres declaraciones sucesivas por tres diferentes ángeles requieren un análisis cuidadoso. Podemos ver en los versos 6-7 el cumplimiento de la profecía de Mateo 24:14 acerca de los tiempos finales que el evangelio del reino sería predicado a todas las naciones antes de que llegue el fin. Hemos afirmado anteriormente que los 144,000 serán los que hagan esto, sin embargo, a primera vista, este pasaje parece contradecir esa idea. Esto, junto con la proximidad a los versículos que inmediatamente preceden, se conecta a los 144,000. Para ver esto se requiere que usted se resista a asumir que estos ángeles, lo cuales poseen inicialmente estos tres mensajes, también van a entregarlos ellos mismos directamente a todos los hombres en toda la tierra. En realidad no dice eso. Se dice que los ángeles tienen mensajes que deben ser proclamados a todos y se detiene antes de decir que ellos mismos van a hacer esto. Si ellos mismos fueran a predicar a todos los hombres, se rompería el precedente bíblico acerca de que los ángeles sirven como mensajeros principalmente a los justos o a aquellos llamados para propósitos especiales por Dios (y en raras ocasiones a grupos pequeños tales como los pastores en el nacimiento de Jesús). Aquellos que reciban un mensaje de un ángel saldrán luego y lo proclamarán a muchos.

Por cierto, la razón de esto puede que no sea inmediatamente obvia si no se ha detenido a preguntarse por qué es así. Si unos ángeles se le aparecieran a la humanidad con mensajes de Dios, nuestro libre albedrío se vería disminuido. Cualquier aparición de un ser sobrenatural iluminado que vuela va a ser llamativo y muy convincente (aunque, por supuesto, no es 100% convincente con todos los Tomases incrédulos que hay por ahí.) De hecho sería difícil escapar a tal ser que porta un mensaje de Dios. Eso deja poco margen para una duda razonable en comparación a un hombre que entrega el mismo mensaje. Además, un ángel lo obligaría a usted a escuchar debido a la naturaleza aterradora y convincente del mensajero, y no porque usted piense cuidadosamente sobre el mensaje en sí mismo y lo encuentre atractivo a su propio deseo interno de buscar y seguir la voluntad de Dios. Esta motivación para obtener una respuesta no cumple el propósito de Dios de averiguar realmente quien le cree y le ama a pesar de que no le hayan visto (Juan 20:29).

Tres Mensajes Juntos Muestran La Longitud de la Misión

Cada vez que Apocalipsis da series de eventos como los siete sellos, siete trompetas, siete copas, siete truenos, o tres ángeles, es prudente entenderlos claramente como eventos secuenciales descriptivos. Aquí es donde Apocalipsis afortunadamente difiere grandemente del resto de las profecías de la Biblia donde usted usualmente no sabe a ciencia cierta el orden de las cosas. Aquí el orden cronológico es evidente por la numeración ordinal.

La primera advertencia hace referencia a la tierra, el mar y los manantiales que son afectados desde el 6° sello hasta la 4° trompeta. La segunda advertencia viene una vez que cae Babilonia la Grande. La tercera advertencia hace referencia a la Marca de la Bestia de la 5° Trompeta (el inicio de la GT cuando el Anticristo inicia su reinado de gobierno mundial de 42 meses – Ap 13:5). Las tres advertencias parecieran ser lanzadas en orden, después de que un evento específico grande ha ocurrido ya. De todo esto podemos aprender que los 144,000 inician su misión a partir del 6° sello y continúan al menos más allá del inicio de la GT[66]. Esto calza con lo que vimos anteriormente acerca de la misión de ellos de ir por todas las ciudades permaneciendo hasta que el "Hijo del Hombre venga" (al final de la GT) como fue dicho proféticamente a los doce (pero no cumplida por ellos).

Propósito de la Misión: Responsabilidad y Disponibilidad de la Verdad

El relato de los setenta y dos nos ayudó a entender mejor la misión de los doce y los setenta y dos y por extensión, también la de los 144,000. Escuchar la verdad de Dios de parte de un representante de Dios que la habla correctamente acarrea responsabilidad. No se puede alegar ignorancia después de haber tenido una oportunidad de saber que hay una manera alternativa de vida a lo que se ha conocido. Una cosa es ser esclavo del pecado y no conocer nada diferente porque usted nunca ha oído o visto gente caminando en dependencia de la fortaleza, provisión y entendimiento de Dios. Pero, si usted ha oído estas cosas y de todas formas ha decidido ignorarlas, se nos dice que en el juicio, esto va a ser traído a colación. De esta manera, Dios se muestra como justo. Él le da a toda la tierra una oportunidad de conocer y seguir su verdad, incluso en su hora más oscura, bajo el gobierno de Satanás. Cuando el engaño de Satanás se vuelve más fuerte, el mensaje del reino de Dios surge de manera más clara y más poderosamente. Por lo tanto, siempre hay una opción disponible para todos ya sea que quieran servir al Dios verdadero o a otros dioses. El ministerio de los 144,000 será una compensación durante el reinado de la Bestia.

Precisando Quienes Son Los Dos Testigos

Ya hemos establecido que, al igual que los doce y los setenta y dos los cuales eran una sobra de ellos, los 144,000 estarán en una misión para testimonio de todas las naciones. La Torá dice que toda palabra debe de ser constituida por dos o tres testigos. Quizás, esta sea la razón por la que van en grupos de dos, además de las evidentes ventajas del sistema de amigos tales como la seguridad y el compañerismo (Ec 4:9).

Esto es un recordatorio de los Dos Testigos que estarán ministrando en Jerusalén durante los 1260 días de la GT como dice Apocalipsis 11. Al ver que los Dos Testigos andan al mismo tiempo que los 144,000, da también credibilidad a la idea de que los 144,000 van en parejas. Además, dice explícitamente, que los dos testigos llevan señales que los rodean, a continuación:

Apocalipsis 11:3-6 – [3] [3]Y otorgaré *autoridad* a mis dos testigos, y ellos profetizarán por mil doscientos sesenta días, vestidos de cilicio. [4]Estos son los dos olivos y los dos candeleros que están delante del Señor de la tierra. [5]Y si alguno quiere hacerles daño, de su boca sale fuego y devora a sus enemigos; así debe morir cualquiera que quisiera hacerles daño. [6]Estos tienen poder para cerrar el cielo a fin de que no llueva durante los días en que ellos profeticen; y tienen poder sobre las aguas para convertirlas en sangre, y para herir la tierra con toda suerte de plagas todas las veces que quieran.

Esto es igual que los doce y los setenta y dos, que se entiende que tipifican los 144,000. Por supuesto, lo peor que los doce y los setenta y dos hicieron fue sacudirse el polvo de sus pies contra las ciudades incrédulas - no hay ningún registro de ellos disparando fuego de su boca como lo harán los Dos Testigos. Sin embargo, en aquel entonces, no fue cierto que "seréis odiados de todos los hombres" que será el caso cuando esté pasando la GT en toda la tierra. Todos tendrán la Marca de la Bestia poco después de que la Bestia llegue al poder, y convierta a todos en un enemigo del Dios verdadero.

La gente a menudo pregunta, "¿quiénes son los Dos Testigos?" Podemos tener una idea de esto de los milagros mencionados anteriormente. Note otro lugar en la Biblia donde nos enteramos que el primer Elías era conocido por haber retenido la lluvia por una cantidad de tiempo profética significativa:

1 Reyes 17:1 – Elías… dijo a Acab: Vive el Señor Dios de Israel… que <u>no habrá lluvia ni rocío en estos años,</u> sino por mi palabra.

Lucas 4:25 – …en los días de <u>Elías, cuando el cielo fue cerrado por tres años y seis meses,</u> y hubo una gran hambre en toda la tierra;

Santiago 5:17 – Elías era hombre sujeto a pasiones semejantes a las nuestras, y oró fervientemente para que no lloviese, y no llovió… <u>por tres años y seis meses.</u>

Una gran cantidad de pasajes describen la GT con una duración de 3½ años, o 42 meses de treinta días o 1260 días (Dn 7:25; Ap 12:14; Dn 12:1; Mt 24:21; Ap 11:2; 13:5; 11:3). Así que, tenemos otro ensayo profético en como el primer Elías retiene la lluvia por un período exactamente igual a la duración de la GT durante el cual vamos a tener otro Elías prometido junto con los Dos Testigos que también pueden retener la lluvia como lo hizo Elías. Todo apunta a que el Elías prometido de los "tiempos finales" es uno de los Dos Testigos.

Por cierto, si se está preguntando quien es el otro testigo, los otros milagros mencionados que no calzan con Elías, resulta que calzan con alguien más que está conectado a Elías en otra parte de la Biblia. La escena de la transfiguración de Mateo 17 establece para nosotros el precedente de una conexión entre Elías y Moisés, ya que fueron los únicos dos que aparecieron en esta visión del Mesías glorificado en su Reino. Los milagros de convertir el agua en sangre y golpear la Tierra con plagas nos recuerdan exactamente de lo que Moisés le hizo a Egipto antes del Éxodo (Ex 7-10; 1S 4:8).

¿Esto es para decir que los Dos Testigos serán la resurrección o reencarnación física de Elías y Moisés? No hay precedente bíblico para decir eso. Todas las resurrecciones en la Biblia son de gente que acababan de haber muerto recientemente, aparte de las primicias levantadas con Jesús antes de ser llevado al Cielo (Mt 27:52). En cambio, lo que sabemos es que, cuando Juan el Bautista vino con la profecía de Elías de Malaquías 4 aplicada a él por Gabriel, él era un individuo nuevo normal. Debemos de esperar lo mismo para el cumplimiento final de Malaquías 4. Por lo tanto, se puede esperar que los Dos Testigos sean dos personas que están con vida ahora que de alguna manera portan el manto de Moisés y Elías respectivamente.

Dos Palos, Dos Casas, Dos Testigos

Hay una pista más que se encuentra en los precedentes bíblicos para ayudar a precisar quiénes son los Dos Testigos. Cuando se encuentre grupos de dos en la Biblia, ellos siempre están ligados a las Dos Casas de Israel en las cuales Israel fue dividido para los propósitos de Dios (1 Reyes 12). Ezequiel 37 lo deja claro al equipar dos palos con la casa de José o Efraín y la Casa de Judá, respectivamente. Resulta que, Moisés, Levita, era de la casa de Judá y Elías era de la casa de Efraín. Basados en el precedente de los grupos de dos y teniendo la indicación que los Dos Testigos serán tipos de Moisés y Elías, podemos razonablemente esperar que cuando esta profecía se cumpla, uno de los testigos será de la Casa de Efraín y uno de la Casa de Judá.

Una prueba más se puede encontrar en cómo los dos testigos fieles de los doce enviados a espiar la tierra de Canaán también confirmaron este patrón. Josué fue de la Casa de Efraín y Caleb, aunque Cenezeo, fue nombrado para la casa de Judá (Num 13:6-8, 16).

Otro Grupo Unificado de Siervos: La Mujer

Como ya hemos deducido del tamaño relativamente pequeño de los 144,000, en realidad hay otro grupo de Dios además de ellos, reunido justo antes de la GT. Este segundo grupo unificado es la menos conocida pero igualmente malinterpretada "Mujer" de Apocalipsis 12. Ahora, vamos a cubrir brevemente este grupo porque va a ayudar a explicar más acerca de quiénes son los 144,000.

Apocalipsis 12:1-6, 13-17 (VRV) – [1] Apareció en el cielo una gran señal: una mujer vestida del sol, con la luna debajo de sus pies, y sobre su cabeza una corona de doce estrellas. [2] Y estando encinta, clamaba con dolores de parto, en la angustia del alumbramiento. [3] También apareció otra señal en el cielo: he aquí un gran dragón escarlata, que tenía siete cabezas y diez cuernos, y en sus cabezas siete diademas; [4] y su cola arrastraba la tercera parte de las estrellas del cielo, y las arrojó sobre la tierra. Y el dragón se paró

> frente a <u>la mujer</u> que estaba para dar a luz, a fin de devorar a su hijo tan pronto como naciese. [5] Y ella dio a luz un hijo varón, que regirá con vara de hierro a todas las naciones; y su hijo fue arrebatado para Dios y para su trono. [6] <u>Y la mujer huyó al desierto</u>, donde tiene lugar preparado por Dios, para que allí la sustenten por mil doscientos sesenta días… [13] Y cuando vio el dragón que había sido arrojado a la tierra, persiguió a <u>la mujer</u> que había dado a luz al *hijo* varón. [14] Y se le dieron a <u>la mujer</u> las dos alas de la gran águila, para que volase de delante de la serpiente al desierto, a su lugar, donde es sustentada por un tiempo, y tiempos, y la mitad de un tiempo. [15] Y la serpiente arrojó de su boca, tras <u>la mujer</u>, agua como un río, para que fuese arrastrada por el río. [16] Pero la tierra ayudó a <u>la mujer</u>, pues la tierra abrió su boca y tragó el río… [17] Entonces el dragón se llenó de ira contra <u>la mujer</u>; y se fue a <u>hacer guerra contra el resto de la descendencia de ella, los que guardan los mandamientos de Dios y tienen el testimonio de Jesucristo.</u>

Este grupo es muy similar a los 144,000, este grupo es de origen Israelita. Al igual que los 144,000, este grupo es de origen Israelita, es justo, y recibe protección. Lo sabemos por el simbolismo constante de la Mujer, el Sol y las estrellas escuchando de nuevo el sueño que tuvo José acerca de Israel su padre, su madre, y sus otros hermanos que se convirtieron con él en las doce tribus de Israel (Gn 37:9). José y su familia eran justos y María, también, quien dio a luz al Mesías como el verso 5 lo indica, también era justa (Lucas 1:28). Así que, esta no es toda la nación de Israel como se muestra en Ezequiel 37 con un valle de huesos y dos palos, sino que solamente un *remanente justo*. Todo Israel *no* será protegido a través de la GT sino que como una nación será conquistada y engañada por el Anticristo y más adelante servirá con él para pelear contra el verdadero Cristo en esta reaparición con el resto de las naciones (Zac 14, especialmente el verso 14 en la ESV y RSV).

Sin embargo, la mujer difiere en dos aspectos importantes. En primer lugar, a diferencia de los 144,000 que están sellados con protección dondequiera que estén, la Mujer será reunida y protegida a través de los 3½ años de la GT en un lugar especialmente preparado a salvo de los ataques de Satanás (v.14). Por cierto, pareciera ser que este lugar está localizado en la Jordania moderna, como Edom, Moab, y Amón se nombran como los únicos lugares que se salvan de la mano toda poderosa del Anticristo (Dn 11:41; Ap 13:7-8, 16-17) y calzan con el requisito de ser accesibles desde Judea (Mt 24:16). La única manera en que una región pudiera escapar de su mano sería si Dios interviniera específicamente por su cuenta, tal y como leemos que él piensa hacer en Ap 12:14 para proteger a la mujer. Note que este lugar está claramente en la tierra por que la Tierra ayuda a la Mujer desviando una inundación después de que ella llega ahí. Así que, la mención de las alas de águila no es una alusión a un rapto pre-tribulación al cielo, sino que probablemente sea solo la "asistencia de viaje" de la intervención de Dios como él lo hizo durante el Éxodo cuando él llamó su asistencia a alas de águila (Ex 19:4).

Podemos ver la relación entre estos dos grupos aun más clara al comparar Ap 12:17 con Ap 14:12.

> **Apocalipsis** 12:17 – [17] Entonces el dragón se llenó de ira contra <u>la mujer</u>; y se fue a <u>hacer guerra contra el</u>

> resto de la descendencia de ella, los que guardan los mandamientos de Dios y tienen el testimonio de Jesucristo.
>
> **Apocalipsis** 14:12 – Aquí está la paciencia de los santos, los que guardan los mandamientos de Dios y la fe de Jesús.*[es decir, los 144,000]*

Después de que Satanás se da cuenta que no puede tocar a la mujer, se va detrás del "resto de la descendencia de ella, los que guardan los mandamientos de Dios y tienen el testimonio de Jesucristo". Esto coincide exactamente con la descripción dada a los 144,000 en el capítulo 14. Así, los 144,000 son en realidad una subdivisión de élite de la Mujer. Digo élite porque los 144,000 son llamados "primicias" que no tienen religión falsa ni se encontró mentira en sus bocas, todo para denotar madurez en su caminar con Dios, algo que no se dice sobre la mujer en general. No se tiene que ser un anciano maduro antes de poder ser considerado justo y ser protegido como la Mujer, pero para ser de los 144,000 usted tiene que ser justo y ser una primicia, o el primero de la cosecha para alcanzar madurez. Además, los doce y los setenta y dos precursores de los 144,000 eran todos hombres solteros sin esposa o hijos dependientes, lo cual era ideal para su estadía. Así que, puede que también haya muchas primicias maduras en el grupo de la Mujer, pero debido a que tienen un conyugue o hijos que dependen de ellos, puede ser que no hayan sido escogidos para la misión de los 144,000.

Dos Grupos Unidos Reunificados Necesitan de un Líder

Por ahora, esperamos poder ver que hay dos grupos unidos relacionados de siervos justos de Dios que vienen en los últimos tiempos. Sin embargo, ¿cómo es que estos grupos vienen a estar en el mismo lugar y a trabajar juntos en unidad? ¿No demanda esto un líder? ¿Qué hay acerca de los Dos Testigos relacionados que están en la tierra al mismo tiempo, a los cuales hemos identificado como tipos de Moisés y Elías? ¿Puede haber una conexión?

Hemos afirmado en el último capítulo que cuando usted quiere saber si algo es la voluntad de Dios al día de hoy, es sabio verificar si hay precedentes y profecía. Luego cubrimos los precedentes para entender lo que es necesario para tener unidad. Establecimos que la historia Bíblica muestra que la clave es tener al líder correcto. El único tipo de líder que basta es aquel que es enviado directamente por Dios. No solo eso sino que él también debe de estar equipado por Dios con el don de profecía y la habilidad de hacer milagros y otras señales. En otras palabras, él tiene que ser lo que la Biblia llama un profeta. Si vamos a tener unidad nuevamente como ellos la tuvieron bajo Moisés y Josué o bajo Jesús y los apóstoles, necesitaremos líderes como ellos.

Por supuesto, a este punto, si a un cristiano se le preguntara quien sería este líder, podemos adivinar lo que diría. Todo el mundo sabe de la esperada Segunda Venida de Jesucristo. Se profetiza que el Mesías reinará durante el Milenio con "vara de hierro" y justicia perfecta para unificar a todo el mundo secular así como a todas las ovejas perdidas de Israel. Sin duda esto es lo que estamos esperando para restaurar todas las cosas incluyendo la unidad, ¿no es así? Bueno, mientras que Jesús ciertamente va a hacer todas esas cosas incluyendo traer paz y orden al mundo, hay otra persona profetizada antes de eso que va a "restaurar todas las cosas" (al menos eso es lo que dice el Griego, pero si eso es correcto, esto presenta problemas que hay que resolver más adelante).

La diferencia es que este individuo no va a venir a unir y a gobernar el mundo entero. Su misión consiste solo en guiar al remanente justo que Dios ha preservado en la Tierra a través de cada generación (Ro 11:1-5). ¿Cuál es el nombre de este líder? Él es llamado "Elías" en las profecías (pero su nombre verdadero será sin duda algo diferente, tal como Juan el Bautista que también estaba ligado al Elías de Malaquías 4).

¿El Próximo Líder Ordenado por Dios?

Esta afirmación puede ser una sorpresa para el lector cristiano, aunque no para el lector judío. Los Cristianos creen que Elías ya ha venido en el personaje de Juan el Bautista y por lo tanto Elías no está en su radar profético. Mientras tanto, el Judaísmo espera que Elías venga e inclusive incluye un lugar para él en el servicio del Seder de la Pascua. Esto es similar a como los Cristianos saben que el Mesías ha venido y los Judíos aun esperan su (primera) aparición. Vamos a ver las profecías y ver por qué la profecía de que Elías viene debe de cumplirse nuevamente, así como los Cristianos aceptan que la profecía que promete que el Mesías viene debe de cumplirse nuevamente.

> **Malaquías 4:5-6** – [5] He aquí, yo os envío el profeta Elías, antes que venga el día del Señor, grande y terrible. [6] El hará volver el corazón de los padres hacia los hijos, y el corazón de los hijos hacia los padres, no sea que yo venga y hiera la tierra con maldición.

Es un poco confuso al principio saber que significa "volver el corazón de los padres hacia los hijos" y viceversa. Parece que habla de la restauración de los caminos de Dios, algo que Juan el Bautista hizo. Por tanto, cuando él fue prometido por el ángel Gabriel a su padre Zacarías en el Templo, este mismo verso fue dado como referencia concerniente a él y expandido un poco:

> **Lucas 1:17** – E irá delante de él con el espíritu y el poder de Elías, para hacer volver los corazones de los padres a los hijos, y de los rebeldes a la prudencia de los justos, para preparar al Señor un pueblo bien dispuesto.

Muy claramente, Juan iba a cumplir esta profecía. Pero hay un problema. Cuando los fariseos le pidieron que se identificara, ¡le preguntaron si él era Elías y él lo negó!

> **Juan 1:19-23** – [19] Este es el testimonio de Juan, cuando los judíos enviaron de Jerusalén sacerdotes y levitas para que le preguntasen: ¿Tú, quién eres? [20] Confesó, y no negó, sino confesó: Yo no soy el Cristo. [21] Y le preguntaron: ¿Qué pues? ¿Eres tú Elías? Dijo: No soy. ¿Eres tú el profeta? Y respondió: No. [22] Le dijeron: ¿Pues quién eres? para que demos respuesta a los que nos enviaron. ¿Qué dices de ti mismo? [23] Dijo: Yo soy la voz de uno que clama en el desierto: Enderezad el camino del Señor, como dijo el

profeta Isaías.

Esta es en realidad una de las supuestas contradicciones de la Biblia a la que son aficionados los anti-misioneros. ¿Cuál es la solución a este problema?

La Venida de Elías Debe Ser Doble, Tal como la del Mesías

El problema se resuelve al reconocer que ambas son verdaderas porque la venida de Elías es una profecía doble tal como sería la venida del Mesías. En otras palabras, Juan fue *un* Elías prometido, pero solo un intermediario y no el cumplimiento final y completo. Así que, cuando él dijo "No soy" el Elías prometido, él se estaba refiriendo a este último que los Judíos esperaban que llegara antes de que el Mesías viniera a reinar. Podemos ver que la dualidad también es requerida para dar sentido a las propias palabras de Jesús acerca de Juan:

Mateo 17:10-13 – [10] ...sus discípulos le preguntaron, diciendo: ¿Por qué, pues, dicen los escribas que es necesario que Elías venga primero? [11] Respondiendo Jesús, les dijo: A la verdad, Elías viene primero, y restaurará todas las cosas. [12] Mas os digo que Elías ya vino, y no le conocieron, sino que hicieron con él todo lo que quisieron; así también el Hijo del Hombre padecerá de ellos. [13] Entonces los discípulos comprendieron que les había hablado de Juan el Bautista.

Jesús aparentemente se contradice a sí mismo también aquí en una forma consistente con la contradicción de Juan de lo que Gabriel había dicho de él. La única manera que Juan el Bautista sea Elías y para que Elías venga es que sea una profecía doble. Cuando una profecía es doble (como lo son la mayoría) el primer cumplimiento usualmente solo cumplirá algunos pero no todos los aspectos de la profecía. Esto también es una buena pista que la profecía verá (y debe ser así) una manifestación posterior. Juan el Bautista vino antes de la venida de Jesús e hizo regresar al pueblo de Dios a las enseñanzas de la Escritura en medio de las falsas enseñanzas del Judaísmo basadas en la tradición oral. Pero él no cumplió todas las cosas. Jesús dijo que el cumplimiento final de Elías vendría antes de su regreso a reinar y hacer un trabajo mayor que "restaurar todas las cosas".

Pero, ¿*Por qué* Viene Elías?

¿A que se podría estar refiriendo Jesús cuando dijo que Elías restauraría todas las cosas, y por qué tiene que pasar antes del día del Señor?

La Contradicción Resuelta de Jesús frente al Elías que "Restaurará Todas Las Cosas"

Bueno, si el Elías que viene a "restaurar todas las cosas" tal como sabemos que Jesús lo hará en su Segunda Venida más adelante suena como una contradicción, entonces puede que yo tenga una solución. "Restaurar todas las cosas" es lo que dicen los manuscritos *Griegos*. La Peshitta Aramea tiene registrado algo significativamente diferente:

Mateo 17:11 (Lamsa) – Jesús respondió y les dijo a ellos, Elías vendrá primero, para que todo se cumpla.

Por lo tanto, el "todo" que tiene que cumplirse debe de estar refiriéndose a las partes de Malaquías 4 que Juan el Bautista no cumplió pero que el último Elías cumplirá. Esto resuelve cualquier contradicción y provee otro ejemplo de por qué es importante revisar varias traducciones.

Hemos estado hablando hasta ahora acerca de cómo la unidad en seguir la verdad correcta de Dios no se encuentra en el remanente de Dios después de haberla tenido sólo brevemente en el pasado en algunos líderes dados por Dios. ¿Podría ser que un remanente reunido, unificado, sea una de las mayores cosas que Elías traiga de vuelta?

Con toda honestidad, no hay un versículo que directamente diga que Elías establecerá y dirigirá un grupo grande en unidad como lo hizo Moisés y los apóstoles de Jesús, aunque las declaraciones acerca de cómo él hace volver a muchos al entendimiento correcto de la voluntad de Dios (y evidenciado por la vida de Juan el Bautista) claramente apuntan a que él es un líder. Sin embargo, como ya hemos mostrado en detalle a través de mucho trabajo, no hay menos de dos grupos distintos que se describen en las profecías de los tiempos finales de Apocalipsis. El sentido común dicta que se necesitará un líder dado por Dios para reunirlos y guiarlos en el propósito que Dios tiene para ellos. Además, los precedentes bíblicos también muestran que así fue como Dios reunió a su pueblo anteriormente (con un líder como Moisés, en vez de E.S.P o enviando un ángel a cada uno).

Ambos Grupos Reunidos en Jerusalén Bajo Elías

Ya hemos visto que los 144,000 son reunidos en Jerusalén donde son sellados. Sin embargo, ¿qué pasa con la Mujer, que nunca es mencionada aquí directamente? ¿Va ella directamente a Jordania o podría ser Jerusalén también su área de preparación antes de que huya de la Tribulación, así como los 144,000 empiezan ahí y también se mueven posteriormente donde necesitan su protección? Hay varias razones para creer que esta es exactamente la situación.

1. Aquellos que se les ordena salir del Misterio de Babilonia antes de su destrucción de Apocalipsis 18, se les dice que vayan a Jerusalén, en Jeremías 50:28 y 51, la profecía paralela del AT:

Jeremías 50:28 – Voz de los que huyen y escapan de la tierra de Babilonia, para dar en Sion las nuevas de la retribución del Señor nuestro Dios, de la venganza de su templo.

Jeremías 51:6 – Huid de en medio de Babilonia, y librad cada uno su vida, para que no perezcáis a causa de su maldad; porque el tiempo es de venganza del Señor.

Jeremías 51:10 – Dios sacó a luz nuestras justicias; venid, y contemos en Sion la obra del Señor nuestro Dios.

Jeremías 51:49-50 – [49] Por los muertos de Israel caerá Babilonia, como por Babilonia cayeron los

> muertos de toda la tierra. [50] Los que escapasteis de la espada, <u>andad, no os detengáis</u>; acordaos por muchos días del Señor, <u>y acordaos de Jerusalén</u>.

2. En Joel 2:30-32 aquellos que están protegidos por Dios de Ajenjo en el 6º sello de Apocalipsis 6 (cuando el Sol se convertirá en tinieblas y la luna en sangre) se dice que serán reunidos en Jerusalén o el Monte de Sión. Véase Parte1/*Planeta X en la Profecía Bíblica* para más detalles sobre esta interpretación asombrosa. Ofrece una alternativa simple a la enseñanza común del rapto pre-tribulación enseñado de manera tipológica, de cómo Dios protegerá a su pueblo a través de la GT.

3. En el Sermón del Monte, Jesús dio instrucciones específicas a sus seguidores de huir a Judea justo antes del inicio de la GT ("por tanto, cuando veáis en el lugar santo la abominación desoladora, los que están en Judea, huyan a los montes" – Mt 24:16.) Esto demuestra que él esperaba que ellos estuvieran ahí (en vez de ser raptados, o en otro lugar en la Tierra). Y en realidad, que *todos* estén ahí tiene más sentido para las instrucciones que él dio. Note que, su mandato de huir solo es útil si el "desierto" cerca de Judea es el mismo lugar seguro mencionado en Apocalipsis 12 que es local para Israel y Jordania, según sabemos por Daniel 11. La Bestia controlará el resto del planeta y obligará a todos a ponerse la marca o a morir fuera de este lugar (Mt 24:15-16). Así que si todos no fueran a ser reunidos ahí cerca de Jerusalén, entonces Jesús hubiera dado una orden diferente que no era específicamente para Judea.

Si esto es cierto acerca de la Mujer y los 144,000 siendo reunidos primero en Jerusalén/Judea antes del 6º sello entonces calzaría excepcionalmente bien en todos los sentidos con Elías siendo el líder. Juan el Bautista, secuela de Elías, vino a Jerusalén y nosotros esperaríamos que su sucesor haga lo mismo, al igual que la mayoría de los profetas de Dios.

La Verdadera Unidad Requiere Estar Juntos

Los pocos elegidos de Dios están dispersos por todo el mundo en lugar de estar juntos. Esto presenta un verdadero problema para estar juntos y para compartir y ayudarse unos a otros. Como vimos en el último capítulo, el Elías que viene se parece al que Dios usará para reunir a su pueblo. Si alguien que dice cumplir Malaquías 4 viene, no debería de venir solamente a decirnos profecías de carácter personal, sino a tener una misión importante de parte de Dios como reunir al remanente en Jerusalén antes de que ocurran los cambios de la tierra a nivel mundial.

¡Ah, Eso Es Solo Los Judíos!

Toda la evidencia anterior muestra que la futura reunificación en unidad de la Mujer y los 144,000 en Jerusalén será bajo el próximo líder profético Elías, que es probablemente uno de los Dos Testigos. Sin embargo, los lectores Cristianos puede que se pregunten qué tiene que ver con *ellos* toda esta unidad siendo restaurada, debido a que los Cristianos se consideran Gentiles y los grupos anteriores Israelitas (o al menos "Judíos"). De hecho, la interpretación común de los 144,000 es que ellos simplemente son "Judíos que aceptan a Jesús" después del rapto pre-tribulación de la iglesia" que se quedaron atrás para finalmente darse cuenta de su error de "rechazar al Mesías." Pero, ¿es esto correcto?

Como ya vimos anteriormente, no todos ellos son "Judíos". No podemos pasar por alto el hecho de que la Mujer y los 144,000 son claramente identificados como *las doce* tribus de Israel. Esto no es hilar muy fino. A pesar de que la religión del Judaísmo centrada en Israel al día de hoy lleva el nombre de Judá, y los rabinos a menudo se refieren a Israel como el "Pueblo Judío", esta no es la definición bíblica correcta. Solo un máximo de tres tribus se puede considerar como la nación de Judá o "la Casa de Judá" bíblicamente: Judá, Benjamín y aproximadamente la mitad de la Tribu de Leví. Esta es la composición exacta del antiguo reino meridional de Judá, el que fue exiliado a Babilonia después de que las diez tribus del norte de Efraín o José fueron deportadas a Asiria. Apocalipsis 7 dice más bien que ambas casas componen este grupo misterioso.

Una vez más, ¿cómo pueden existir al día de hoy grupos que descienden literalmente de Israel y como aplica esto a los "Gentiles" promedio de habla inglesa?

La Identidad de las Diez Tribus Perdidas

La respuesta nos viene de un entendimiento de las "Diez Tribus Perdidas" de Israel. Yair David y, un Judío Ortodoxo, es el primer erudito de la Identidad de las Tribus Perdidas (ITP) en la actualidad. Él lo resume en www.BritAm.org:

De acuerdo a la Biblia, diez de las doce tribus de Israel se separaron (2R 12:19), formaron su propio reino de "Israel" (2R 12:20) y fueron exiliados por los Asirios (2R 17:18). Ellos olvidaron su identidad (Os 1:9; 7:8; Is 49:21) y vinieron a ser las Diez Tribus Perdidas. En el futuro ellas se unirán nuevamente con los Judíos (Ez 37, Is 11:13; Jer 3:18) de "Judá", pero hasta entonces, ellos tienen un rol propio que cumplir. Ellos fueron destinados a estar situados en los extremos continentales de la Tierra tales como Norteamérica, las Islas Británicas, Escandinavia, los Países Bajos, Australia, Nueva Zelandia y Sudáfrica (Dt 33:13; Is 24:16; 26:15; 41:8-9; 49:6), para ser las naciones más ricas (Gn 27:28; 49:25; Dt 33:13-16; Os 2:8), y las más poderosas (Nm 24:8-7; Mi 5:7-9) en la tierra y controlar las principales bases estratégicas internacionales (Gn 22:16-17; 24:60). Todos estos puntos junto con muchos otros, muestran que los descendientes de las Diez Tribus Perdidas solo se pueden encontrar entre las Naciones Occidentales, especialmente las de habla inglesa.

Si esta teoría le suena familiar, es posible que haya oído hablar del Israelismo Británico (IB) que lo popularizó. Por desgracia, el IB mezcló esta verdad con una agenda racista o antisemita y se asoció con la Identidad Cristiana y los grupos de Supremacía Blanca. Como resultado, la corriente principal del Cristianismo rechaza el IB, tirando efectivamente al niño por la borda. Sin embargo, la ITP no enseña que las Tribus Perdidas son exclusivamente blancas o Británicas, y tiene una exhaustiva investigación científica que la respalda.

El Cristianismo también rechaza la ITP como una "herejía peligrosa" porque contradice su propia "teología de reemplazo" institucional que es la creencia de que la iglesia ha reemplazado a Israel y ha heredado sus promesas. Por supuesto, no ayuda que los grupos que se aferran al IB/ITP, sean considerados cultos por los Cristianos Ortodoxos, dando a la enseñanza otro ataque en su contra. Sin embargo, si estamos buscando la verdad deberíamos evaluar todas las cosas frente al significado simple de la Biblia en vez de la teología tradicional. Y aquí es donde se demuestra la ITP. Responde muchas preguntas y cumple muchas profecías que son por el contrario ignoradas por conveniencia por las enseñanzas de la Iglesia Cristiana. Lo que podría ser una herejía es enseñar la "doctrina de la iglesia" pero no necesariamente la enseñanza bíblica.

Preguntas Que Quedan Sin Respuesta Si El Israelismo Británico Es Falso

Por ejemplo, ¿cuándo fue la última vez que usted escuchó un sermón en la iglesia acerca de cómo la Casa de Israel y la Casa de Judá iban a ser reunidas por el Mesías en la Tierra Prometida al inicio del Milenio, para enseñarle al mundo sus caminos desde Jerusalén? De alguna manera, los primeros discípulos de Cristo estaban muy consientes de esto como un punto importante en el cumplimiento de la profecía y la discusión de esto fue registrado para nosotros:

Hechos 1:6-7 – [6] ...los que se habían reunido le preguntaron... Señor, ¿restaurarás el reino a Israel en este tiempo? [7] Y les dijo: No os toca a vosotros saber los tiempos o las sazones, que el Padre puso en su sola potestad;

Note que la respuesta de Jesús no contradijo su comprensión del problema sino que más bien lo afirmó como algo importante – aunque muy importante para revelárselo a ellos aun. Sin embargo, su respuesta suena como la que fue dada cuando ellos le preguntaron cuál sería la señal de su venida y del fin del siglo: "del día y la hora nadie sabe". De hecho, el único periodo de tiempo que calza para el retorno de todo Israel (que ni siquiera sabe quiénes son al día de hoy y no están buscando a Dios para averiguarlo) es cuando el Mesías regrese y establezca el Reino él mismo.

Sin embargo, una vez que usted se da cuenta que Israel en realidad no ha estado perdida ni ha sido reemplazada por la Iglesia (como lo demuestra fácilmente el resurgimiento de Judá en la tierra de Israel desde 1948), sino que debe volver a la tierra según las profecías, usted se preguntará ¿dónde se estarán escondiendo estas tribus perdidas al día de hoy? No es como que van a salir del mar o que van a llegar en una nave especial. Tienen que estar en algún lugar de la Tierra, pero los que rechazan la ITP no tienen una buena respuesta simple a esto. Pueden hacer referencia a defectos, errores o contradicciones en las historias de migración u otras pruebas de la ITP, pero no ofrecen buenas soluciones a las profecías de la Biblia que demandan que Israel sea "zarandeado" entre las naciones como el trigo y luego que sea reunido sin que se pierda uno (Amos 9:9). Aquí hay otras preguntas más para tratar de responder sin la ITP:

1. ¿Quién cumplió la promesa a Abraham que sus bisnietos, Efraím y Manases (los cuales Jacob adoptó y bendijo), vendrían a ser una gran nación y una compañía de naciones que poseerían las puertas de sus enemigos como el Canal de Panamá?

2. ¿Por qué el Reino Unido y Estados Unidos alcanzaron la grandeza y dominan el mundo mientras otras naciones continúan siendo subdesarrolladas?

3. ¿Por qué surgieron en el mundo justo a tiempo como las fuerzas del bien cuando se necesitó detener la maldad de naciones imperialistas, fascistas y comunistas cuando intentaron tomar el control del mundo?

4. ¿Es toda una coincidencia que Estados Unidos tuviera trece colonias originalmente, justo como el Israel antiguo tuvo un total de trece tribus (con la división de José en Efraím y Manases creando la décimo tercera)? ¿Y que la circuncisión practicada en Estados Unidos como el Israel antiguo era obligatoria? ¿Y que tenemos un sistema de medición basado en doce?

5. ¿Por qué la profecía de los tiempos finales para la iglesia de Laodicea en Apocalipsis 3 calza muy bien con la condición espiritual tibia perezosa de las iglesias ricas de Estados Unidos que dicen, "Me he enriquecido y de ninguna cosa tengo necesidad" y es una coincidencia que esto sea exactamente lo mismo que caracteriza a **Efraím** al decir en Oseas 12:8, "He enriquecido"?

Estas preguntas son solo el inicio y de ninguna manera se ofrecen como una prueba concluyente. Hay una gran cantidad de investigaciones sobre este tema para que los escépticos investiguen. Sin embargo, si uno mira solo algunas de las profecías específicas prometidas para los tiempos finales acerca de la bendición de la primogenitura a las Diez Tribus Perdidas de la Casa de Efraím, las acepta como verdaderas y busca su cumplimiento, no se puede decir que se cumplieron con el Israel antiguo ni ciertamente con la Casa de Judá en Israel al día de hoy. A menos que haya un peso negativo en contra de aceptar la existencia y el futuro resurgimiento de Israel, la respuesta simple y obvia es que se cumplieron exactamente donde ITP dice que se cumplieron.

Conclusión

La profecía nos dice que los 144,000 y la Mujer van a ser reunidos en Israel, entrenados y luego enviados a sus respectivos lugares. El sentido común y los precedentes bíblicos requieren que un profeta líder ordenado por Dios sea enviado a reunir, a unificar y a enseñar – después de casi 2,000 años sin un líder o un cuerpo unificado. Según todos los indicios, este será uno de los Dos Testigos que también cumplirán la promesa de un verdadero profeta como Elías en los tiempos finales. El descubrimiento más sorprendente de todo esto es que la gente que conformará los dos grupos que él guiará no son "Judíos" u otra cosa, sino que Israelitas que se perdieron hace mucho tiempo a los que hemos considerado equivocadamente como "Gentiles" todos estos siglos.

O quizás, *no* es tan sorprendente. Después de todo, cuando paramos de pensar en eso, ¿de dónde esperamos realmente que vengan aquellos que fueron profetizados a salir al mundo como un testimonio de los caminos de Dios y la fe de Jesús y a ser llamados siervos de Dios? ¿De dónde más podrían ser, aparte de la gente más alfabetizada bíblicamente y basada en principios en el mundo – las Democracias Occidentales de habla inglesa tales como los Estados Unidos, El Reino Unido, Canadá, Australia, Nueva Zelanda, Sudáfrica, Francia y Escandinavia (y dicho sea de paso, de donde casi todos los pedidos de este libro provienen)? ¿Esperamos de alguna manera que vinieran de Rusia, China, India, Japón, Corea, Asia, Arabia Saudita, Tombuctú, Atlantis, la Luna, Marte, o qué?

Capítulo 15

Discerniendo a Un Profeta Verdadero

¿Se levantará El Verdadero Elías?

Después de discutir toda la evidencia de cómo un profeta debe de venir a reunirnos y a restaurar la unidad entre los fieles Bíblicos, la siguiente pregunta es ¿cómo diferenciamos al profeta verdadero de todos los profetas falsos que Jesús nos advirtió? Para entender este asunto tan importante, vamos a empezar revisando la profecía acerca del Elías de los tiempos finales que Juan el Bautista cumplió parcialmente:

Malaquías 4:5-6 – [5] He aquí, yo os envío el profeta Elías, antes que venga el día del SEÑOR, grande y terrible. [6] El hará volver el corazón de los padres hacia los hijos, y el corazón de los hijos hacia los padres, no sea que yo venga y hiera la tierra con maldición.

Lucas 1:7 – E irá delante de él con el espíritu y el poder de Elías, para hacer volver los corazones de los padres a los hijos, y de los rebeldes a la prudencia de los justos, para preparar al Señor un pueblo bien dispuesto.

Muchas personas han ido y venido afirmando ser el Elías. Jerusalén, hoy en día está lleno de gente bajo este engaño (así como bajo otras formas del "Síndrome de Jerusalén"). ¿Es posible que una de estas personas sea ordenada por Dios? ¿Cuáles son las señales del Elías auténtico y de uno falso? ¿Es un profeta alguien que siempre predice el futuro con precisión o que sabe cosas personales acerca de usted que él no tenía manera de saber? ¿Qué pasa si alguien se presenta diciendo que es el que Dios envió para llevarnos de nuevo a la unidad? ¿Qué deberíamos de preguntarle?

Si queremos esperar y observar con prudencia, tenemos que tener claro exactamente lo que estamos esperando. El primer punto es entender qué es un profeta según la Biblia, la única fuente segura de discernimiento en este tema. No podemos confiar en las palabras o las tradiciones de ninguna persona.

Definición De Los Profetas Bíblicos

La definición básica de un profeta en la Biblia es alguien que recibe inspiración directa de Dios. No siempre son pronosticadores pero siempre son oradores o mensajeros inspirados de manera divina. Se nos dice que un profeta que habla de parte de Dios, recibió su mensaje inspirado a través de tres posibles medios: o bien una voz, una visión o un sueño:

Números 12:6-8 (VRV) – [6] Y él les dijo: Oíd ahora mis palabras. Cuando haya entre vosotros profeta del Señor, le apareceré en visión, en sueños hablaré con él. [7] No así a mi siervo Moisés, que *es* fiel en toda mi casa. [8] Cara a cara hablaré con él...

Cuando Moisés estaba a punto de morir, Dios formalmente anunció una descripción del oficio de profeta que continuaría después de él:

Deuteronomio 18:18-22 – [18] Profeta les levantaré de en medio de sus hermanos, como tú; y pondré mis palabras en su boca, y él les hablará todo lo que yo le mandare. [19] *Mas* a cualquiera que no oyere mis palabras que él hablare en mi nombre, yo *le* pediré cuenta. [20] El profeta que tuviere la presunción de hablar palabra en mi nombre, a quien yo no le haya mandado hablar, o que hablare en nombre de dioses ajenos, el tal profeta morirá. [21] Y si dijeres en tu corazón: ¿Cómo conoceremos la palabra que el Señor no ha hablado?; [22] si el profeta hablare en nombre del Señor, y no se cumpliere lo que dijo, ni aconteciere, *es* palabra que el Señor no ha hablado; con presunción la habló el tal profeta; no tengas temor de él.

El Libro Teológico de Palabras del Antiguo Testamento para la palabra #1227 identifica cinco pruebas de Deuteronomio 13 & 18 para certificar a un profeta:

1. "El profeta debe ser Israelita, "de en medio de sus hermanos" (Dt 18:15,18)"

2. "Él habla en el nombre de Jehovah – "voz de Jehovah" (Dt 18:16) "el hablará en mi nombre" (Dt 18:19; véase Dt 18:20), siendo la muerte, la pena por hablar presuntuosamente (Dt 18:20; véase Dt 18:1 ff.; 1R 18:20-40)"

3. "El conocimiento sobrenatural del futuro cercano tenía que ser una señal de la autenticidad de una designación divina (Dt 18:21-22; véase 1R 22; Jeremías 28, especialmente Jeremías 28:17)"

4. "El profeta podría realizar alguna otra señal milagrosa (ver Dt 13:1; ff.; véase 1R 18:24; y especialmente 1R 18:38)"

5. La prueba final está estrictamente en conformidad con (en acuerdo con) las revelaciones previamente certificadas, por medio de Moisés en un primer momento y por los profetas a seguir (Dt 13:1-18). El quinto requisito es enfático, todo el capítulo trece está dedicado a esto."

Echemos un vistazo a las pruebas una por una:

Prueba #1: Debe ser Israelita

Para un cristiano, escuchar que un profeta verdadero de Dios al día de hoy debe ser un descendiente de Israel debe sonarle absurdo. Sin embargo, como vimos en el último capítulo, el plan de Dios sigue trabajando principalmente a través de los descendientes como se ve en las profecías de los 144,000, la Mujer, y los Dos Testigos. En otras palabras, él hablaba en serio cuando dijo que él los haría una "nación de reyes y sacerdotes" (Ex 19:6) lo cual por supuesto sucederá solamente durante el Milenio con Israelitas resucitados y glorificados (Ap 1:6; 5:10; 20:6). Así que su rebelión hacia el Antiguo Pacto no detuvo ese plan, simplemente lo hizo más interesante y sigiloso (dividiéndolos en dos casas, una de las cuales se olvidaría por completo de su identidad como Israelitas y aun así siendo usados por él). Pablo también estuvo de acuerdo cuando dijo, "al judío primeramente, y también al griego"[67] y "No ha desechado Dios a su pueblo Israel" sino que ha preservado un remanente para su propósito (Ro 11:1-5). Todos estos pasajes quisieron decir lo que dicen claramente, a pesar de la Teología Cristiana del Reemplazo. Dios continuará usando Israelitas en esta fase de su plan para que podamos esperar de manera realista que el Elías que viene sea un Israelita mismo, tal como lo fueron sus dos antecesores.

Prueba #2: Habla en el Nombre de Jehová

Para los Cristianos, este requisito suena igual de absurdo. Como se describe anteriormente, el cristianismo enseña a usar eufemismos para el nombre personal de Dios llamado el Tetragramatón, o "palabra de cuatro letras". Por lo tanto, parece normal y aceptable para ellos, cuando un "profeta" moderno habla en el nombre del "Señor", "Adonai", "Dios", "Elohim", etc., tal como lo tienen las Biblias cristianas. Para ellos sonaría extraño que un profeta se apegue al precedente del AT de hablar literalmente en el nombre de Dios, el cual aprendimos en la Parte 1 que es algo como "**Y'hovah**" (no *J*ehová ya que no hay sonido de J en Hebreo – a menos que se use la pronunciación Germánica original).

En el año 2008, me di cuenta que esta prueba es clave y representa una verdadera aplicación práctica para saber el nombre sagrado: **para detectar falsos profetas de forma rápida y**

sencilla. ¿Cómo? Revise y verá que cada profeta en la Biblia habla en el nombre de **Y'hovah**, incluso si fuera nuevo para ellos, como lo fue para Moisés (Ex 3:13). A pesar de que nuestros manuscritos Griegos del NT tienen *kurios* (señor) en su lugar, aun sabemos de ellos que Jesús lo pronunciaba porque él claramente dijo que él se lo enseñó a sus discípulos (Juan 17:6). Además, el Talmud registra debates sobre cómo deshacerse adecuadamente de los manuscritos Hebreos originales del NT debido a que tenían el nombre divino escrito en ellos, de lo cual ellos eran supersticiosos acerca de destruirlos[68]. Hay incluso manuscritos Hebreos de Mateo que existen al día de hoy (como el de Shem Tov) los cuales marcan donde el nombre de Dios se usaba originalmente. **Por lo tanto, todo lo que usted tiene que hacer es escuchar al supuesto profeta sobre cómo él se refiere a Dios. Si él quiebra el precedente bíblico para los profetas y no habla en el nombre de "Y'hovah", ¡entonces él es un falso profeta!** *Caso cerrado, no excepciones.*

Prueba #3 y #4: Conocimiento del Futuro / Señales Milagrosas

Estas dos van de la mano ya que parece que una o la otra va con todo profeta verdadero de Dios. Pero como todo el que haya leído Apocalipsis 13 sabe, estas pruebas *por sí solas* no son suficientes para autenticar a un verdadero profeta. El Falso Profeta hará señales milagrosas y maravillas – incluso hará descender fuego del cielo como lo hizo el primer Elías – que convence a todo el mundo de adorar a la Bestia como Dios y a aceptar su gobierno. Por otro lado, si alguien no puede predecir de manera sobre natural el futuro o hacer una señal milagrosa entonces escrituralmente se puede descartar como un profeta de Dios. Ellos deben de hacer una cosa o la otra.

Algunos pudieran señalar que Juan el Bautista, el primer Elías, no hizo señales (Juan 10:41; a pesar de que tuvo un nacimiento notable al punto que la gente se preguntara si él iba a ser un profeta – Lucas 1:66). Sin embargo, Juan no necesitó ninguna señal porque él nunca intentó tomar autoridad sobre algunos para guiarlos a algún lugar como lo hizo Moisés. Él simplemente predicó un mensaje de arrepentimiento en acuerdo con las Escrituras, coincidiendo con el requisito #5. Y en cuestión de meses su profecía de la venida del Mesías, el que quita el pecado del mundo, se cumplió con la aparición de Jesús de Nazaret.

Pero si alguien quiere proclamarse Elías o alguien con autoridad sobre usted o para guiar, llevar y reunir al pueblo de Dios, entonces **más vale que haga una señal para demostrar que Dios lo envió**. Asegúrese de pedirle que le muestre una señal de estas, de acuerdo al precedente escritural. Fue por esta razón que a Moisés se le entregó la vara que podría convertirse en una serpiente. Dios no esperaba que los Israelitas aceptaran la palabra de Moisés y él no espera que nosotros que somos más escépticos al día de hoy la aceptemos. No debemos de depender de la palabra de alguien que diga, "Escuché la voz de Dios diciéndome que le diga a *usted* que hacer." En realidad pudo haber escuchado una voz – pero ¿la voz de quien? Debemos de probar los espíritus, sin aceptar ciegamente su claro origen sobrenatural como si fuera de Dios. Muchas falsos profetas han salido por el mundo (1 Juan 4:1). Sin embargo, el asumir a Dios como la fuente es la práctica común hoy en día entre los creyentes. Olvidamos razonar que si en verdad lo que una persona escuchó fue la voz de Dios, entonces Dios lo hubiera equipado con señales para que el resto de nosotros pudiera estar seguro de este importante hecho, también.

Prueba #5: Conforme al "Antiguo Testamento"

Debido a la naturaleza ambigua de la Biblia, esta prueba puede ser difícil de juzgar. Por lo tanto, no debemos de descalificar a alguien usando enseñanzas que no podemos verificar tan claramente y explícitamente declaradas en el AT. Un ejemplo de una violación a esto se da en Deuteronomio 13. Dice que si un profeta le dice al pueblo que vaya tras "otros dioses que ustedes no han conocido" ese es claramente un falso profeta. Note que esto no tiene nada que ver con que esta persona haya tenido una predicción falsa tal como los Cristianos definen comúnmente a un falso profeta. El falso profeta de Apocalipsis 13 le dirá a la gente que levanten una estatua de la Bestia y la adoren. Esto está claramente en contra de las enseñanzas fundamentales dadas a Moisés, incluyendo específicamente el Segundo Mandamiento. Pero, no hay registro de que él hará una predicción falsa. Por el contrario, él hará muchas señales y maravillas que lo certificarán a los ojos de la gente que no conocen acerca de las otras pruebas requeridas.

¿Profetas del NT, Más Amables y Gentiles?

Esta lista de requisitos del AT puede que se mire inaplicable para algunos que tienen el entendimiento de que los Cristianos gentiles están al día de hoy bajo el Nuevo Pacto, y no son Israelitas bajo el Antiguo Pacto. Algunos incluso dicen que hoy en día tenemos "profetas del NT" que no están bajo los mismos estándares que estuvieron los "profetas del AT". Por ejemplo, ellos dicen que un profeta del NT no tiene que ser 100% exacto como un profeta del AT ni tiene que hacer señales. Ellos creen que Dios ahora usa profetas Cristianos del NT más amorosos, amables y *Gentiles* (que pareciera que les gusta dar profecías personales de prosperidad a individuos – con una precisión deslucida).

Hay varios problemas con este pensamiento. En primer lugar, como se ha explicado anteriormente, el Nuevo Pacto no fue hecho con los Cristianos sino con Israel (como antes). Por otra parte, se puede demostrar fácilmente al revisar Jeremías 31:31ff que este pacto no está aun activo al día de hoy. Se iniciará una vez que el Mesías reúna al pueblo con el cual se llevará a cabo el pacto, las tribus exiliadas de Israel aun esparcidas por todo el mundo.

En segundo lugar, no hay mención en los detalles del NP o en el NT de un cambio en el oficio del profeta. Por lo tanto, simplemente no hay respaldo bíblico para que Dios disminuya los estándares del profeta o de otra manera cambie lo que él presentó en el Antiguo Testamento.

La conclusión correcta para alguien que está basando su discernimiento fuera de las Escrituras en lugar de criterios subjetivos o externos, es que estas personas que se presentan al día de hoy como profetas, pero que no reúnen las normas dadas en el AT no son una especie de profeta del NT recién inventado sino que son *falsos profetas*. Sin embargo, aun suponiendo que estos son verdaderos profetas de Dios en lo absoluto (sin ningún respaldo a este razonamiento en la Biblia), esta pregunta en realidad no importa ya que Malaquías habla de un profeta que viene al igual que Elías – el profeta del *AT*. Por lo tanto, esta lista derivada de Deuteronomio es un buen lugar de comienzo para construir el discernimiento que necesitamos para distinguir al verdadero Elías de los imitadores que buscarán engañarlo.

Características Específicas Del Profeta Elías

A la lista general de lo que esperamos de un verdadero profeta, podemos agregar las otras especificaciones que encontramos al examinar las profecías relacionadas a Elías:

1. Enseñar arrepentimiento evidenciado por acciones de cambio que usted puede encontrar señaladas en la Biblia así como hacer los mandamientos de Dios que aplican a los creyentes. Así que, si un Elías viene pidiéndole meramente por cambios de pensamientos como la marca de arrepentimiento de la iglesia, ignórelo.

2. Jesús dijo que Elías cumpliría todas las cosas, lo cual según Gabriel significaba hacer volver al pueblo a la "sabiduría del justo" o al entendimiento correcto de la Biblia. Así que, espere de él enseñanzas radicales basadas en la Biblia que se alejan de lo que la iglesia institucional tradicionalmente predica. Así que si un Elías aparece enseñando lo mismo que se oye en la mayoría de las iglesias, ignórelo.

3. Estará llamando al pueblo a reunirse con él en Jerusalén antes de los desastres profetizados en el libro de Apocalipsis. Así que si un Elías aparece diciéndole que se reúna en los EEUU, Belice, etc., ignórelo.

Por supuesto, algunos de estos detalles pueden faltar, pero si usted simplemente mira y espera a un verdadero profeta según las cinco pruebas mencionadas anteriormente, usted no será engañado. Y ya que no hay otros profetas prometidos en las profecías de los tiempos finales para nosotros, es muy probable que el profeta vaya a ser Elías.

Capítulo 16

La Verdadera "Gran Comisión"
Decepción o Incredulidad

Después de haber descubierto cómo y cuándo la profecía indica los planes de Dios para restaurar la unidad bíblica de su remanente, el lector puede quedar en la decepción o la incredulidad. Que se le diga que tenemos que esperar en nuestro estado actual de desunión y separación hasta que Elías venga, no es lo que todos quieren escuchar. La mayoría de nosotros quiere tener comunión con creyentes con ideas afines de la Biblia bajo la dirección de alguien enviado por Dios que podemos confiar, que conoce la verdad pura de la Biblia y que la ensenará debidamente a nosotros. Esa ciertamente parece la situación ideal para aprender acerca de Dios y sus caminos, ¿cierto? El no ser capaz de tener eso sería malas noticias para algunos lectores que están buscando servir a Dios en la verdad al día de hoy. Una reacción natural a esta noticia aplastante es la incredulidad, especialmente si tenemos en cuenta que esta noticia realmente no encaja bien con nuestro paradigma de lo que Dios quiere y lo que está haciendo hoy en día hacia ella.

Nuestro paradigma Cristiano tradicional dice que Dios está en una competencia con Satanás por nuestras almas. Satanás está supuestamente haciendo todo lo posible para engañarnos y distraernos de servir a Dios, mientras que Dios está haciendo todo lo posible para salvar a tantos como sea posible. Cualquier persona que muera sin conocer a su salvador supuestamente va al infierno para un tormento eterno, o algo así dice la teología. En gran parte por esta razón, la iglesia Cristiana deriva su misión de la siguiente instrucción de Jesús a sus apóstoles:

> **Mateo 28:19-20** – [19] Por tanto, id, y haced discípulos a todas las naciones, bautizándolos en el nombre del Padre, y del Hijo, y del Espíritu Santo; [20] enseñándoles que guarden todas las cosas que os he mandado; y he aquí yo estoy con vosotros todos los días, *hasta* el fin del mundo. Amén.

Este es el pasaje de Mateo llamado la "Gran Comisión". Pero, ¿ha comparado alguna vez la versión de Marcos que tiene un poco más que Mateo dejó por fuera?

> **Marcos 16:17-18** – [17] Y estas señales seguirán a los que creen: En mi nombre echarán fuera demonios; hablarán nuevas lenguas; [18] tomarán en las manos serpientes, y si bebieren cosa mortífera, no les hará daño; sobre los enfermos pondrán sus manos, y sanarán.

La Omisión de la Comisión: Sin Señales de Certificación

¿Dónde están estas señales al día de hoy que se supone que "seguirán a los que creen", a aquellos que cumplieran la Gran Comisión? ¿Las tiene su pastor? ¿Y qué hay de su Rabino Mesiánico o Maestro de la Torá? o, ¿cualquiera que usted haya escuchado que está predicando el evangelio a las naciones como mandado por Dios?

Si estas preguntas parecen injustas, recuerde como en el libro de Hechos encontramos exactamente todos estas señales registradas tan comunes entre todos los apóstoles. Dondequiera que los apóstoles fueran, y más tarde incluyendo al apóstol Pablo, estas señales siguieron a aquellos que creyeron su mensaje. Pablo mismo fue el que tomó una serpiente y no fue dañado (Hechos 28:3-6). Como ya hemos hablado en el capítulo anterior, esas señales milagrosas son los requisitos prometidos para los profetas después de Moisés para que se supiera que eran auténticos y ordenados por Dios.

El tener estas señales en la Iglesia Cristiana a través de estos casi 2000 años de historia, de seguro habría sido útil en el logro de la supuesta misión de difundir el evangelio a todos los rincones de la tierra para que todos pudieran ser salvos. Ciertamente, si realmente hay una gran lucha por el destino eterno del alma de cada persona, y Dios realmente está haciendo todo lo posible para salvar a todos, esto sería mucho mejor que dejar el trabajo en manos de 40,000 denominaciones que se pelean en ocasiones, y son carentes de estas señales milagrosas.

Pero, note que estas señales nos son para certificar a los "verdaderos creyentes." La falta de estas señales no significa que una persona no crea realmente en Dios y siga la fe verdadera de la Biblia. Simplemente fue una promesa dada a los apóstoles de lo que sucedería entre aquellos que les creyeran a *ellos*. Si no estamos viendo que estas señales siguen a las personas que están tratando de asumir la misión de los apóstoles al día de hoy, deberíamos hacer una pausa para cuestionarnos.

Entonces, ¿qué es lo que exactamente está pasando aquí? ¿Dónde están estas señales que faltan y como explicamos el hecho de que más bien Dios nos ha dejado en desunión? ¿Por qué Dios ha permitido que estas iglesias que ni siquiera "les enseñan a guardar todas las cosas que os he mandado" más bien enseñen sus propias tradiciones conflictivas? ¿Cómo se explica esta falta de conexión en todo esto? ¿Y cómo puede este lío ser de alguna manera bueno y cuál es el propósito de Dios en hacerlo de esta manera?

En este capítulo vamos a cerrar este libro al responder estas difíciles y comunes preguntas que surgen a partir del material presentado hasta ahora, que revelan el misterio de la desunión en el que Dios nos ha dejado, y qué debemos de hacer hasta que se recupere la unidad.

¿Nuestra Gran Comisión?

Iniciaremos resolviendo este gran acertijo, primeramente definiendo lo que nuestra gran comisión es en realidad y lo que no es. Si entendemos y aceptamos ahora que las iglesias han estado enseñando su propia tradición en lugar de la Biblia, entonces eventualmente vamos a querer revisar todo lo que nos enseñaron bajo esa configuración, a la luz de la Biblia, leída correctamente. Esto incluye la enseñanza de la Gran Comisión.

Una de las primeras cosas que hay que saber para leer correctamente la Biblia es la importancia de determinar quién es la audiencia específica que está siendo abordada en cualquier pasaje. Por lo tanto, una fuente común de interpretación errónea de la Biblia está en brincarse este paso vital y suponer que una instrucción aplica directamente o indirectamente a nosotros cuando no es así. Así que, vamos de vuelta a Marcos y veamos quién era la audiencia.

Marcos 16:14-15 – [14] Finalmente se <u>apareció a los once</u> mismos, estando ellos sentados a la mesa, y les reprochó su incredulidad y dureza de corazón, porque no habían creído a los que le habían visto resucitado. [5] Y les dijo: Id por todo el mundo y predicad el evangelio a toda criatura.

La audiencia obviamente son los once apóstoles que quedaron después de que Judas tomara su propia vida. Si tomamos esta instrucción de los once y la aplicamos para nosotros entonces nos estamos igualando con ellos. Ciertamente aceptar a Jesús como nuestro líder es algo que tenemos en común con los once que nos hace como ellos. Sin embargo, había muchos más en ese tiempo que también creyeron como lo hicieron los once que no estuvieron presentes cuando Jesús dio esta instrucción a los once. ¿Por qué no estaban ahí? Y debido a que nosotros, también no estábamos específicamente parados ahí hace 2000 años después de haber sido escogidos por Jesús para estar en su círculo íntimo, ¿qué nos hace pensar que este mandamiento aplica a nosotros? Es algo que debemos de probar que aplica a nosotros, no algo de lo que somos culpables hasta que se demuestre lo contrario.

¿Qué Había de Especial en los Apóstoles?

Vamos a considerar a los doce por un momento y cómo ellos eran diferentes de los otros seguidores de Jesús que se dan a conocer más en el libro de Hechos. Una revisión de cómo escogieron el reemplazo de Judas para restaurar a los apóstoles a doce en número esclarece esto:

> **Hechos 1:21-26** – ²¹ Es necesario, pues, que de estos hombres que han estado juntos con nosotros todo el tiempo que el Señor Jesús entraba y salía entre nosotros, ²² comenzando desde el bautismo de Juan hasta el día en que de entre nosotros fue recibido arriba, uno sea hecho testigo con nosotros, de su resurrección. ²³ Y señalaron a dos: a José, llamado Barsabás, que tenía por sobrenombre Justo, y a Matías. ²⁴ Y orando, dijeron: Tú, Señor, que conoces los corazones de todos, muestra cuál de estos dos has escogido, ²⁵ para que tome la parte de este ministerio y apostolado, de que cayó Judas por transgresión, para irse a su propio lugar. ²⁶ Y les echaron suertes, y la suerte cayó sobre Matías; y fue contado con los once apóstoles.

Note que el requisito para ser uno de los apóstoles a quienes la comisión evangélica fue dirigida era que ellos estuvieron con Jesús desde el principio de su ministerio en el bautismo por Juan hasta el día que él fue tomado. Parte de la razón dada para esto fue para que ellos pudieran ser un testigo verdadero como se dice y también que tenían suficiente experiencia en el campo. Sin embargo, lo que puede ser fácil pasar por alto para nosotros hoy, es que al escoger a alguien que había estado alrededor de Jesús durante todo su ministerio, conseguirían a alguien calificado para ser un apóstol, alguien que había pasado a través "del curso de apóstol" con Jesús. Si Dios quiere enviar a alguien como un evangelista con la misión de hacer discípulos y de enseñar a la gente lo que Jesús realmente dijo e instruyó, entonces más les vale que entiendan exactamente lo *que* eso es. Sin embargo, este no es un requisito tan fácil de cumplir al día de hoy como podríamos pensar.

Los Apóstoles Entendieron Lo Que Nosotros No

¿Alguna vez ha considerado el profundo "Sermón del Monte" de Mateo 5-7 y lo difícil que es entender las enseñanzas contenidas en él? Muchas de las famosamente llamadas "las palabras difíciles de Jesús" vienen directamente de él. Sin embargo, los apóstoles fueron hechos para entender estas cosas. ¿Qué hay de nosotros? ¿Cuánto de esos tres capítulos podemos decir con honestidad que entendemos? Más vale que lo entendamos todo si queremos hacer el trabajo de un apóstol y enseñar a otros lo que Jesús instruyó.

¿Qué hay de las parábolas de Jesús? A las masas, él solo les habló en parábolas, explicándoles a sus discípulos en privado.

Marcos 4:33-34 – [33] Con muchas parábolas como estas les hablaba la palabra, conforme a lo que podían oír. [34] Y sin parábolas no les hablaba; aunque a sus discípulos en particular les declaraba todo.

Mateo 13:51 – [51] Jesús les dijo: ¿Habéis entendido todas estas cosas? Ellos respondieron: Sí, Señor.

Así que, hay clara evidencia de que solo su círculo cercano entendió realmente sus enseñanzas. Por lo tanto, solo ellos estaban preparados para salir y enseñar. "¿Por qué fue hecho de esta manera?", se preguntará usted. ¿Puede ser esto correcto si el propósito de todos los discípulos de todos los tiempos fue hacer a todos comprender todo lo que enseñó Jesús? Siga leyendo:

Mateo 13:10-17 – [10] Entonces, acercándose los discípulos, le dijeron: ¿Por qué les hablas por parábolas? [11] El respondiendo, les dijo: Porque a vosotros os es dado saber los misterios del reino de los cielos; mas a ellos no les es dado. [12] Porque a cualquiera que tiene, se le dará, y tendrá más; pero al que no tiene, aun lo que tiene le será quitado. [13] Por eso les hablo por parábolas: porque viendo no ven, y oyendo no oyen, ni entienden. [14] De manera que se cumple en ellos la profecía de Isaías, que dijo: De oído oiréis, y no entenderéis; Y viendo veréis, y no percibiréis.
[15] Porque el corazón de este pueblo se ha engrosado, Y con los oídos oyen pesadamente, Y han cerrado sus ojos; Para que no vean con *los* ojos, oigan con *los* oídos, Y con el corazón entiendan,
Y se conviertan, Y yo los sane. [16] Pero bienaventurados vuestros ojos, porque ven; y vuestros oídos, porque oyen. [17] Porque de cierto os digo, que muchos profetas y *justos* desearon ver lo que veis, y no lo vieron…

¿Alguna vez ha luchado como Cristiano con la lectura literal de este pasaje? ¡Jesús declaró explícitamente que él ocultó su mensaje a propósito para cumplir la voluntad de Dios de que las masas *no entendieran la verdad y se volvieran y fueran sanadas*! Este es sin duda un pasaje difícil que causa grandes problemas por la idea de que Dios está tratando de salvar a todo el mundo al día de hoy como la misión de la mayoría de iglesias asume. Aquí claramente dice que él no está tratando de hacer eso del todo. En otras palabras, la gran comisión para los apóstoles de esparcir el evangelio a través del mundo era solo para ellos y solamente por un tiempo limitado, no pretendiendo ir en realidad a todo lado convirtiendo a todos efectivamente. Así que, este es otro golpe para la teología Cristiana en la que la Gran Comisión se basa.

Por lo tanto, no solo la Gran Comisión Cristiana está en contra de la Escritura, ¡también podemos ver que nadie más que los apóstoles tuvieron la comprensión y las habilidades necesarias para cumplirla! Ninguno de nosotros ha recibido el entrenamiento uno-a-uno que los apóstoles recibieron y por lo tanto ninguno de nosotros tiene el mismo entendimiento que tuvieron los apóstoles, incluso si de alguna manera pudiéramos entender todas las palabras difíciles en la Biblia que él habló. Si este es el caso entonces, ¿cómo se podría esperar que alguien, a excepción de los doce apóstoles a los que la comisión de evangelización fue dada específicamente, pueda llevarla a cabo correctamente? ¿Cómo se explica el gran contraste entre las señales milagrosas hechas en público de manera frecuente que siguieron a los apóstoles y los pocos milagros aislados hechos en privado que los Cristianos experimentan al día de hoy? Hoy en día no tenemos la experiencia, el conocimiento, el entrenamiento ni las señales necesarias para salir a evangelizar a la gente de la verdadera fe de Jesús, como apóstoles. No es razonable ignorar esto y de todas maneras salir a tratar de contarle a la gente lo poco que entendemos acerca de Jesús 2000 años después, simplemente porque insistimos que la misión de los apóstoles de alguna manera aplica a nosotros.

¿Acaso "Todas Las Cosas Que Os He Mandado" Incluye Esto Mismo?

Al oír esta opinión mía, alguien me dijo que como programador familiarizado con la recursión (una función que se llama a sí misma), yo debería de ver que, si Jesús le dijo a sus apóstoles que le enseñara a sus discípulos *todo* lo que él les había mandando que guardaran, "todo" implicaba que aquellos nuevos discípulos tenían que seguir el mandato de hacer y enseñar discípulos. Si seguimos este argumento consistentemente, varios problemas se hacen aparentes. Esto significaría que no hay distinción entre el llamado y los deberes de los apóstoles comparado a otros en todo el mundo que van a hacer discípulos. Como vimos anteriormente, Jesús dijo que no todo lo que él le dijo a los apóstoles era para que otros lo supieran. ¿Cómo podría Dios requerir que todos nosotros los discípulos, seamos evangelistas *no remunerados* cuando muchos son hombres de familia? Jesús, Pablo, y los apóstoles pudieron manejar este estilo de vida itinerante porque ellos no tuvieron hijos (y pocos tuvieron esposas – 1 Cor 9:5). Los discípulos con familias no podrían seguir todo lo que se les ordenó a los apóstoles y también cuidar sus hogares para no ser peores que los no creyentes como Pablo amonestó (1 Ti 5:8). Y, ¿qué pasa con las mujeres discípulas? ¿¡Se supone que viajen por todo lado predicando el evangelio de forma gratuita en lugar de criar hijos creyentes, o deben de alguna manera encontrar la forma de hacer ambas cosas!?

La irracionalidad de esta idea me recuerda a cómo el Judaísmo enseña que la Torá tiene "613 mandamientos" que les incumben a todos los Judíos. Ellos llegaron a esto al incluir todas las instrucciones posibles, incluso aquellas dadas a Adán y Noé de "ser fructíferos y multiplicarse" (Gen 1:28; 9:1,7). Por esta razón, los Judíos Ortodoxos tienen grandes familias[69]. Sin embargo, esto separa a los mandamientos de sus audiencias específicas y ridículamente se convierte en un pecado para cualquier creyente que no se case y tenga hijos (¿hasta las estériles?)

Nuestra Verdadera Gran Comisión: Vencer, Dar Fruto

Pero, ¿por qué Dios no está tratando de salvar a todos ahora? Es evidente que al hacerlo, se pondría en el camino de su verdadero propósito para el tiempo presente. ¿Cuál podría ser ese propósito? Para responder esa pregunta, necesitamos averiguar cuál fue el llamado fundamental qué Jesús declaró para todos los creyentes, incluyendo los apóstoles que exclusivamente tuvieron la misión adicional que ya cubrimos, de evangelizar.

Nuestra misión bíblica es muy simple, aunque no es fácil, y debido al enfoque en la "Gran Comisión", no es bien conocida.

> **Juan 15:5-17** – [5] Yo soy la vid, vosotros los pámpanos; el que permanece en mí, y yo en él, éste <u>lleva mucho fruto</u>; porque separados de Mí nada podéis hacer. [6] El que en Mí no permanece, será echado fuera como pámpano, y se secará; y los recogen, y los echan en el fuego, y arden. [7] Si permanecéis en mí, y mis palabras permanecen en vosotros, pedid todo lo que queréis, y os será hecho. [8] <u>En esto es glorificado mi Padre, en que llevéis mucho fruto, y seáis así Mis discípulos.</u> [9] Como el Padre me ha amado, así también yo os he amado; <u>permaneced en mi amor.</u> [10] Si guardareis mis mandamientos, <u>permaneceréis en mi amor;</u> así como yo he guardado los mandamientos de mi Padre, y permanezco en su amor. [11] Estas cosas os he hablado, para que mi gozo esté en vosotros, y <u>vuestro gozo sea cumplido.</u> [12] Este es mi mandamiento: <u>Que os améis unos a otros, como yo os he amado…</u> [16] No me elegisteis vosotros a Mí, sino <u>que yo os elegí a vosotros, y os he puesto para que vayáis y llevéis fruto</u>, y vuestro fruto permanezca; para que todo lo que pidiereis al Padre en mi nombre, él os lo dé. [17] Esto os mando: <u>Que os améis unos a otros.</u>

Debemos llevar Fruto, buen fruto verdadero. ¿Qué es bueno acerca del fruto? El fruto mejora al árbol, haciéndolo más atractivo pero es considerado principalmente un beneficio para otros. En su sentido básico de fruto, es el crecimiento que una planta produce que otros pueden usar. Es bueno para comer, para nutrir a otros. También, se toma el tiempo para desarrollarse y no aparece hasta que se alcanza un nivel mínimo de madurez. (La gran variedad de frutas tropicales de Costa Rica me han dado una apreciación poco común por las frutas.)

El primer ejemplo de fruto que debemos de producir es amor. Puede que se acuerde escuchar a Jesús mencionar esto antes. Este es tan importante que Jesús dijo que este define quien era su verdadero seguidor y quien no lo era:

> **Juan 13:35** – En esto conocerán todos que sois mis discípulos, <u>si tuviereis amor los unos con los otros.</u>

Por cierto, ¿alguna vez ha visto a gente tan decidida a compartir acerca de Jesús o a discutir lo que ellos creen que la Biblia enseña, al punto que maltratan, abusan verbalmente o actúan sin amor hacia los demás? De seguro que si, sucede *todo* el tiempo ya sea en persona o especialmente a través de la Internet, en las salas de chat, pizarras de mensajes o correo electrónico. **Pero, al hacer esto la gente está mostrando una carencia del único fruto que Jesús dijo que identifica a alguien como su discípulo.** Otros Cristianos que sienten que esto es una conducta inaceptable para alguien que dice seguir a Jesús, defienden su religión diciendo que tales personas no son "verdaderos Cristianos" sino que son de los "falsos cristianos". En otras palabras, de alguna manera hay un "Falso Cristianismo" por ahí al que tenemos que tenerle cuidado. Sin embargo, esta explicación pasa por alto que lo único que una persona realmente tiene que hacer para ser cristiano es 1) aceptar y confesar a Jesús como su salvador y 2) proceder a contarle a otros acerca de él como lo requiere la "Gran Comisión". Por lo tanto, esas personas en realidad si encajan con la definición de un Cristiano – y ahí radica el problema. El problema no es con el cumplimiento de la persona con la religión Cristiana, sino con la definición de los credos religiosos y las tradiciones del Cristianismo como la verdadera enseñanza de Jesús. Por supuesto, esta es una apreciación escandalosa para entretener al lector Cristiano, pero tal como lo estamos viendo, la Teología Cristiana no se alinea con las palabras de Jesús que profesa seguir. Esta es una de las grandes razones por la cual muchos versos nos molestan o muchos dichos de Jesús son tan difíciles de entender. Esas personas deberían prestar atención a las palabras anteriores de Jesús y también a la siguiente advertencia:

> **Mateo 7:15-20** – [15] Guardaos de los <u>falsos profetas, que vienen a vosotros con vestidos de ovejas</u>, pero por dentro son lobos rapaces. [16] <u>Por sus frutos los conoceréis</u>. ¿Acaso se recogen uvas de los espinos, o higos de los abrojos? [17] Así, todo buen árbol da buenos frutos, pero <u>el árbol malo da frutos malos</u>. [18] No puede el buen árbol dar malos frutos, ni el árbol malo dar frutos buenos. [19] <u>Todo árbol que no da buen fruto, es cortado y echado en el fuego</u>. [20] Así que, por sus frutos los conoceréis.

Tal como aprendimos en el último capítulo, un falso profeta enseña cosas contrarias a las palabras dadas por los profetas verdaderos anteriores, lo cual es lo que constituye nuestra Biblia.

¿Cuáles Frutos?

¿Cuáles son otros ejemplos de este fruto que debemos llevar para cumplir nuestro llamado? Varios pasajes de la Escritura se vienen inmediatamente a la mente de lo dicho por Jesús anteriormente acerca del amor y del gozo como los primeros dos frutos. Pablo retoma donde Jesús lo deja:

> **Gálatas 5:22-23** – [22] <u>Mas el fruto del Espíritu es amor, gozo</u>, paz, paciencia, benignidad, bondad, fe, [23] mansedumbre, templanza; contra tales cosas no hay ley.

Estos por supuesto, son aspectos de buen carácter. ¿Cuánta gente conoce usted que realmente trabaja duro y se mantiene enfocado en desarrollar estos frutos? No muchos, pero por supuesto, esto no es un trabajo muy emocionante comparado con salir como un evangelista, ¡cierto!

Juan el Bautista enseñó ejemplos concretos demostrando buen fruto:

> **Lucas 3:8-14** – [8] Haced, pues, <u>frutos dignos de arrepentimiento</u>, y no comencéis a decir dentro de vosotros mismos: Tenemos a Abraham por padre; porque os digo que Dios puede levantar hijos a Abraham aun de estas piedras. [9] Y ya también el hacha está puesta a la raíz de los árboles; <u>por tanto, todo árbol que no da buen fruto se corta y se echa en el fuego</u>. [10] Y la gente le preguntaba, diciendo: Entonces, ¿qué haremos? [11] Y respondiendo, les dijo: El que tiene dos túnicas, dé al que no tiene; y el que tiene qué comer, haga lo mismo. [12] Vinieron también unos publicanos para ser bautizados, y le dijeron: Maestro, ¿qué haremos? [13] Él les dijo: No exijáis más de lo que os está ordenado. [14] También le preguntaron unos soldados, diciendo: Y nosotros, ¿qué haremos? Y les dijo: <u>No hagáis extorsión a nadie, ni calumniéis; y contentaos con vuestro salario.</u>

Santiago, el hermano de Jesús, también señala el aspecto de los frutos que debemos de tener, en otro pasaje de la Biblia que hace que los Cristianos que viven "bajo la era de la gracia" con "fe en Jesús" se retuerzan en sus sillas:

> **Santiago 2:14-26** – [14] Hermanos míos, ¿de qué aprovechará si alguno dice que tiene fe, y no tiene obras? ¿Podrá la fe salvarle? [15] Y si un hermano o una hermana están desnudos, y tienen necesidad del mantenimiento de cada día, [16] y alguno de vosotros les dice: Id en paz, calentaos y saciaos, pero no les dais las cosas que son necesarias para el cuerpo, ¿de qué aprovecha? [17] Así también la fe, si no tiene obras, es muerta en sí misma. [18] Pero alguno dirá: Tú tienes fe, y yo tengo obras. Muéstrame tu fe sin tus obras, y yo te mostraré mi fe por mis obras. [19] Tú crees que Dios es uno; bien haces. También los demonios creen, y tiemblan. [20] ¿Mas quieres saber, hombre vano, que la fe sin obras es muerta? [21] ¿No fue justificado por las obras Abraham nuestro padre, cuando ofreció a su hijo Isaac sobre el altar? [22] ¿No ves que la fe actuó juntamente con sus obras, y que la fe se perfeccionó por las obras? [23] Y se cumplió la Escritura que dice: Abraham creyó a Dios, y le fue contado por justicia, y fue llamado amigo de Dios. [24] Vosotros veis, pues, que el hombre es justificado por las obras, y no solamente por la fe. [25] Asimismo también Rahab la ramera, ¿no fue justificada por obras, cuando recibió a los mensajeros y los envió por otro camino? [26] Porque como el cuerpo sin espíritu está muerto, así también la fe sin obras está muerta.

Podríamos seguir y seguir. La mayoría de las palabras de Jesús tienen que ver con la explicación de cómo actuar en una manera que demos buen fruto. Todo lo que tenemos que hacer es volver a leer sus palabras y pensar en cómo podemos seguirlas en nuestras vidas para nosotros mismos en vez de continuar siguiendo la religión.

Tenemos Que Ser Como la Sal y la Luz (?)

Una vez que tenemos buen fruto, ¿se supone que vayamos a decirle a todo el mundo acerca de eso? ¿Tenemos permiso en ese momento de detonar activamente haciendo prosélitos y cumpliendo la "Gran Comisión"? ¿Deberíamos hacer lo que hace la Iglesia Cristiana al preguntarle a la gente, "conoce usted a Jesús" o "es usted salvo"? No está registrado que Jesús haya abogado por tal planteamiento basado en la creencia de esa palabrería, ni siquiera a los apóstoles que él envió para curar y a enseñar a la gente a guardar o hacer lo que Jesús instruyó. Este enfoque se resume en la metáfora de la sal y la luz:

> **Mateo 5:13-16** – [13] Vosotros sois la sal de la tierra; pero si la sal se desvaneciere, ¿con qué será salada? No sirve más para nada, sino para ser echada fuera y hollada por los hombres. [14] Vosotros sois la luz del mundo; una ciudad asentada sobre un monte no se puede esconder. [15] Ni se enciende una luz y se pone debajo de un almud, sino sobre el candelero, y alumbra a todos los *que están* en casa. [16] Así alumbre vuestra luz delante de los hombres, para que vean vuestras buenas obras, y glorifiquen a vuestro Padre que está en los cielos.

Aquí los creyentes son comparados con la sal y la luz. Especialmente esta metáfora de la sal es otro pasaje que no lo entendemos de inmediato al día de hoy. Algunos dicen que debido a que la sal era usada en aquellos días como un conservante, entonces que esto significa que los cristianos deberían de estar salvando al mundo (ajá, tal como la "Gran Comisión" nos lo ordena, ¿cierto?). Otros dicen que la sal agrega sabor por lo tanto tenemos que "sazonar" a otros en el mundo con el Evangelio. Esas respuestas insatisfactorias son obviamente torcidas por los paradigmas

Cristianos. Pero en realidad no es tan difícil entender este pasaje ahora que hemos visto nuestro verdadero llamado de desarrollar buen fruto.

Por lo tanto, preguntémonos, ¿Qué tienen en común la sal y la luz en el contexto de la metáfora presentada? Tanto la sal como la luz son llamadas "buenas" en la Biblia (Gn 1:4; Mr 9:50). ¿Por qué son buenas? Ambas son beneficiosas debido a su naturaleza distinta de su entorno. Son diferentes pero útiles con complementos bienvenidos a su medio ambiente.

Una cosa importante a considerar acerca de la luz es que una luz no hace ningún sonido, a menos que se rompa. Una luz dañada como el zumbido de un poste de luz es muy molesta al pasar por ella. Del mismo modo, la sal tiene un sabor pero no tiene olor ni mal olor a la misma. En su lugar, por su propia naturaleza, mejora aquello con lo que se pone en contacto. Jesús confirma esto como el significado al decir claramente que la luz representa nuestras "buenas obras" (no palabras) que la gente ve y que glorifican a Dios. Hacen esto porque tales obras basadas en el amor son siempre escazas en este mundo y nos apartan si las exhibimos. Bocas con voz alta o gente que habla demasiado acerca de lo que ellos saben o de lo que usted debería de saber, se encuentran por cantidades. De todos modos, ¿a quién le importa lo que decimos? Es lo que hacemos lo que realmente importa.

Por supuesto, esto no quiere decir que nunca hablemos y que seamos agentes secretos todo el tiempo. Pero se nos ha dado un protocolo de cómo ir a hablar. La regla general es que debemos de esperar hasta que la gente pregunte acerca de la esperanza que hay en nosotros (1 Pedro 3:15). Ellos nos preguntarán si han visto que estamos llevando buen fruto, y luego solo si están realmente *interesados*. Si nuestras buenas obras obviamente no despiertan su interés, entonces no debemos de tratar de forzar el asunto. El hacerlo, solo nos hace perder el tiempo o peor aún, le da a la gente una opinión negativa de nosotros.

El Misterio de la Desunión Revelado

¿Cuál es entonces el Misterio de la Desunión? ¿Por qué Dios lo hizo de manera que la verdad inicial y el poder de los profetas y de los apóstoles se perdieran en gran medida? ¿Por qué nos quedamos solo con un registro imperfecto de sus palabras, en lugar de una dinastía ininterrumpida de apóstoles guiándonos y enseñándonos en la verdad y en poder hasta el día de hoy? ¿Por qué él ha permitido la división, la confusión e incluso ha permitido que las tradiciones falsas y la religión gobiernen en su lugar? ¿Cómo podría esto tener algún sentido racional?

Podemos dar sentido a esto sólo si verdaderamente hemos cambiado nuestro paradigma de la "Gran Comisión" de evangelizar y "salvar" a todo el mundo hoy en día al paradigma correcto de trabajar en nosotros mismos y producir el buen fruto que Jesús pedía. Nuestra recompensa por esto será gobernar y enseñar con él como reyes y sacerdotes en el Reino (Ap 1:6; 5:10). Estos frutos son: un buen carácter, buenos hábitos, buen entendimiento y discernimiento. Si esa es nuestra misión, entonces deberíamos preguntarnos cuál es la mejor manera de cumplir esta misión. ¿Cómo prepararnos mejor para ser maestros sabios? Hebreos nos dice:

Hebreos 5:12-14 – <u>[12] Porque debiendo ser ya maestros, después de tanto tiempo,</u> tenéis necesidad de que se *os* vuelva a enseñar cuáles son los primeros rudimentos de las palabras de Dios; y habéis llegado a ser tales que tenéis necesidad de leche, y no de alimento sólido. [13] Y todo aquel que participa de la leche *es* inexperto en la palabra de justicia, porque es niño; [14] pero el alimento sólido es para los que han alcanzado madurez, <u>para los que por el uso tienen los sentidos ejercitados en el discernimiento del bien y del mal</u>.

Para desarrollar nuestro discernimiento y ser buenos maestros, necesitamos practicar pensando y experimentando con nuestras ideas. Así que, ¿cuál ambiente nos va a dar la mayor oportunidad para provocarnos a pensar y a practicar nuestras posibles ideas que de vez en cuando surgen para averiguar si funcionan o no? ¿Uno donde estemos protegidos de falsas enseñanzas bajo un liderazgo perfecto del que dependemos para saber la verdad y nos lo enseñe directamente a nosotros? O, ¿en el que nos encontramos nosotros hoy en día donde estamos expuestos a todo tipo de ideas locas basadas en la Biblia, que cada uno de nosotros debe de pensar y discernir al respecto? Entre más estemos expuestos a cosas que caigamos o que veamos, mejor será nuestro criterio. Como resultado de eso, naturalmente pasaremos por muchas más pruebas y tribulaciones que tratarán con la paciencia, otro fruto que Dios quiere en nosotros (Ro 5:3; Santiago 1:3).

"La Caída del Hombre" – ¿O Su Crecimiento?

Algunos consideran que lo que hizo Adán al escuchar las ideas de Satanás fue su caída, como un punto trágico en la historia humana, la llamada "Caída del Hombre". Pero, esta es una visión de corto panorama de este evento. En realidad, el que Adán haya sido engañado al experimentar con las ideas atractivas de Satanás fue solo una parte de su desarrollo natural y de su aprendizaje. ¿Cómo podría Adán realmente aprender el valor de la verdad de Dios y la forma de vida si él no hubiera tenido mentiras y alternativas para probar y comparar sus resultados? La instrucción perfecta de Dios no hubiera llegado muy lejos. Adán no era omnisciente y tuvo que experimentar para aprender. Él no podía saber que las filosofías de Satanás no trabajarían tan bien como las de Dios sin probarlas. Como todo padre sabe, en muchos casos, el niño tiene que darse cuenta de cosas por sí mismo, incluso si es de la manera difícil comparado a escuchar la sabiduría y la instrucción disponible. Se dice a menudo, lo que no te mata te hace más fuerte. Esto expresa la verdad de que crecemos en la adversidad. Cuando las cosas salen fácil para nosotros, cuando se nos da todo, crecemos menos. Esta filosofía incomoda a algunos porque creen que creer en algo falso los mata, es decir, mata su alma para la eternidad si su creencia errada los hace alejarse de Jesús o la Iglesia. Por lo tanto, ellos creen que la gente puede ser engañada y perderse para siempre si mueren en ese estado. Pero esta idea también es una visión de corto panorama. Olvida que un Dios todopoderoso obviamente establece las cosas de esta manera a propósito y ciertamente debe de tener un plan que permita que la gente experimente, aprenda, sea engañada y rescatada si mueren aun en medio de la experimentación y del engaño (como la mayoría). El plan de un Dios justo, amoroso *no puede* ser uno en el cual alguien muere sin ser lo suficientemente inteligente para mirar a través del engaño de la religión o la confusión del escepticismo impuesto sobre ellos y termine condenado para la eternidad[70]. Por esta razón, es aceptable que no todos son llamados ahora como lo vimos claramente en la Escritura anteriormente.

Sin embargo hay un propósito más profundo detrás de esta prueba también. Si se nos va a dar autoridad por 1000 años y vida eterna que nunca va a ser quitada, entonces debemos de ser probados y demostrar que estamos listos para eso. Debemos de pasar por suficientes pruebas y tentaciones para que Dios nos conozca y para que nosotros lleguemos al punto donde nunca nos volveremos de sus caminos sin importar que. **Antes de bendecir a Abraham inmensamente de ser hecho el padre de su pueblo escogido Israel, él lo probó en esa manera.** La prueba final estuvo en la petición de Dios de sacrificar a su hijo primogénito de la promesa, Isaac. Este sacrificio supremo garantizaba que ni siquiera su hijo se convertiría en un ídolo delante de Dios quien se lo dio. Abraham probó con buenas obras como leímos anteriormente en Santiago, su disposición de renunciar a su hijo que había esperado por 100 años:

> **Génesis 22:10-12;16-18** – [10] Y extendió Abraham su mano y tomó el cuchillo para degollar a su hijo. [11] Entonces el ángel del SEÑOR le dio voces desde el cielo, y dijo: Abraham, Abraham. Y él respondió: Heme aquí. [12] Y dijo: No extiendas tu mano sobre el muchacho, ni le hagas nada; <u>porque ya conozco que temes a Dios, por cuanto no me rehusaste tu hijo, tu único</u>… [16] y dijo: Por mí mismo he jurado, dice el SEÑOR, que <u>por cuanto has hecho esto, y no me has rehusado tu hijo, tu único hijo;</u> [17] de cierto te bendeciré, y multiplicaré tu descendencia como las estrellas del cielo y como la arena que está a la orilla del mar; y tu descendencia poseerá las puertas de sus enemigos. [18] <u>En tu simiente serán benditas todas las naciones de la tierra, por cuanto obedeciste a mi voz.</u>

La clase de bendición y la posición que le fue dada a Abraham no es diferente al galardón que prometió a nosotros por pasar todas las pruebas y dificultades que enfrentamos *solos* debido a la desunión de hoy en día entre los Fieles. Dios se está asegurando que cada uno de nosotros esté plenamente preparado y probado para nuestra bendición, también.

Como Abraham, encontramos pruebas similares entre todos los personajes de la Biblia a los que se les prometió una posición en el Reino o puestos elevados en su vida física. A los doce apóstoles se les prometió que ellos gobernarían las doce tribus después de que pasaran por persecución y martirio en su vida. José fue esclavizado y puesto en un calabozo antes de ser hecho el segundo al mando de Egipto. Elías y Moisés estarán ambos al lado de Jesús durante el Milenio y sus vidas estuvieron llenas de desafíos y soledad. Se pueden encontrar muchos ejemplos similares en el salón de la fe de Hebreos 11. Así que, vemos que la prueba y algunas veces la situación solitaria de los creyentes al día de hoy, no es tan extraña, ni lo es nuestro galardón próximo si mantenemos la fe y perseveramos en ella hasta el final.

Conclusión

Nosotros que somos llamados al día de hoy somos llamados a ser reyes y sacerdotes durante el Milenio. Ese es nuestro gran galardón y es un gran honor. Sin embargo, también viene con gran responsabilidad. Esto requiere el desarrollo de los frutos que Jesús nos instruyó a desarrollar para que podamos hacer bien ese trabajo. Esforzarnos por tener comunión, unidad o hacer proselitismo hoy en día, es una distracción de nuestra verdadera comisión así como contraproducente para la misma. Debemos dejar de lado todas las preocupaciones, y todos los demás ídolos que nos alejan de mantener a Dios y sus cosas en primer lugar. Cuando llegue el momento, la unidad será restaurada y aquellos de nosotros que hemos estado ocupados preparándonos, puede que nos encontremos siendo usados en roles importantes incluso antes de lo que pensamos. Alabado sea Y'hovah Dios por establecer este mundo de la manera que él lo hizo con un gran propósito y significado y también con una gran oportunidad para nosotros de desarrollar y probar nuestro propio carácter justo.

Epílogo
Hacia Donde Ir Ahora

El Legado de Conocer el Futuro

Han pasado más de 6 años desde que se escribió la primera edición independiente de este libro llamado El Planeta X en la Profecía Bíblica a finales del 2004. No queda de más decir que escribir este libro ha cambiado mi vida y la vida de muchos lectores. Me ha bendecido al permitirme retirarme de mi trabajo de programación de software de la Biblia y enfocarme tiempo completo en mi familia y mi pasión de enseñar la Biblia a otros. Mis lectores reportan bendiciones de ánimo y un entusiasmo renovado de servir a Dios y estudiar su palabra. Me da mucha alegría escuchar cada semana cuan poderosamente mi libro impacta las vidas de otros. No puedo imaginar un papel más favorable en la vida que el aprendizaje y la enseñanza de la sabiduría y la justicia a otros:

> **Daniel 12:3** (NVI) – Los sabios resplandecerán con el brillo de la bóveda celeste; los que instruyen a las multitudes en el camino de la justicia brillarán como las estrellas por toda la eternidad.

¡Pero no tenga una idea equivocada de que mi libro trae pleno gozo y paz a todos! A juzgar por las preguntas y preocupaciones más frecuentes que oigo, se que algunas de las conclusiones en mi libro son problemáticas o plantean otras preguntas para los lectores que están fuera del alcance del libro. Este nuevo capítulo ha sido agregado como una guía.

Sea Precavido Al Compartir Esta Información

Vamos a empezar con una trampa del factor emocionante mencionado anteriormente. Es normal querer compartir información de la que usted está emocionado o piensa que puede salvar a otros del engaño o la muerte prematura. Yo hice lo mismo cuando aprendí por primera vez muchas verdades literales de la Biblia en mi adolescencia con la literatura de IDU. Pensé que todo el mundo estaría tan interesado y emocionado como lo estaba yo de aprender las verdades emocionantes de la Biblia que yo había aprendido. Desafortunadamente, tuve que darme cuenta de la manera difícil que la mayoría de gente no solo no está interesada, sino que puede que lo juzguen o lo persigan. Mi familia creía que yo tenía ideas extrañas y así sucederá con la mayoría de sus amigos y familiares si comparte este libro indiscriminadamente. Usted tiene que tener presente que los contenidos son muy radicales y que la persona promedio *no es radical*. Por esta razón Jesús advirtió de echar las perlas a los cerdos y que ellos las pisoteen y se vuelvan (Mt 7:6).

Una razón común por la cual la gente no sigue el consejo de Jesús es porque ellos creen que son responsables de advertir a la gente de los peligros que vienen como un "vigilante" y les preocupa que si no lo hacen, puede que sus seres queridos nunca oigan. Pero estos temores carecen de fundamento. Antes de que los problemas acontezcan en el mundo, Dios debe advertir a todos sus siervos con alguien más impresionante y más persuasivo que usted o yo. Ellos escucharán la advertencia de un verdadero profeta hacedor de milagros tal como Israel lo hizo antes del Éxodo (es decir, Moisés). Sabiendo esto, le recomiendo que comparta este libro solo con buscadores de la verdad y solo si usted puede manejar las repercusiones potencialmente negativas.

Temor a Perderse El Llamado de Elías

Algunos lectores están más temerosos de alguna manera de perderse ellos mismos el llamado de Elías. Sin embargo, dado que ellos ya conocen el plan de Dios de advertir e instruir a todos sus siervos, es incluso menos probable que se pierdan de la venida de Elías que el resto de las personas que Dios debe de despertar, convencer, y ponerlos en marcha. ¡Usted simplemente no necesita preocuparse de que se lo va a perder después de leer este libro a menos que planee desaparecerse de este mundo y se vaya a vivir en una cueva!

¿Ir o No a La Iglesia – Abandonar la Asamblea?

Hablando de la iglesia, una pregunta muy común que tienen los lectores es acerca de Hebreos 10:25, el texto usado por las iglesias para probar que la asistencia es obligatoria para los creyentes. No es que yo instruya a la gente a dejar la iglesia institucional, pero la persona típica buscadora de la verdad que disfruta de mi libro, muy a menudo se ha vuelto insatisfecha con la iglesia y no cesa de salir solo de la culpabilidad o no sabe que más hacer. Afortunadamente, si se examina este pasaje en el contexto, se encontrará que no se requiere de la iglesia:

Hebreos 10:24-25 – [24]Preocupémonos los unos por los otros, <u>a fin de estimularnos al amor y a las buenas obras.</u>[25]No dejemos de congregarnos, como acostumbran hacerlo algunos, <u>sino animémonos unos a otros</u>

Note que la razón dada para congregarnos era de *animarnos* unos a otros, no porque la asistencia a la iglesia sea un "sacramento obligatorio". Si usted no encuentra que los cultos de la iglesia institucional de hoy sean muy alentadores, entonces no es sorprendente, porque ese tipo de reuniones pasivas, profesionales, pagadas por adelantado, no era lo que Hebreos se estaba refiriendo. Además, hoy en día no estamos limitados a solamente reuniones presenciales para dar ánimo. Ahora podemos comunicarnos por correo electrónico, teléfono o mensaje de texto, mirar videos o TV, o incluso leer libros como este que responden las preguntas que la iglesia nunca respondió. Por ejemplo, si usted se pregunta cómo las reuniones y las prácticas Cristianas llegaron a su forma actual no bíblica y qué alternativas existen, échele un vistazo a ¿El Cristianismo Paganizado? y a otros libros de Frank Viola en la alternativa de la iglesia del hogar o el libro gratuito, Así Que No Quiere Ir a La Iglesia Ya en www.jakecolsen.com. Nuevamente, no le estoy diciendo a nadie que se quede en casa, pero si quiero que sepan la verdad que la iglesia es *opcional*. Dado que la asistencia a la iglesia no es obligatoria, no hay razón para sentirse culpable de no gustarle algo que puede que no lo esté acercando a Dios.

Preguntas Acerca de "Guardar" El Shabbat y los Días de Fiesta

En relación a esto, otra pregunta frecuente que me hacen es cómo guardar el Shabbat y los días de fiesta. Al igual que con la última pregunta, no le estoy diciendo a nadie qué hacer aquí. Personalmente, sigo lo que Hechos 15 dice acerca de la Torá (que incluyen el Shabbat y las Fiestas y los Diez Mandamientos): que no sea una carga. Es una carga tratar de averiguar la manera correcta de hacer hoy en día lo que en el pasado, los profetas, los sacerdotes y los jueces eran capaces de enseñar claramente y con autoridad. Cuando llegue el Nuevo Pacto y restaure el templo, el altar y el sacerdocio, las Fiestas y el Shabbat serán enseñados y obligatorios (Is 66:23; Zac 14:18), a diferencia de hoy en día. Si simplemente entendiera eso de entrada, estaría en la capacidad de disfrutar la gratificante experiencia de aprender la Torá y de practicar lo que pueda de ella.

Temor a la Ley Marcial, Colapso del Dólar, y a los Campos de Concentración

Durante décadas, se ha dicho que el sistema económico de EEUU es un castillo de naipes sobre la base de la moneda fiduciaria, la banca de reserva fraccional y el optimismo que hace que el colapso sea "inevitable". También hay rumores de planes para la ley marcial incluyendo campos de concentración en todo el país, señalado como evidencia de este escenario inevitable. Si usted investiga la profecía por mucho tiempo, se encontrará con estas ideas e incluso se preguntará si debe disponerse a salir de los Estados antes de que sucedan, por si acaso. Muchos lectores me han preguntado acerca de esto y creo que puedo ofrecer razones muy buenas de la profecía Bíblica para no salir de los Estados por estas cosas. A pesar de que un conspiracionista paranoico me acusó de ser un "agente de información falsa" después de escuchar mi punto de vista, creo que usted lo encontrará más razonable que las conspiraciones.

Específicamente, Apocalipsis 18 incluye detalles que contradicen esas teorías. Se dice que cuando Estados Unidos caiga, todavía tendrá la hegemonía militar y económica mundial que tiene hoy en día. Esto se evidencia con los mercaderes que se han "enriquecido a costa de ella" (v.15) lamentándose que no queda nadie ahí en este mercado principal que compre sus mercaderías (v.11). Así que, a menos que la caída de Estados Unidos esté a décadas de distancia, parece que no hay manera de rectificar los rumores del colapso económico con la continua primacía económica de Estados Unidos. Otro detalle importante en Apocalipsis 18 es que antes de que llegue ese día, se les ordenará a los siervos de Dios salir físicamente de ahí (v. 4), probablemente a través del profeta de Dios, el Elías de los tiempos finales, como se explicó anteriormente. Si esa orden viene, entonces no hay necesidad de salir antes de tiempo, por si acaso. Además, no tiene sentido que Dios de una orden que nadie pueda seguir debido a las fronteras cerradas o los campos de concentración. Estas simplemente no son buenas razones para salir de los Estados Unidos. De hecho, cada vez que los lectores me consultan acerca de salir de los Estados, siempre les aconsejo a quedarse, ya que el mejor lugar para que la mayoría de los

Estadounidenses hagan su vida y tengan una buena vida es en su hogar. Después de haber vivido en Costa Rica por diez años y haber visto a muchos extranjeros tener que irse debido a dificultades inesperadas, sé de lo que estoy hablando.

Cultivando un Caminar Proactivo de Superación

Si puede ingeniárselas para poner a descansar todas esas distracciones y temores, estará en una buena posición para llegar a concentrarse en el verdadero problema que enfrentan los creyentes: vencer nuestra naturaleza maligna. Para ayudar con eso, quiero concluir con una percepción sobre cómo nuestro nivel de la justicia depende de nuestro enfoque.

El Enfoque de la Vida Futura

Los Cristianos son enseñados principalmente a preocuparse por la salvación. Ellos concentran su energía en conseguir que sus seres queridos acepten a Jesucristo para así saber que irán al cielo cuando mueren. No se les enseña el enfoque que Jesús tenía de vivir ahora una vida sabia y bendecida y por esa razón, la mayoría no ilumina una luz que atrae a otros, más bien una hipocresía muy a menudo que repele.

El Enfoque de los Tiempos Finales

Aficionados de la profecía, que miran de manera correcta a través de la doctrina del rapto pre-tribulación, reconocen la necesidad de prepararse para enfrentar los tiempos finales. Esto mejora el enfoque de la vida futura. Buscan las señales del inicio de los tiempos finales para que así puedan tomar mejores decisiones administrando sus fondos, donde vivir o trabajar, etc. Sin embargo, sus frutos generalmente no son mejores que los de los Cristianos.

El Enfoque del Diario Vivir

Pocos creyentes se dan cuenta que eventualmente podrían necesitar de la ayuda de Dios en cualquier momento. Todo el mundo es susceptible a un accidente fatal, a un problema de salud o a un ataque violento y le encantaría que Dios interviniera en casos de emergencias. Más fundamentalmente, todos tenemos límites a nuestra fuerza y entendimiento. Debido a que Dios ofrece darnos sabiduría (Stg 1:5) y otras bendiciones (Mt 6:33), es un gran desperdicio no aprovechar esta ayuda diaria. Por supuesto, eso requiere la disciplina de orar consistentemente y luchar contra la tentación para así mantener la fe y una conciencia limpia delante de Dios (1 Jn 3:22; 1 Ti 3:9).

El Enfoque del Amor

La superación de acercarse a Dios y de tener una vida bendecida es sabio, pero hay aún una mayor aspiración. Cuando Jesús vio cómo las personas estaban como ovejas sin pastor, él se movió en compasión y ensenó y los sanó como respuesta (Mt 9:35; 10:34; Mr 1:41). Yo he recibido sanidades divinas en respuesta a la oración como Santiago 5 y otros versos lo enseñan, por lo que es fácil para mí pensar en las personas enfermas o lisiadas que miro siendo sanadas por mi oración – si yo fuera a ser tan recto y compasivo como fuera posible. Aunque ninguno de nosotros tiene la sabiduría o el poder que se aproxima a lo que Jesús puede ofrecer, se puede y se espera que nos desarrollemos para convertirnos en luces en un mundo oscuro como lo fue Jesús y nos llamó a ser (He 5:12; 1 P 3:15; Mt 5:13-16). Solo piense en todas las personas con las que podemos entrar en contacto y ser luz si solo continuamos dominando la fe, la oración, el ayuno, la obediencia y el sacrificio. Un deseo como el que tenía Jesús de ayudar, enseñar y sanar a otros es la motivación más noble para superarnos y una de la cual nos beneficiaríamos todos de visualizar y cultivar.

Conclusión

Espero que las percepciones anteriores le den consuelo en contra de los temores e incertidumbres que enfrentamos. Para ayuda con preguntas, visite el sitio web www.EscapeAllTheseThings.com y suscríbase a mi boletín de noticias ahí. Esté atento a otros libros donde planeo cubrir más de lo que debimos de haber sido enseñados en la iglesia pero no fue así. Por último, para aquellos lectores que desean bendecir a otros con este libro, **refiera mi pagina web a otros hermanos que tengan el deseo de aprender más acerca de la profecía bíblica en:** www.EscapeAllTheseThings.com

Mi Testimonio

Como Llamar la Atención de Dios y Ver Su Mano en Su Vida

Los compradores potenciales de mi libro a menudo me preguntan si me "sentí inspirado por el Espíritu Santo" mientras lo escribía. Como se explica en el Prefacio, esto no es un asunto que me guste afirmar debido a nuestra instrucción de juzgar todas las enseñanzas por la Escritura (Hechos 17:11) en vez de decir que fue inspiración. Si bien creo que Dios ayudó a hacer este libro posible, no es el tipo de participación que la mayoría de creyentes espera, como lo demuestra la pregunta anterior. Para entender que clase era en realidad, permítame compartirle mi historia. De ella, puede que los lectores aprendan a reconocer mejor la mano de Dios en sus propias vidas y también algunas claves para recibir más de esa ayuda que nunca antes de una manera realista.

La Historia de Fondo de Este Libro

Me pregunto ¿cuántos pueden recordar cuándo abrieron su Biblia por primera vez y cual pasaje leyeron? Puedo recordar ambos. Acababa de ver la película *The Omen* (La Profecía) en HBO. Esta es la novela de suspenso con Gregory Peck donde se le advierte que su hijo es el Anticristo. Él lo confirma al verificar el cuero cabelludo de su hijo para encontrar una marca de nacimiento con el número 666. Después de la película, también quise verificar algo: *¿realmente la Biblia decía esto?* Así que, soplé el polvo de la Biblia Católica olvidada de nuestra familia y la abrí en Apocalipsis 13. Para mi sorpresa, no decía nada acerca de tal marca en el Anticristo, sino que decía que *todo el mundo* sería marcado. Por otra parte, me encontré fascinado por todas las imágenes extrañas y terminé leyendo todo Apocalipsis. Recuerdo desear poder entender lo que significaba todo aquello; los sellos, las lunas de sangre, los desastres, las bestias, etc. Desafortunadamente, yo solo tenía *nueve* años y no conocía a ningún experto de la Biblia o ni siquiera a algún estudiante de Biblia. Entonces, pronto olvidé todo lo que había deseado. Sin embargo, estoy seguro que *Dios* no lo olvidó…

Éramos buenos católicos, íbamos a misa todos los domingos; no solo en Navidad o Pascua como muchos. Desafortunadamente, los pasajes bíblicos rara vez se mencionan ahí, y mucho menos son expuestos. A pesar de que esta falta de fundamento bíblico más tarde me llevara a renunciar al Catolicismo, en retrospectiva, reconozco que no obstante, esa exposición a la misa trajo un beneficio a este niño impresionable. Creo que la majestad mística de la misa provocó en mí una reverencia por la Biblia y otras cosas de Dios. De hecho, mirar a los "santos sacerdotes" me inspiraron a querer ser "bueno" e incluso a considerar la idea de ser un sacerdote cuando fuera grande. (Padres, no subestimemos la influencia sobre los niños de cualquier religión que muestre respeto por Dios y la Biblia – ¡incluso si lo que se enseña es incorrecto o incomprensible!).

Aunque no se supiera a partir del analfabetismo bíblico de mi familia, éramos lectores ávidos y frecuentábamos la biblioteca. Recuerdo a mis padres siempre leyendo el periódico, novelas, y libros de auto ayuda por toda la casa. Seguí su ejemplo y disfrutaba investigar cualquier tema que me interesaba. Revisaba pilas de libros de la biblioteca a la vez. Mi madre, reconociendo mi naturaleza inquisitiva, me consiguió una suscripción a la revista de Selecciones. La leí por meses hasta que me di cuenta de algo terrible. Para entender lo que era, usted tiene que recordar que cuando usted estudia ciencia, está alimentado a la fuerza de evolución. Aunque al día de hoy tenemos muchos Científicos que creen en la Creación, en aquel entonces no había "Revista Selecciones que creyera en la Creación". Con toda mi lectura, me estaba adoctrinando lentamente con la suposición de que yo era solo un animal que evolucionó por accidente, en vez de una creación diseñada por un Creador como mi educación católica me había enseñado.

Entonces, un día la conclusión lógica sombría de la evolución finalmente me golpeó. Me di cuenta, que si esta suposición de la evolución era correcta, entonces yo *no* tenía alma *ni* esperanza de una vida futura. Recuerdo estar temblando en mi casa sin poder dormir debido a la idea ineludible de que si moría en mi cama, eso sería el final... y *ni siquiera lo sabría*. Aterrorizado, clamé a Dios, pidiéndole que fuera real y que me lo demostrara. Al igual que con mi experiencia anterior de la lectura de Apocalipsis, fui provocado a querer saber la verdad. En este caso, fue la pregunta inevitable: "¿Existe Dios?" Hasta ahora, yo había asumido que sí sin pruebas. Mientras tanto, los adultos que sabían mucho más que yo parecían tener más pruebas de que todo lo que existe puede explicarse fácilmente y razonablemente sin un Dios.

No fue sino hasta muchos años después que obtuve mi respuesta. Era un estudiante de primer año de secundaria cuando mi mejor amigo me mostró un anuncio que ofrecía una enseñanza bíblica gratuita. Lo motivé a que la enviara y en respuesta recibimos uno de esos tratados que habla del evangelio y trae la oración del pecador para invitar a Jesús a su vida. Puesto que los dos éramos Católicos, era novedoso y ambos la hicimos. Generalmente la gente es motivada a unirse a una iglesia después de tomar ese paso, sin embargo, eso nunca pasó para ninguno de los dos. Ambos éramos estudiantes introvertidos que terminábamos en los primeros lugares de nuestra clase y por lo tanto estábamos mucho más interesados en información que en socializar.

Al año siguiente de la escuela secundaria, mi amigo tenía otro hallazgo que compartir. Me mostró una revista mensual gratuita llamada *La Pura Verdad*. Presentaba una mezcla de noticias y contenido editorial de la Biblia, e incluía profecía (y el precio era justo para estudiantes como nosotros: gratis). Nunca olvidaré un artículo en especial. Era una enseñanza de las tres futuras resurrecciones descritas en la Biblia (1Co 15:23-24; Ap 20:4,5; Ez 37:1-14). Cubría la resurrección para la vida eterna para los justos que reinarán con Jesús cuando él venga. También daba una explicación muy convincente de cómo Dios trataría con los que no eran tan justos; todos aquellos que vivieron y murieron sin alguna vez escuchar o responder a su Palabra. En vez de ir al infierno para ser castigados por algo que ellos no sabían o entendían por completo, ellos tendrán una "segunda" (en realidad *primera*) oportunidad para vivir la verdad después del Milenio cuando Satanás no esté engañando más al mundo entero (Ap 12:9).

Esta enseñanza literalmente cambió mi vida por dos razones. Me mostró finalmente que si hay entendimiento viable de Apocalipsis. También se disiparon mis dudas acerca de la muerte. Usted podría preguntarse cómo es esto posible, si yo aun no tenía pruebas de que la evolución era falsa y la Biblia verdadera. Sin embargo, en mi mente tenía todas las pruebas que yo necesitaba. Las respuestas de la Biblia me *sonaban a verdad*, sobre todo en comparación con las respuestas ofrecidas por la evolución y la religión. Los pensamientos de la evolución acerca de "algo de la nada" y "la vida fue un accidente" van en contra del pensamiento racional y del patrón observable de "según su especie" para toda la reproducción. Del mismo modo, la doctrina Cristiana del tormento eterno para la mayoría que no se salva hace a Dios injusto y masoquista.

Mirando hacia atrás, me maravillo de lo que hice en respuesta. Acababa de cumplir 16 justo antes del año escolar, lo que significaba que por fin podía trabajar y ganar dinero para un carro y todas las otras cosas que un adolescente desea. Pero yo no estaba tan interesado en eso. Más bien, me compré una Biblia King James económica y *pasee las vacaciones de verano leyéndola de tapa a tapa*. Había decidido dedicar mi vida a Dios y vi eso como el único paso lógico siguiente. ¿Cómo podría saber yo mismo lo que Dios dijo? Nunca se me ocurrió unirme a una iglesia y obtener esta información de segunda mano. Yo siempre había estudiado lo que me había interesado en el pasado, así que esto no sería diferente.

Es cierto, lo que había leído solo trajo más preguntas. ¿Cómo vivía la gente 900 años? ¿De donde vinieron esos gigantes? Con toda su sabiduría, ¿cómo se olvidó Salomón de Dios (y se arrepintió en algún momento)? ¿Por qué Dios le permitió a Satanás que hiciera lo que hizo con Job, "el hombre perfecto"? ¿De donde vinieron los demonios con los que Jesús luchó y donde están al día de hoy? Y así sucesivamente. Me quedé emocionado y con ganas de tener respuestas. Una historia de amor de por vida con la Biblia se había iniciado (que más tarde contestó todas estas preguntas).

Para ayudarme con esta meta, empecé a solicitar los folletos gratuitos anunciados en La Pura Verdad. Aprendí mucho de ellos que me perdí en mi primera lectura de la Biblia. Me presentaron la sorprendente revelación de que el culto de los Domingos y las fiestas Cristianas como la Navidad y Semana Santa no eran bíblicas, sino que adoptadas del paganismo. Enseñaban más bien que debíamos celebrar el Shabbat y otros días santos del AT que tradicionalmente se consideran fiestas judías.

Una vez más, no dudé en actuar con respecto a esta nueva información. Pero yo estaba preocupado por lo que mi padre podría decir, ya que todos aún íbamos a misa el domingo. Cuando llegó el momento de ir a la iglesia la vez siguiente, anuncié mi decisión de quedarme en casa. Para mi sorpresa, mi padre se limitó a decir: "Bueno, el resto de ustedes súbanse al carro." ¡Eso fue muy fácil! Del mismo modo, un sábado mi padre me pidió que cortara el césped de su propiedad comercial antes de un evento esa noche. Me negué y le ofrecí hacerlo el domingo en su lugar. Una vez más, no dijo mucho y recuerdo que lo corto él mismo (lo siento papá, si lees esto).

También aprendí que había una iglesia detrás de toda esta literatura gratuita, la Iglesia de Dios Universal (IDU). Pero como adolescente, aun era introvertido y estaba incómodo con las situaciones sociales que me obligaron a mezclar y a hablar con extraños. Gracias a eso, mantuve mi fe así como lo hizo la mayoría de los héroes de la Biblia, confiando en la Palabra de Dios para guiarlos, sea viniendo por vía oral o por escrito.

Pasaron los años y convertí mi pasatiempo de programación de computadoras en una carrera. Gané confianza y sociabilidad. En 1990 estaba finalmente ansioso por empezar a asistir a la Iglesia de Dios Universal en Shabbat. Antes de hacerlo, rompí con mi novia no creyente (por razones obvias). Ese sacrificio resultó ser más grande de lo que había imaginado. Había muy pocas jovencitas solteras con las que se podía salir en las iglesias locales; un hecho que lamentaban los solteros en las congregaciones que yo asistía en Connecticut. (Los cultos de la mañana en Hartford y los cultos de la tarde en New Haven).

Poco después, quería bautizarme. Yo había oído de otros que esto requería de varias sesiones de consejería con el pastor. En nuestra primera reunión, lo recuerdo a él señalando que comprometerse con Dios podría costarle su vida y por lo tanto, tener en cuenta el costo como lo enseñó Jesús. Y después fijamos la fecha de la sumergida en su piscina. Un poco sorprendido, le pregunté que qué había pasado con todas las reuniones que yo había esperado. Él me dijo que solo necesitaba varias reuniones con aquellos que habían crecido en la iglesia. A diferencia de ellos, mis padres no me estaban haciendo ir a la iglesia. Debido a que yo estaba yendo por mi propia cuenta, él no tenía que cuestionarse si yo estaba hablando en serio o si estaba buscando el bautismo para complacer a mis padres o a mis compañeros.

Yo admiraba su sabiduría en gran medida. Después me enteré que se había graduado de la Universidad Ambassador, la universidad de IDU, a la cual apliqué para ir. Fui aceptado fácilmente con mis buenas notas y su carta de referencia. Dejé un buen trabajo de programación con una gran compañía para dirigirme a Big Sandy, Texas en 1991. Esta resultó ser la última generación de primer año que se graduaría antes de que la universidad cerrara. Además, llegué justo a tiempo para encontrar la veta madre de las muchachas solteras elegibles de IDU. Me enamoré de una chica y regresé a casa después del primer año escolar para anunciar nuestro compromiso.

El siguiente evento puede ser clasificado como, "No se pueden inventar estas cosas". Mi padre me trajo para visitar a mi Tío Charles. Él era viudo y aparentemente había tenido un muy mal matrimonio con Tía Doris, porque literalmente me suplicó estando yo del otro lado de la mesa de la cocina, que no me casara. ¡El hombre fue tan serio que incluso me ofreció dinero! Él se ofreció a pagar la matrícula del año siguiente si tan solo "no me casaba con esta muchacha". Atónito, le pregunté por qué haría eso. Él explicó lo impresionado que estaba conmigo, porque sus propios hijos nunca "saldrían de la cama temprano en la mañana del sábado" e irían a un lugar para mejorar como usted". Yo, naturalmente, lo rechacé sin pensarlo dos veces. Me casé con Katrina seis meses más tarde en un Shabbat después de los servicios de la iglesia en Hartford. Algunos verían la "propuesta indecente" de mi tío ofensiva, pero sólo sentí lastima por él y me sentí más que un poco halagado por su estima hacia mí.

Los próximos seis años estuvieron llenos de trabajo, criando dos hijos, y muchas mudanzas incluyendo una a Austin, Texas por su clima cálido y el mercado de trabajo de alta tecnología. Dejé de asistir a la IDU porque el sucesor del fundador revirtió completamente todas las enseñanzas que hicieron especial a IDU y la convirtió simplemente en otra denominación protestante guardadora del Domingo. Yo me descarrié, al distraerme por los "afanes de este mundo", y tuve problemas matrimoniales. El arrepentimiento inició en 1998 después de permitirles a una mujer maltratada y a sus hijos, venir a vivir en nuestra primera casa. Tener otra familia con nosotros me hizo responsable de tomar mi matrimonio en serio y de recibir consejería. Vivir con otra familia es duro, pero creo que Dios salvó nuestro matrimonio a través de eso.

Como siempre, una gran bendición vino por haber hecho esta difícil acción la cual yo tenía la convicción de hacer (y por ayudar a otros). Esta misma familia me introdujo a la onda corta y a la radio FM alternativa. Las enseñanzas radicales, las historias revisionistas y las teorías de conspiración por las que la Internet se hizo famosa, se extendieron primero en estos canales. Fue un cambio de paradigma escuchar información que los medios de comunicación nunca abarcan. Hubo incluso algunos maestros de la Biblia. Oí una enseñanza que EE.UU era el Misterio de Babilonia de Apocalipsis 17-18, condenado a la destrucción. Esto era nuevo para mí, pero miré como encajaba mejor que el Vaticano (como el IDU me enseñó). Con esto, mi deseo de la infancia de entender Apocalipsis finalmente comenzó a suceder. El siguiente paso fue el movimiento más radical que he hecho, literalmente, y también trajo las mayores bendiciones de mi vida. Con mis convicciones acerca del destino de Estados Unidos y las predicciones nefastas del Y2K saliendo en las noticias, sentí que lo mejor que podía hacer era aprovechar el español de mis tres años de escuela secundaria y mudarnos al sur de la frontera. Busqué un trabajo a través de Internet y encontré uno en Costa Rica. Así que compramos nuestros boletos y nos mudamos ahí a ciegas en 1999. Un posible empleador nos recogió en el aeropuerto, pero nunca trabajé para él. Al final resultó que mi empleador de programas de computación me sorprendió ofreciéndome seguir trabajando con él a través de Internet. Teniendo en cuenta los bajos salarios de

"Ticolandia", esto fue una gran bendición. Especialmente debido a que en unos meses me di cuenta que Y2K no sería un evento, por la misma razón le recomiendo a la gente hoy en día no salir de los EEUU (véase *Epílogo*). Con todo el tiempo que nos quedó después de todo, podíamos utilizar el aumento.

Estos son los eventos que me prepararon para mis descubrimientos. Cómo llegaron y el despido durante el cual los escribí, está cubierto en el Capítulo 3 y en escapeallthesethings.com/planet-x-niburi-wormwood.htm.

Lecciones Para Recopilar

2 Crónicas 16:9 – Porque los ojos de Y'hová contemplan toda la tierra, para mostrar su poder a favor de los que tienen corazón perfecto para con él.

Este verso nos dice que Dios está buscando a aquellos que merecen su ayuda. Este libro ha relatado varios versos de cómo agradar a Dios al centrarse en la oración y el arrepentimiento. Pero después de reflexionar en mi vida recientemente, se me ocurrió que mucho antes de que yo orara mucho, estuve naturalmente haciendo otras cosas que atraían la atención. Me di cuenta que si mi tío Charles y mi pastor apreciaban mi deseo de buscar a Dios y buscar entendimiento, entonces, ¡ciertamente Dios tenía que apreciarlo también! ¿Cómo podría un inconformista de bajo rendimiento mudarse al lugar de retiro tropical de Costa Rica a los 31 años, alcanzar mi sueño de entender Apocalipsis y el resto de la Biblia estando allí, y jubilarme a los 40 años para disfrutar de mi familia y enseñar a otros de la Biblia a tiempo completo? Mi éxito depende de muchos accidentes afortunados para que me diera cuenta que probablemente Dios "se mostró fuerte" a favor mío porque continuamente tomé decisiones y adopté medidas para conocerlo mejor.

Pero, ¿por qué esto es tan poco común entre los creyentes si ellos realmente también aman a Dios? La mayoría de gente tiene una necesidad apremiante de encajar y de ser aceptada. Ellos tienden a confiar en los expertos (por ejemplo, doctores y pastores) para que les den mejores respuestas de las que ellos creen que pueden encontrar por ellos mismos. Desafortunadamente, cuando se trata de los caminos de Dios y de la Palabra, seguir a la multitud y a los expertos no nos funciona bien ni ganamos puntos con Dios. Necesitamos buscar a Dios diligentemente (tanto como me lo demande mi inconformismo). Si lo piensa bien, los héroes bíblicos eran inconformistas, no seguidores de multitudes o complacientes. Deberíamos tratar de pensar y ser más como ellos, y menos como la multitud.

Tenga en cuenta que mi historia no menciona un solo sueño, palabra o una visión de Dios. Si esperamos esas cosas en nuestras vidas, creo que nos olvidamos que los héroes bíblicos que las recibieron eran en su mayoría profetas o fueron bautizados en el ES para que más adelante pudieran añadirle a la Biblia. Para nosotros que ya tenemos la Biblia y que no somos profetas, sería mejor extraer nuestras expectativas de santos más como nosotros. La historia de la liberación Judía en el libro de Ester contiene a esos creyentes. A pesar de que Dios *nunca es mencionado ni una vez*, su mano se reconoce claramente interviniendo para guiar los eventos y las decisiones audaces que los justos (que no eran profetas) toman a través de la historia. Deberíamos seguir diligentemente la Biblia que tenemos, sin esperar una nueva revelación.

Sin embargo, ¡lamentablemente *menos del 5% de Cristianos han leído toda la Biblia*! Esta es la razón por lo que considero tan notable mi lectura de la Biblia a los 16 años. Si usted la lee toda, usted destacará a Dios, especialmente si se hace con la intención de seguir lo que se descubre. Si usted luego *actúa* sobre sus convicciones *propias* de lo que sería correcto o agradable para Dios, usted sin duda será bendecido y guiado a más revelaciones. Si esas acciones son de sacrificio, como dejar trabajos, novias, iglesias, familia y país de origen, también, entonces *prepárese para ser deslumbrado*. Usted estará en buena compañía; Abraham salió de su casa y de su país y heredo todo un país entero a cambio.

Si tiene dificultades o dudas en el camino como me pasó a mí, clame a Dios como si su vida dependiera de ello. Puede estar seguro que Dios traerá algunas circunstancias para guiarlo a pasarlas. Él incluso puede usar un malentendido, como fue la razón por la que abandoné los EEUU. De hecho, he hecho varias cosas para Dios en error. Pero Dios siempre me ha dado todo el crédito por los sacrificios realizados en seguir sinceramente su Palabra. Así que en vez de preocuparse como lo hace la multitud al expresar conclusiones equivocadas en su estudio bíblico o tener *creencias* equivocadas, yo digo que estudie la Biblia para "*conocer* a su Dios y *actuar*" (Dan 11:32). Sí, "*ve* y *haz* tu lo mismo" (Lc 10:37). Porque:

Lucas 11:28 – Y él dijo: Antes bienaventurados los que oyen la palabra de Dios, y la guardan.

Apéndice 1:

El Ladrón en la Cruz

Cuando tratamos de entender la enseñanza bíblica sobre el más allá, la famosa historia del "ladrón en la cruz" se debe considerar:

> **Lucas 23:42-43** – [42] Y dijo a Jesús: Acuérdate de mí cuando vengas en tu reino. [43] Entonces Jesús le dijo: De cierto te digo que hoy estarás conmigo en el paraíso.

Este pasaje es otro de las palabras difíciles de Jesús que encontramos cuando leemos los Evangelios. El problema es, ¿Cómo podría Jesús hacer esta promesa cuando él mismo ya había dicho que él no se levantaría de los muertos hasta el tercer día, cumpliendo la señal del Profeta Jonás?

Una explicación es la "teoría de la coma", donde la palabra "hoy" es seguida por una coma por lo que modifica "de cierto te digo hoy," en vez de " , hoy estarás conmigo". Esta teoría de la coma va en contra de cómo las traducciones en español interpretan el pasaje y es una manera gramaticalmente torpe para hacer énfasis si esa era la intención. Jesús nunca habló así en ninguna de las 121 veces que dijo "De cierto te digo…" usando "…hoy," para dar énfasis.

Otra explicación es que esto es simplemente un "hermoso lenguaje pintoresco" aunque no es literal. Sin embargo, siempre debemos de ser recelosos de concluir que un pasaje difícil no debe ser literal solo porque no podemos entenderlo fácilmente. Sucede que hay una explicación literal para esto apoyada por otros pasajes bíblicos si se mira cuidadosamente.

¿Es el Paraíso el Cielo? No de Forma Consciente

En primer lugar, el extraño uso de la palabra "paraíso" debe de entenderse. Mire a lo que varios comentarios bíblicos decían acerca de este pasaje y noté que la palabra paraíso no significa "vivo en el cielo".

"Hoy estarás conmigo en el paraíso," probablemente significa que como resultado de los acontecimientos de ese día, a este hombre se le daría la salvación. Por supuesto, es posible que Jesús se esté refiriendo a algún sentido en el cual este criminal y Jesús estarían juntos inmediatamente después de la muerte. Sin embargo, este pasaje no requiere tal interpretación. El término paraíso se utiliza en el Nuevo Testamento para referirse a la morada futura del pueblo de Dios (véase 2Co 12:4; Ap 2:7). El lector no debería de preocuparse tanto por la cuestión del estado intermedio, pasando por alto el tema principal. Lucas les recuerda a sus lectores de lo que él le has dicho a menudo. Dios perdona a los pecadores arrepentidos, mientras que el impenitente (los gobernantes, los soldados y el otro criminal) están excluidos de la bendición. – *Comentario del Nuevo Testamento del College Press: con la NVI.*

Versículo 43. En el paraíso. El lugar donde las almas de los justos permanecen de la muerte hasta la resurrección. Como si él hubiera dicho, no solo te recordaré para entonces, sino que este día. *Comentario de Wesley*

En el AT el término "paraíso" puede referirse a un parque con árboles (Cantares 4:13; Ec 2:5; Ne 2:8), al "jardín del Señor" (Gn 13:10), un "jardín… en el Edén" (2:8), o se puede entender en un sentido escatológico futuro (Ez 31:8). En la literatura intertestamental y en el NT (2Co 12:4; Ap 2:7) la expresión se utiliza más y más para describir la morada final de los justos. Aquí se utiliza en este sentido. El criminal experimentaría salvación. Él no experimentaría "hoy" la resurrección, porque la resurrección de los muertos solo ocurrirá en la parousia. – *Comentario del New American*

Por lo tanto, el paraíso es la morada de los justos muertos. Ponga esto con mi explicación anterior de las almas dormidas bajo el altar y está confirmado que ellas están literalmente inconscientes. Esto encaja con la afirmación de Jesús, "Padre, en tus manos encomiendo mi espíritu" en Lucas 23:46. ¿Por qué él diría eso si él estaría consciente en los próximos tres días cuidando (y usando) de su propia alma?

Jesús Prometió un Lugar en la Primera Resurrección

Entonces, ¿qué prometió Jesús exactamente? Él no le estaba prometiendo al ladrón un estado *consciente* inmediato en el Cielo con él. Si ambos no fueron puestos juntos exactamente bajo el altar donde se mantuvieron las otras almas mártires justas de acuerdo a Apocalipsis 6, entonces al menos Jesús y el ladrón estuvieron probablemente en algún otro lugar del dominio celestial de Dios (Jesús murió por la verdad como un mártir, pero el ladrón murió por sus crímenes). Para que el alma del ladrón estuviere inmediatamente entre los otros justos muertos (mártires o contrario a ellos), sería una garantía de que él resucitaría en la Primera Resurrección y sería parte del Reino, la promesa de la cual él aparentemente tuvo suficiente fe para pedir.

En conclusión, de acuerdo al entendimiento literal del 5º sello, podemos ver como Jesús podría prometerle al ladrón "hoy" estar en el "paraíso". Podemos ver que no es una promesa de interacción consciente que quebrante la Escritura tal como el Cristianismo enseña que dará la bienvenida a todos los creyentes al llegar la muerte. Es simplemente una promesa de la Primera

Resurrección y una parte en el Reino, tal como el ladrón lo solicitó. Esto viene después de un período en que Dios mantiene a salvo nuestras almas en descanso o inconscientes.

Notas de Página

1. La gente que sabe que el verdadero nombre de Jesús es Yeshua, muy a menudo me preguntan porque uso Jesús en mis escritos. La respuesta es que recuerdo que la primera vez que encontré escritores usando Yeshua en vez de Jesús me pareció quisquilloso y me distraía de su mensaje. Esa es la razón por la que uso el nombre común en Ingles del Mesías.

2. Digo "evidente" en referencia al famoso dicho del filosofo Alemán, Arthur Schopenahuer. "Todas la verdades pasa por tres etapas. Primero, es ridiculizada, segundo se opone violentamente, y tercero, es aceptada como evidente."

3. Hay mucha confusión en lo que la Escritura realmente dice acerca del mes nuevo. Se recomienda leer el artículo de Nehemia Gordon acerca de la Luna Nueva en la Biblia Hebrea en www.karaitekorner.org para tener el asunto claro.

4. Ver www.karaite-korner.org/holiday dates.shtml

5. Más detalles en www.EscapeAllTheseThings.com/crucifixion-thursday.htm

6. Si usted alguna vez se ha preguntado porque Dios solamente trajo de vuelta a los Judíos y a los Levitas de Babilonia solo para esparcirlos nuevamente tan solo 40 anos después de que Jesús viniera, y para traerlos de regreso nuevamente en 1948, esta es una parte importante de la razón: para cumplir con las profecías de la Tora. Parte 3: El Misterio de la Desunión explica este gran misterio de los exilios y regresos del pueblo Judío que quebranta la Tora en Palestina por los siglos.

7. Se necesita uno para conocer a uno. Mi propia escatología se parecía a esto antes de tener mi descubrimiento de Apocalipsis en 2003...lo veremos más adelante.

8. Ver www.EscapeAllTheseThings.com/mark-beast-unpardonable-sin-rapture.htm

9. Posiblemente Marte. Ver www.creationism.org/patten/PattenMarsEarthWars/PattenMEW07.htm

10. Mitos Cósmicos, Engaños y Misterios, MSNBC, 25 de Marzo, 2003.

11. adsabs.harvard.edu

12. J.B. Murray, "Argumentos de la presencia de un gran planeta del sistema solar lejano sin descubrir" y J.J. Matese, "Comentario de Pruebas de un Cuerpo Masivo en la Nube Exterior de Oort". Ver www.halexandria.org/dwarf236.htm

13. Cometas y el Origen, P.254

14. www.space.com/scienceastronomy/solarsystem/asteroids_miss_020319.html

15. www.space.com/scienceastronomy/steroid_close_041222.html

16. Ver www.aicuk.org.uk/horses.php para una discusión de los usos y traducciones de los colores de caballos en los Libros de Zacarías y Apocalipsis.

17. "...Apocalipsis fue escrito en un lenguaje Semántico, y que la traducción Griega... es una importante traducción cercana al original." -C.C. Torrey; Documentos de la Iglesia Primitiva 1941; p.160 "Hemos llegado a la conclusión, por lo tanto, que el Apocalipsis como un todo es una traducción del hebreo o arameo..." -R.B.Y. Scott; El Lenguaje Original del Apocalipsis 1928; p. 6 "Cuando vamos al Nuevo Testamento encontramos que hay razones para sospechar de un original en hebreo o arameo para los evangelios de Mateo, Marcos, Juan y para el apocalipsis." -Hugh J. Schonfield; Un Texto Antiguo del Evangelio de San Mateo; 1927; p.vii

18. Ver Isa 66:23 El libro de Pagan Christianity? de Frank Vioala es un recurso recomendado para aprender que tan anti bíblicas son los orígenes incluso de las iglesias Protestantes, tal como el edificio, el orden de la adoración, el diezmo, los pastores, etc.

19. Para una buena educación en esta materia tan reveladora, adquiera el video de The Money Masters: www.TheMoneyMasters.com

20. Ver www.EscapeAllTheseThings.com/thief-on-the-cross.htm para mayor discusión y evidencia de esto.

21. Tal como Andrew Lloyd de www.darkstar1.co.uk aunque él cree que el Planeta Nibiru orbita una estrella oscura gemela a nuestro sol.

22. Ver www.wcg.org/lit/bible/acts/act15.htm para una explicación muy profunda.

245

23. Note que en la pronunciación Germánica original, Jehova sonaba como Y'hovah. Los lectores actuales omiten esto.

24. Ver www.EscapeAllTheseThings.com/days-noah-one-taken-left.htm para una explicación completa.

25. Ver www.EscapeallTheseThings.com/6000-year-timeline.htm

26. en.wikipedia.org/wiki/Damascus

27. en.wikipedia.org/wiki/Iran

28. www.timesonline.co.uk/article/0..2089-2535310.00.html

29 en.wikipedia.org/wiki/Mahmoud Ahmadinejad

30. haaretz.com/hasen/spages/815304.html

31. Juan 5:1 solo se asume que es la Fiesta de Pascua y 6:4 (MT) realmente dice Pascua pero la edición 26 de Nestle-Aland tiene una lectura alterna de un fragmento Griego más antiguo que omite Pascua.

32. Si bien es cierto que el libro de Enoc no es actualmente parte del canon, aparentemente está citado en Judas 1:14 y se dice que una vez fue parte del canon antes de que Apocalipsis fuera agregado. No avalo todo lo del libro, pero si encuentro que su reportaje del abismo y el pecado de los ángeles caídos ahí, armoniza con el resto de la Biblia.

33. www.creationism.org/patten/PattenMarsEarthWars/PattenMEW12.htm

34. www.khouse.org/6640/BP047 www.zealllc.om/2002/astrology.htm www.creationism.org/patten/PattenMarsEarthWars

35. See www.direct.ca/trinity/360vs365.html for details

36. www.templemountfaithful.org/Articles/temple-location.htm

37. Hay problemas muy grandes con la historia oficial que causa que muchos duden al respecto. Ver www.911truth.org para más información.

38. Para ordenar o para ver 60 razones por las que solo Estados Unidos puede calzar con el Misterio de Babilonia, ver: aoreport.com/mag/index.php?option=com content&task=view&id=82

39. www.JRNyquist.com

40. www9.mailordercentral.com/tpcbookstore/prodinfo.asp?number=V%2DTSS01

41. www.profecyclub.com/audio_nyquist.htm

42. www.EscapeAllTheseThings.com/beast-antichrist-false-prophet-lake-fire.htm

43. en.wikipedia.org/wiki/Great_Seal_of_the_United_States

44. en.wikipedia.org/wiki/Ishtar

45. www. EscapeAllTheseThings.com/prince-charles-antichrist.htm

46. Disponible en www.ProphecyHouse.com

47. www.EscapeAllTheseThings.com/abomination-desolation.htm

48. www.EscapeAllTheseThings.com/beast-antichrist-false-prophet-lake-fire.htm

49. www.EscapeAllTheseThings.com/beast-antichrist-false-prophet-lake-fire.htm

50. www.jewishencyclopedia.com/view.jsp?artid=18&letter=S#112

51. www.yahweh.org/publications/sjc/sabjub.pd f

52. www.askelm.com/star/index.asp

ad2004.com/prophecytruths/Articles/Yeshua/xmas_star.swf

ad2004.com/prophecytruths/Articles/Yeshua/yeshuabirth1.html

53. El Judaísmo considera que el Rosh HaShana del 2007 como el inicio del año Sabático, pero esto se basa en las "opiniones santas" del Talmud, que no es la mejor evidencia histórica.

54. Para detalles del Juicio del Gran Trono Blanco leer: www.cgca.net/pabco/lesson21.htm

55. Para más detalles, ver: www.EscapeAllTheseThings.com/2012.htm

56. El Divorcio es un tema controversial, pero tenga en mente que Jesús dijo que el divorcio fue instituido a causa de la dureza de nuestros corazones (Mt 19:8); una condición que todos tenemos hasta cierto punto. Por tanto, su consejo acerca del no divorciarse pertenecía a parejas donde ambos estaban caminando con Dios, en su verdad y juntos por Dios (Mt 19:6) lo cual es extremadamente raro al día de hoy.

57. Juan 11:50, o Spock de "Star Trek II: La Ira de Khan"

Al día de hoy, yo no llamaría "bíblico" al calendario pre calculado Judío inventado por Hillel la Introducción.

59. El artículo que puse se encuentra en www.EscapeAllTheseThings.com/mark-beast-unpardonable-sin-rapture.htm

60. Ver www.BritAm.org para investigación. Note que esto no es "Israelismo Británico" o alguna agenda racista.

61. Ver www.EscapeAllTheseThings.com/gaza-pullout-end-times-timeline.htm un artículo que escribí antes de que comenzara la Retirada de Gaza.

62. Se encontraron hombres recogiendo leña en Shabbat, Números 15:32-36; El hijo blasfemo, Levítico 24:10ff; hijas de Zelofehad, Números 27.

63. En el libro de En Búsqueda de las Tribus Perdidas (1999), Simcha Jacobovici dice haber encontrado Tribus Perdidas, como Manases en India. Sin embargo, menos de 10 fueron encontrados y siguen el Judaísmo, y no a Jesús como Ap 14:12 lo requiere.

64. Mateo 24:29; Ap 10:7=11:15-19= 1Cor 15:51-58 (el misterio de la resurrección, el galardón de la vida eterna en la 7o trompeta después de que la tribulación termina que empezó en la 5o trompeta o 1o Ay de Satanás).

65. Tales como ESV, ESV, NIV, TEV, CEV, NCV, NJB, y NLT. La HCSB pone 72 al pie de página como una posibilidad.

66. Parte 1/Planeta X en la Profecía Bíblica muestra más adelante que los 144,000 son sellados el mismo día del 6o sello.

67. Romanos 1:16 Note que todos los creyentes en Jesús eran Judíos durante los primeros 15 años aproximadamente e incluso al día de hoy hay muchos llamados "Judíos Mesiánicos" o gente de descendientes Judíos que son Cristianos.

68. t.Shab. 13:5; b.Shab. 116a; j.Shab. 15c

69. en.wikipedia.org/wiki/Orthodox_Judaism

70. De hecho, la Biblia habla de otra resurrección después de la primera resurrección de los justos durante los cuales que pensaron que murieron sin "ninguna esperanza" son traídos de vuelta para aprender la verdad que se perdieron, esta vez en un entorno verdadero del Nuevo Pacto donde serán enseñados a "conocer a Y'hovah." (Ap 20:5; Ez 37:1-14; Jer 31:31-36).

Made in the USA
Columbia, SC
18 September 2018